Was ist wirklich nachhaltig?

Georgina Wilson-Powell

Was ist wirklich nachhaltig?

In über 140 Tipps zu mehr Klimafreundlichkeit im Alltag

DK London
Lektorat Katie Cowan, Megan Lea,
Claire Cross, Rona Skene, Dawn Henderson
Gestaltung und Bildredaktion Maxine Pedliham,
Marianne Markham, Louise Brigenshaw, Amy Child
Herstellung David Almond, Francesca Sturiale
Illustrationen Ana Karen Abitia Hill

Für die deutsche Ausgabe:
Programmleitung Monika Schlitzer
Redaktionsleitung Anne Heinel
Projektbetreuung Maike Hofma, Doreen Wolff
Herstellungsleitung Dorothee Whittaker
Herstellungskoordination Ksenia Lebedeva
Herstellung Stefanie Staat
Covergestaltung Stefanie Staat

Titel der englischen Originalausgabe:
Is it really green? Everyday eco dilemmas
answered.

Übersetzung Wiebke Krabbe
Lektorat Carmen Söntgerath

ISBN 978-3-8310-4074-2

Druck und Bindung L.E.G.O. S.p.A., Italien

www.dk-verlag.de

Inhalt

Vorwort

Eins möchte ich gleich klarstellen: Es geht mir nicht anders als Ihnen. Auch ich bin nicht in einer heilen Welt zwischen Biogemüse und glücklichen Kühen aufgewachsen. Ich wurde in den 1980ern geboren und hatte eine ganz normale Kindheit mit Pommes aus der Mikrowelle, Partys mit Plastikgeschirr und billiger Mode. Ich bin ein Kind der Wegwerfgesellschaft, in der sich niemand Gedanken über sein Konsumverhalten gemacht hat. Während meiner Teenagerzeit drehten sich die großen Umweltfragen um sauren Regen und die Rettung des Regenwalds. »Globale Erwärmung« war ein abstrakter Begriff, allenfalls das Problem anderer Leute. Inzwischen sind wir klüger. Wir können nicht mehr leugnen, dass sich das Klima verändert und dass extreme Wetterereignisse zunehmen. Wegschauen ist keine Option. Wir alle sind zum Handeln aufgefordert.

Die Covid-19-Pandemie hat viele aufgerüttelt. Manche Menschen überdenken ihr Einkaufsverhalten: Was kaufen wir, wo kommt es her und brauchen wir das alles wirklich? Wir leben nach wie vor in einer konsumorientierten Überflussgesellschaft. Mit unserem Wunsch, immer mehr zu besitzen und zu erleben, ebnen wir den Unternehmen den Weg, die Ressourcen der Erde auszuplündern – mit verheerenden Folgen.

Dieses Buch beschäftigt sich mit Umweltfragen, mit denen wir alle tagtäglich konfrontiert sind. Angesichts der Fülle an zugänglichen Informationen und Empfehlungen, die sich bisweilen widersprechen, neigt man leicht dazu, alles beim Alten zu lassen. Genau da müssen wir ansetzen. Fast alle Menschen sind »Umweltsünder«, auch ich. Darum habe ich mich bemüht, auf die alltäglichen Umweltfragen klare Antworten zu finden oder zu erklären, warum es keine einfachen Antworten gibt.

Über jedes der Themen könnte man ein ganzes Buch schreiben. Mir geht es aber darum, meinen Lesern unkomplizierte Möglichkeiten aufzuzeigen, wie sie im Alltag ihr Verhalten ändern können – im Privatleben, am Arbeitsplatz oder in den sozialen Netzwerken.

Warum liegt gerade mir das Thema so am Herzen? Vor zehn Jahren hatte ich einen Job als Redakteurin für ein Reisemagazin in Dubai. Anfangs fand ich das Jetsetleben faszinierend. Angesichts von 25 und mehr Flügen pro Jahr beschlich mich aber irgendwann ein ungutes Gefühl. Wer brauchte das wirklich? Ich kam ins Grübeln: Wohin steuert die Erde, wenn jeder Flugzeuge wie Busse nutzt oder pro Woche einen Berg leerer Plastik-Wasserflaschen produziert, so wie ich? Wir müssen ein Leben lang lernen und oft auch mühsam anerzogene Verhaltensweisen ablegen. Wir haben begrenzte finanzielle Mittel und meistens wenig Zeit und trotzdem können wir etwas verändern. Wenn ich es kann, können Sie es auch.

Nach meiner Rückkehr aus Dubai wollte ich Menschen unterstützen, die neue Möglichkeiten zur Bekämpfung des Klimawandels entwickelt haben, von »Leder« aus Apfelschalen bis zu Schiffen, mit denen Plastik aus dem Meer gefischt wird. So habe ich 2016 *Pebble* gegründet, ein kostenloses digitales Magazin für ein stylishes nachhaltiges Leben.

Nachhaltig zu leben bedeutet, durch kleine Schritte große gesellschaftliche Veränderungen zu unterstützen. Bedenken Sie nur, wie schnell wir auf Plastiktrinkhalme verzichten oder während des Lockdowns unser Reiseverhalten verändern konnten. Gemeinsam können wir als Verbraucher Druck auf Konzerne und Regierungen ausüben. Setzen Sie die Anregungen in diesem Buch um und geben Sie sie weiter. Engagieren Sie sich am Arbeitsplatz, stellen Sie kritische Fragen, kaufen Sie keine ökologisch bedenklichen Produkte. Jeder kann etwas tun. Man muss nur anfangen – am besten gleich heute.

Georgina Wilson-Powell

Thema Klimawandel bekämpfen: Wo können wir selbst anfangen?

Die Klimakrise liegt natürlich nicht auf unseren Schultern allein, aber anstatt die Augen davor zu verschließen, können wir alle einen Teil zur Bekämpfung beitragen. Bereits kleine Veränderungen in unserem alltäglichen Verhalten können etwas bewirken. Wenn Ihnen bestimmte Themen, wie weniger Wasserverschwendung oder weniger Plastik, wichtig sind, finden Sie hier thematisch sortiert die passenden Fragen und Verweise zum Kapitel und können sofort loslegen.

Plastik reduzieren

Plastik ist nicht kompostier- oder biologisch abbaubar und verschmutzt Böden und Gewässer. Wie sich Plastik vermeiden, reduzieren und gegebenenfalls ersetzen lässt, erfahren Sie bei folgenden Themen:

- Welche Putzmittel sollte ich meiden? (Seite 30)
- Welches Speiseöl ist am umweltfreundlichsten? (Seite 45)
- Kann man noch Lebensmittel in Plastikverpackung kaufen? (Seite 52)
- Lebensmittel frisch halten mit gutem Gewissen (Seite 53)
- Wie umweltschädlich sind Fertigprodukte? (Seite 56)

- Bitte kein Plastik in Teebeuteln (Seite 59)
- Prickelnde Getränke mit gutem Gewissen: Geht das? (Seite 61)
- Picknick im Grünen, aber bitte grün! (Seite 65)
- Sollte man Fast Food vermeiden? (Seite 68)
- Umweltbewusst rasieren? (Seite 73)
- Seifenstücke und festes Shampoo oder Flaschen zum Nachfüllen? (Seite 74)
- Nachhaltige Hautpflege ohne Plastikmüll: Geht das? (Seite 80)
- Sind Pailletten eine Umweltsünde? (Seite 103)
- Gibt es umweltfreundliche Brillen und Sonnenbrillen? (Seite 104)
- Welche Tragetasche ist grüner – Papier, Plastik oder Baumwolle? (Seite 112)
- Sind Mehrwegtaschen umweltfreundlich? (Seite 113)
- Sind Glas- und Metallverpackungen besser als Plastik? (Seite 114)
- Ohne Verpackungsmüll einkaufen? (Seite 115)
- Soll ich mir eine Lunchbox und eine Trinkflasche anschaffen? (Seite 125)
- Wie kann ich Plastik im Garten vermeiden? (Seite 159)

- Wie findet man umweltfreundliche Produkte für das Baby? (Seite 187)
- Plastikspielzeug ganz vermeiden? (Seite 188)
- Wie kann ich im Urlaub mit weniger Plastik auskommen? (Seite 213)

CO₂-Fußabdruck verringern

Der CO_2-Fußabdruck gibt an, wie viel CO_2-Emissionen direkt oder indirekt durch eine Aktivität, eine Person oder ein Produkt entstehen. Neben CO_2 werden auch andere klimaschädliche Gase in die Emissionen miteinberechnet wie etwa Methan. Je größer der Fußabdruck, desto umweltschädlicher ist der eigene Lebensstil. Es gibt viele Wege, um den persönlichen CO_2-Fußabdruck zu verringern, diese Fragen können dabei helfen:

- Ist eine vegane Ernährung immer besser für die Umwelt? (Seite 34)
- Sind manche Fleischarten umweltfreundlicher als andere? (Seite 36)
- Soll ich nur noch Lebensmittel aus der Region kaufen? (Seite 48)
- Gibt es Lebensmittel mit unverhältnismäßig großem CO_2-Fußabdruck? (Seite 55)
- Umweltbewusst essen gehen? (Seite 66)
- Kann Smart Technology das Wohnen energieeffizienter machen? (Seite 139)
- Wie kann ich Plastik im Garten vermeiden? (Seite 159)
- Wie wirken sich E-Mails auf die Umwelt aus? (Seite 171)
- Sind gedruckte Zeitungen und Zeitschriften noch vertretbar? (Seite 173)

- Kinder und Umwelt: Wie geht das heute zusammen? (Seite 184)
- Sind E-Bikes und E-Scooter umweltfreundlich? (Seite 199)
- Sind Flugreisen noch vertretbar? (Seite 206)

Wasserverbrauch und -verschmutzung senken

Wassermangel ist ein globales Problem, das in den nächsten Jahren immer größer werden wird (siehe Seite 12). Wie wir persönlich Wasser nicht unnötig verschwenden und auch nicht zusätzlich mit Schadstoffen belasten, erfahren Sie bei folgenden Fragen:

- Soll man Joghurtbecher vor dem Wegwerfen auswaschen? (Seite 22)
- Abwaschen: von Hand oder mit der Spülmaschine? (Seite 23)
- Welche Putzmittel sollte ich meiden? (Seite 30)
- Badewanne oder Dusche? (Seite 72)
- Umweltbewusst rasieren? (Seite 73)
- Wie viel Wasser verbraucht die Toilettenspülung? (Seite 77)
- Gibt es umweltfreundliche Haarkuren und Färbemittel? (Seite 84)
- Was kann ich gegen Mikroplastik im Meer tun? (Seite 96)
- Wie oft soll ich Kleidung waschen? (Seite 97)
- Wäsche umweltbewusst waschen: Wie geht das? (Seite 98)
- Umweltbewusstsein und chemische Reinigung: Wie verträgt sich das? (Seite 101)
- Wie kann ich meinen Garten nachhaltig bewässern? (Seite 153)

Der Klimawandel ist real

Die Erde steuert auf einen ökologischen Zusammenbruch zu, der die gesamte Menschheit bedroht. Der Begriff »Klimakrise« ist keineswegs übertrieben. Den Vereinten Nationen zufolge blieben uns im Jahr 2019 noch ganze elf Jahre, um das Ruder herumzureißen. Elf Jahre, um unsere Kohlendioxidemissionen unter Kontrolle zu bringen und zu verhindern, dass sich die Erde im Vergleich zur vorindustriellen Zeit um mehr als 1,5 °C erwärmt. Anderenfalls ist bis zum Jahr 2100 mit einer Erwärmung von 3–4 °C zu rechnen. Das würde Ökosysteme und menschliche Gesellschaften bedrohen; unser Planet könnte unbewohnbar werden.

Leben auf der Erde ist nur bei geeigneten Temperaturen möglich. Durch die globale Erwärmung schmelzen die Polkappen bereits. Wenn das gesamte Eis der Erde schmilzt, steigt der Meeresspiegel um bis zu 60 Meter an. Inseln und Küstengebiete werden überschwemmt, die Bewohner müssten ins Binnenland umsiedeln. Bis jetzt liegt der Temperaturanstieg bei 1,1 °C, und die Auswirkungen sind nicht zu übersehen. Der Meeresspiegel ist um 15 Zentimeter gestiegen, Wetterextreme wie Überschwemmungen oder Waldbrände treten immer häufiger auf. Die Erwärmung der Meere führt zur Entstehung schwererer Stürme und bedroht die Korallenriffe. Tier- und Pflanzenarten sterben in erschreckendem Tempo aus. All diese Ereignisse stehen miteinander in Zusammenhang und können sich gegenseitig verstärken. Direkte oder indirekte Auswirkungen sind Nahrungsmittel- und Trinkwasserknappheit.

Wie kam es dazu?

All das ist nicht über Nacht passiert. Schon seit Jahrzehnten warnen Wissenschaftler davor, dass die Zunahme von CO_2 in der Atmosphäre, etwa

---

WELTWEIT SIND DIE
CO_2-EMISSIONEN
SEIT ETWA **1950** UM

640%

ANGESTIEGEN.

---

durch die Nutzung fossiler Brennstoffe oder durch die moderne Intensivlandwirtschaft, gravierende Folgen hat.

In den letzten 70 Jahren ist die Temperatur auf der Erde kontinuierlich gestiegen. Das liegt auch an unserem ungehemmten Verlangen nach Konsum, der den Rohstoffverbrauch treibt. Rohstoffe sind aber nicht unbegrenzt verfügbar. In der heutigen Konsumgesellschaft haben wir Menschen den Bezug zur Natur verloren, von der wir nur ein kleiner Teil sind. Angesichts der Klimakrise verfallen viele in Passivität. Landschaften verändern sich, und Menschenleben sind bedroht, dennoch scheint das Problem schwer greifbar. Es ist so groß und komplex – da hofft man lieber, dass jemand anders es löst. Regierungen, Unternehmen und die Mehrheit der Verbraucher haben die Warnsignale der Natur und die Warnungen der Experten ignoriert. Vielleicht weil es zu schwierig erscheint, Veränderungen vorzunehmen, oder weil die Profitaussichten zu gering erscheinen.

Manche Forscher betrachten die Covid-19-Pandemie als Vorläufer weiterer Krisen, die mit dem Klimawandel in Zusammenhang stehen. In jedem Fall sollte sie uns allen eine Lehre sein. Um die Klimakrise zu bewältigen, müssen wir nicht nur unseren CO_2-Ausstoß verringern, sondern insgesamt nachhaltiger wirtschaften und auf andere Krisensituationen vorbereitet sein.

Auf der Erde ist es heute wärmer als jemals in den letzten 2000 Jahren. Diese Tatsache müssen wir ernst nehmen, denn sie hat Auswirkungen auf alle Menschen auf der Erde und auf alle noch folgenden Generationen.

Die neun größten Probleme für unseren Planeten

Der Klimawandel, getrieben von der globalen Erwärmung, geht einher mit einem komplexen Gefüge von Ursachen und Wirkungen.

1. Erderwärmung

Zur Erderwärmung kommt es, weil die Konzentration der Treibhausgase (Wasserdampf, Kohlendioxid, Methan, Stickoxid, Fluorgase und Ozon) in der Atmosphäre zunimmt. Dadurch entsteht ein Treibhauseffekt: Die Erdoberfläche wird von der Sonne erwärmt und strahlt einen Teil dieser Wärme wieder ab. Die Treibhausgase verhindern, dass diese Wärme durch die Atmosphäre entweichen kann. Deshalb wird die Erdoberfläche allmählich immer wärmer. Die Atmosphäre schützt die Erde vor den schädlichsten Sonnenstrahlen – doch wenn wir sie mit Treibhausgasen füllen, führt das zu einem Temperaturanstieg. Durch die Erwärmung verändern sich Wettersysteme, und das Leben auf der Erde ist bedroht.

2. Waldrodung

Zurzeit bedecken Wälder etwa 30% der Erdoberfläche, aber diese Zahl nimmt schnell ab. Jedes Jahr verringert sich der Bestand alter Wälder um eine Fläche so groß wie Großbritannien. In den letzten 50 Jahren wurden 17% des Amazonas-Regenwalds abgeholzt. Dadurch haben bedrohte Tierarten ihren Lebensraum verloren, indigene Völker mussten umsiedeln. Die Rodung beeinflusst auch das Klima. Bäume sind Kohlenstoffsenken. Sie nehmen CO_2 aus der Atmosphäre auf und binden es jahrzehnte- oder jahrhundertelang. Wälder sind wichtig für die Artenvielfalt und den Erosionsschutz, und das Spazieren im Wald nützt nachweislich auch der psychischen Gesundheit von Menschen. Trotzdem werden Wälder gerodet, weil Großunternehmen profitable Nutzpflanzen wie Soja oder Baumwolle anbauen wollen. Neue Bäume zu pflanzen, ist keine Lösung: Bis sie wieder zu artenreichen Ökosystemen herangewachsen sind und große Mengen Kohlendioxid aufnehmen können, vergehen Jahrzehnte.

3. Trinkwasser

Den Vereinten Nationen zufolge sind die Wasservorräte der Erde durch steigende Temperaturen, Versteppung und industrielle Verschmutzung zunehmend bedroht. Ein Drittel der Grundwassersysteme ist schon in Mitleidenschaft gezogen, und wir verbrauchen mehr Wasser, als auf natürliche Weise ersetzt wird. In vielen Gebieten der Erde herrscht regelmäßig Wasserknappheit. Durch veränderte Wetterverhältnisse trocknen Seen und Flüsse aus, andere Regionen sind durch Überflutungen bedroht. Dieses Ungleichgewicht kann in den nächsten Jahrzehnten zu Massenmigration und geopolitischen Spannungen führen.

4. Umweltverschmutzung

Ob verpestete Luft oder durch Landwirtschaft und Industrie vergiftete Gewässer: Die Verschmutzung der Umwelt ist nicht zu übersehen. Die Luft in Städten und Industriegebieten stinkt zuweilen, Flächen sind durch Chemikalien verseucht und Ölteppiche ersticken die Meere. Luftverschmutzung steht bei den menschlichen Todesursachen an fünfter Stelle, und in stark belasteten Städten kann sie die Lebenserwartung um bis zu zehn Jahre verringern.

5. Müll

Je mehr wir konsumieren, desto mehr werfen wir weg. Die meisten Abfälle enthalten Plastik, das nicht kompostierbar oder biologisch abbaubar ist. Es landet in den Meeren, türmt sich in manchen Ländern auf Deponien. Wo es verbrannt wird, trägt es zur Luftverschmutzung bei, Schätzungen zufolge gelangt pro Minute eine LKW-Ladung Plastik in die Meere. »Aus den Augen, aus

▲ Natürliche Ressourcen wie Land, Wasser und Bodenschätze werden durch die Konsumgesellschaften immer schneller verbraucht.

▲ Klimaforscher warnen, dass die Umweltschäden irreparabel werden, wenn wir unsere Lebensgewohnheiten nicht binnen der nächsten zehn Jahre drastisch ändern.

dem Sinn«, sagt man – aber es verschwindet nicht. Jedes Stückchen Plastik, das jemals produziert und nicht gerade verbrannt wurde, ist noch immer vorhanden.

Weitere gravierende Probleme sind die Müllmengen, die durch Fast Fashion und Lebensmittelverschwendung anfallen.

6. Artenvielfalt

Biodiversität (die Vielfalt der Lebensformen auf der Erde) ist unverzichtbar. Jede Art spielt für die natürlichen Prozesse eine wichtige Rolle, etwa Insekten als Bestäuber von Nutzpflanzen. Raub- und Beutetiere halten die Nahrungskette im Gleichgewicht, Mikroorganismen zersetzen organische Abfälle. Für saubere Luft brauchen wir gesunde Wälder. Damit wir Nahrung haben, müssen Pflanzen bestäubt werden. Für gesunde Fischpopulationen brauchen wir saubere Meere.

Wir fangen gerade erst an zu verstehen, wie komplex diese Beziehungen sind und welchen Einfluss sie auf unser Leben haben. Wir lassen es zu, dass jährlich 200 bis 2000 Arten aussterben. In den letzten 40 Jahren hat sich die Anzahl der Insektenarten weltweit um 41 % verringert. Derzeit sind 1 Million Pflanzen- und Tierarten vom Aussterben bedroht.

7. Versauerung der Meere

Plastik im Meer nimmt in den Medien viel Raum ein, weitaus gefährlicher ist aber die Versauerung. Leben in den Meeren ist nur möglich, wenn Temperatur und pH-Wert stimmen.

93% DER GLOBALEN ERWÄRMUNG WERDEN VON DEN OZEANEN AUFGENOMMEN.

Unsere Ozeane nehmen CO_2 aus der Luft auf. Wenn dieses Kohlendioxid mit dem Wasser reagiert, entsteht Kohlensäure. Je mehr CO_2 wir produzieren, desto mehr Kohlensäure entsteht. In den letzten 150 Jahren waren es 30% mehr. Dadurch gerät das natürliche Gleichgewicht der Meere aus dem Lot, Korallenriffe und andere Ökosysteme gehen zugrunde. Durch steigenden Säuregehalt sowie Sauerstoffmangel nimmt die Anzahl der toten Zonen in den Meeren zu, und wir müssen damit rechnen, dass es in wenigen Jahrzehnten keine Korallenriffe mehr geben wird.

8. Erosion

Wir kümmern uns zu wenig um den Erdboden. Dabei brauchen wir nährstoffreiche Böden, um Nahrungsmittel anzubauen. Der Boden kann viel CO_2 binden – dreimal mehr als sich in der Atmosphäre befindet. Er verhindert Überschwemmungen und reinigt Regenwasser, das ins unterirdische Grundwasser sickert. Intensivlandwirtschaft, Monokulturen und Pestizide haben in den letzten Jahrzehnten bewirkt, dass viele Böden ausgelaugt und tot sind und ihre Funktion nicht mehr erfüllen. Nachhaltige Landwirtschaft bemüht sich zuallererst um die Erhaltung und Wiederherstellung der Bodengesundheit.

9. Ressourcen

Angesichts der wachsenden Weltbevölkerung müssen wir dringend aufhören, Raubbau an den Ressourcen zu treiben. Belastete Meere und Böden sowie Wetterextreme bewirken, dass es immer schwieriger wird, die Weltbevölkerung zu ernähren. Von einem Planeten mit begrenzten Ressourcen dürfen wir kein unbegrenztes Wachstum verlangen. Wenn wir den Erdölverbrauch nicht reduzieren, werden die Vorräte Schätzungen zufolge noch etwa 60 Jahre ausreichen. Wenn Ressourcen knapp werden, steigen die Preise. Auch dadurch wird sich unser Leben drastisch verändern.

Es geht uns alle an

Egal wo Sie leben oder wie alt Sie sind: Jeder ist gefordert, seine Macht als Verbraucher einzusetzen. Wann immer Sie Geld ausgeben, können Sie eine Entscheidung für die Zukunft fällen. Die großen internationalen Konzerne sind nicht so mächtig, wie man denken möchte, denn letztlich sind sie von ihren Kunden abhängig. Und jeder Verbraucher kann selbst entscheiden, wem er sein hart verdientes Geld geben will. Setzen Sie darum bewusst auf umweltfreundliche Produkte. Wenn möglichst viele Menschen ihr Verhalten anpassen, kann sich sehr schnell etwas verändern – das haben wir während der Covid-19-Pandemie in vielen Ländern erlebt. Eine »Normalität« hat sich definitiv noch nicht wieder eingestellt, aber wir haben die Erfahrung gemacht, dass es möglich ist, Gesellschaften und globale Lieferketten innerhalb von kurzer Zeit umzugestalten und neu zu ordnen. Die Willenskraft aus der Zeit der Pandemie sollten wir uns bewahren, um anderen gravierenden Problemen von weltweiter Tragweite zu begegnen.

Vielleicht wissen Sie nicht, wo Sie anfangen sollen. Vielleicht glauben Sie, allein nichts bewirken zu können. Aber passives Abwarten ist keine Lösung, und Handeln fühlt sich besser an als Nichtstun. Beginnen Sie mit dem Naheliegenden, dem Alltäglichen. Gesellschaften und Lieferketten sind weniger anfällig, wenn wir Zeit oder Geld in die lokale Gemeinschaft investieren. Ebenso verhält es sich mit den Herausforderungen, die der Klimawandel stellt.

Um die Vorschläge in diesem Buch umzusetzen, müssen Sie nicht zum Klimaaktivisten werden. Selbst wenn Sie nur Geld sparen wollen (daran gibt es nichts auszusetzen), können Sie durch bewusstes Handeln zum Schutz unseres Planeten beitragen. Erzählen Sie Freunden oder Kollegen, was Sie anders machen und warum. Schließen Sie sich einer Initiative an oder gründen sie eine neue – in der Schule, an der Uni, am Arbeitsplatz oder in der Nachbarschaft.

Sie können nicht alle Probleme lösen, aber Sie können einen Beitrag leisten. Unsere Erde braucht mutige Menschen, die sich engagieren.

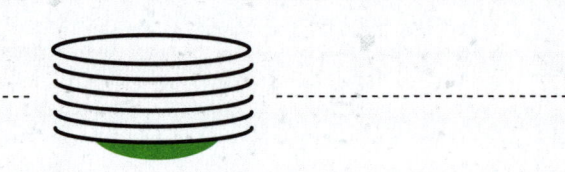

DIE GRÜNE KÜCHE

Kochen mit Gas oder Strom: Was ist besser?

Professionelle Köche sind sich in dieser Frage gar nicht einig. Im Hinblick auf Umwelt und Nachhaltigkeit ist die Antwort zum Glück leicht zu beantworten.

Mit einem Gasherd lässt sich die Temperatur sehr gut regulieren, aber der fossile Brennstoff ist nicht umweltfreundlich. Ein Elektroherd kann mit erneuerbarer Energie betrieben werden. Trotz der Aufheizzeit arbeitet er energieeffizienter als ein Gasherd. Den geringsten Energieverbrauch hat das Induktionskochfeld. Weil Induktionsherde die Hitze mit elektromagnetischen Feldern erzeugen, können keine Töpfe aus Kupfer oder Aluminium verwendet werden. Das Kochgeschirr muss aus magnetisierbarem Material bestehen, wie Eisen oder Gusseisen, oder aus Edelstahl mit Spezialboden. Egal auf welchem Herd man kocht – ein Deckel auf dem Topf spart Energie, und die Heizfläche sollte nicht größer sein als der Topf. Wasser lässt sich energiesparend im Wasserkocher erhitzen.

Umluftbacköfen erwärmen sich schneller als konventionelle und verbrauchen etwa 20 % weniger Energie.

Wer noch mehr Energie sparen will, verwendet statt des Backofengrills einen elektrischen Toaster und bereitet Eintöpfe und Schmorgerichte in einem Slow Cooker zu.

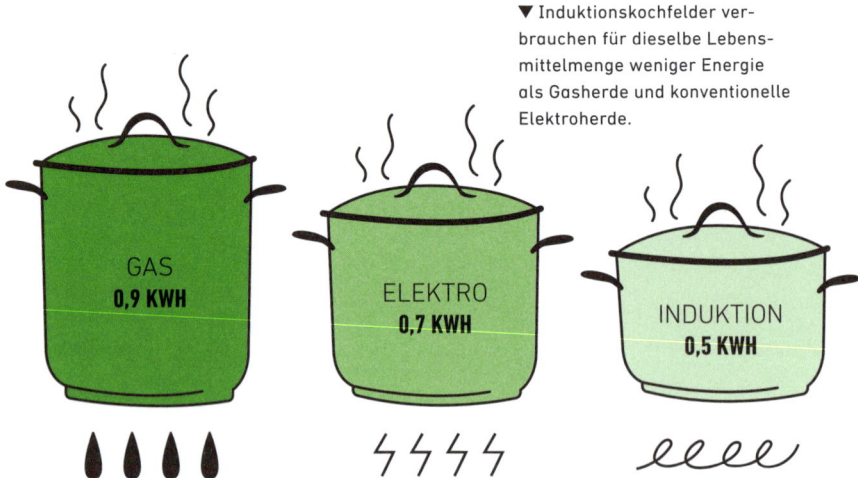

▼ Induktionskochfelder verbrauchen für dieselbe Lebensmittelmenge weniger Energie als Gasherde und konventionelle Elektroherde.

GAS
0,9 KWH

ELEKTRO
0,7 KWH

INDUKTION
0,5 KWH

Wie kann man umweltfreundlich kühlen und tiefkühlen?

Ohne Kühlschrank und Tiefkühler geht es nicht, aber diese Geräte können wahre Energiefresser sein. Umso wichtiger ist der bewusste Umgang mit ihnen.

Weil diese Großgeräte ständig laufen, können sie viel Energie verbrauchen. Ihre Effizienz hängt von verschiedenen Faktoren ab.

Stehen Kühlgeräte in der prallen Sonne oder neben einem Gerät, das Wärme abgibt, z. B. Backofen, Spül- oder Waschmaschine, müssen sie mehr arbeiten, um Kälte zu erzeugen. Dadurch verbrauchen sie mehr Energie. Kühlgeräte geben Wärme über die Kühlschlangen des Verflüssigers ab, die sich unter dem Gerät oder, bei älteren Modellen, auf der Rückseite befinden. Wenn die Schlangen verstaubt sind oder der Abstand zwischen Verflüssiger und Wand zu gering ist, funktioniert die Wärmeableitung schlechter. Auch dadurch steigt der Energieverbrauch.

Fluorchlorkohlenwasserstoffe (FCKW) sind als Bestandteil von Kältemitteln in Kühlgeräten inzwischen verboten, weil sie die Ozonschicht der Erde schädigen. In den USA und anderen Ländern werden aber noch ersatzweise Fluorkohlenwasserstoffe (FKW) und teilfluorierte Kohlenwasserstoffe (HFKW) eingesetzt. Diese Treibhausgase können bei der Entsorgung der Geräte in die Atmosphäre gelangen und erheblich zur globalen Erwärmung beitragen.

Darauf sollten Sie achten, wenn es um Kühlgeräte im Haushalt geht:

- **Bei der Planung** einer neuen Küche Kühlgeräte nicht neben Wärmequellen platzieren
- **Bei der Anschaffung** eines neuen Geräts die höchstmögliche Energieeffizienzklasse wählen

----

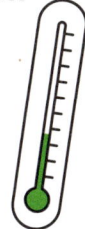

3 Millionen
KÜHLGERÄTE WERDEN IN DEUTSCHLAND **JÄHRLICH** ENTSORGT.

Die Größe des Geräts sollte auf Ihren Bedarf abgestimmt sein. Je größer das Gerät, desto höher der Energieverbrauch.

- **Gute Pflege** macht viel aus. Die Gummidichtungen an der Tür müssen in gutem Zustand sein. Wenn sie kalte Luft durchlassen, arbeitet das Gerät weniger effizient. Die Kühlschlangen mehrmals im Jahr entstauben.
- **Den Thermostat** richtig einstellen. Zu hoch bedeutet Energieverschwendung, zu niedrig kann dazu führen, dass Lebensmittel verderben.

Soll man Joghurtbecher vor dem Wegwerfen auswaschen?

Ist es Wasserverschwendung, wenn man Joghurtbecher vor dem Wegwerfen ausspült? Oder ist es sinnvoll, damit sie besser recycelt werden können?

Es kommt darauf an, wo man wohnt. In Deutschland werden Behälter und Verpackungen aus Plastik, Metall und Glas in speziellen Anlagen recycelt. Dank moderner Technik ist ausspülen heute nicht mehr nötig. Joghurtbecher müssen nur »restentleert« oder »löffelrein« sein. Das Wasser zum Ausspülen der Becher kann man also getrost sparen. Stark verschmutzte oder noch halb volle Becher sollten allerdings nicht in der gelben Tonne landen – damit sind die Sortieranlagen überfordert.

Trennen ist wichtig

Viel wichtiger als das Ausspülen ist das Entfernen des Deckels, der in der Regel aus Aluminium besteht. In der Sortieranlage kann der Deckel nicht vom Becher getrennt werden, und dann endet schließlich doch beides zusammen in der Müllverbrennung. Es ist also nötig, sich eingehend über die Gegeben-

heiten am Wohnort zu informieren, und das betrifft auch die korrekte Mülltrennung. So gehören Einwegflaschen aus PET nicht in die Wertstofftonne – sie werden nur über das Rücknahmesystem recycelt. Ein Problem für sich sind schwarze Plastikbehälter, die in vielen Abfall-Sortieranlagen nicht erkannt werden.

Brisant ist schließlich die Frage, wie viel des sorgsam getrennten Mülls am Ende tatsächlich recycelt wird. Es ist kein Geheimnis, dass auch Länder, die in dieser Hinsicht lange als vorbildlich galten, wie etwa Deutschland und Österreich, große Mengen an Abfällen ins Ausland verschiffen, wo sie im günstigsten Fall auf Deponien landen oder verbrannt werden.

- **Informieren** Sie sich bei Ihrer Gemeinde oder beim örtlichen Entsorgungsunternehmen, was genau mit den Haushaltsabfällen geschieht.
- **Nicht übertreiben!** Was in die Wertstofftonne wandert, muss nicht blitzsauber sein.
- **Fettige Pappe** (z. B. Pizzakartons), Plastikbeutel, hitzebeständiges Glas und Styropor lassen sich schlecht recyceln und gehören darum in den Restmüll.

25 % DER RECYCELBAREN MATERIALIEN **SIND VERSCHMUTZT.**

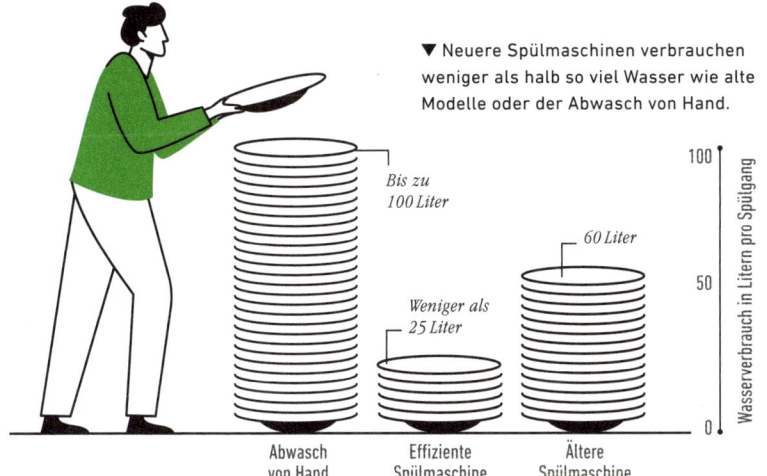

▼ Neuere Spülmaschinen verbrauchen weniger als halb so viel Wasser wie alte Modelle oder der Abwasch von Hand.

Bis zu 100 Liter

60 Liter

Weniger als 25 Liter

Wasserverbrauch in Litern pro Spülgang

| Abwasch von Hand | Effiziente Spülmaschine | Ältere Spülmaschine |

Abwaschen: von Hand oder mit der Spülmaschine?

Energieeffiziente Spülmaschinen können bei richtiger Ausnutzung helfen, Wasser zu sparen.

Moderne Spülmaschinen brauchen für eine komplette Füllung weitaus weniger Wasser, als man beim Handspülen für dieselbe Menge Geschirr benötigen würde. Aus einem Küchenwasserhahn können bis zu 9 Liter Wasser pro Minute fließen. Eine moderne Spülmaschine braucht nur 25 Liter pro Spülgang.

Der Energiebedarf ist in beiden Fällen etwa gleich hoch, doch beim Wasserverbrauch hat die Spülmaschine die Nase vorn. Aber nur unter bestimmten Voraussetzungen ist die Maschine sparsamer: Sie sollte nur gut gefüllt laufen, und zwar im Eco-Programm (spart bis zu 20 % Strom). Speisereste vorher vom

Geschirr abkratzen (nicht abspülen, das kann pro Jahr bis zu 27 000 Liter Wasser kosten). Um noch mehr Strom zu sparen, können Sie vor Beginn des Trockenprogramms die Klappe öffnen und das Geschirr an der Luft trocknen lassen.

Nicht ganz so günstig fällt die Bilanz aus, wenn man Herstellung und Entsorgung der Spülmaschine mitberücksichtigt. Kaufen Sie ein möglichst energieeffizientes Modell und pflegen Sie das Gerät regelmäßig (Filter reinigen, Rückstände entfernen). Wer keine Spülmaschine hat und den Abwasch im Spülbecken erledigt, sollte das keinesfalls unter fließendem Wasser tun.

Wie viel von dem, was wir wegwerfen, wird tatsächlich recycelt?

Wir geben uns Mühe, Müll zu vermeiden und zu trennen. Aber was geschieht nach der Abfuhr? Die weitere Verwertung ist nicht immer so umweltfreundlich, wie wir es uns wünschen.

Im Öko-Mantra »vermeiden, wiederverwenden, recyceln« steht »recyceln« an letzter Stelle. Das hat Gründe. Wir produzieren enorme Mengen Müll. Wie viel davon recycelt wird, hängt maßgeblich vom Wohnort ab.

In vielen Ländern gelangen die Abfälle aus der Wertstofftonne zu einem Betrieb, wo Weißblech, Aluminium, Plastik und andere Stoffe aussortiert werden. Auch aus Deutschland wird vor allem Plastikmüll in großem Umfang nach Übersee verschifft, hauptsächlich nach Asien. Nachdem China den Müllimport 2018 verboten hat, sind einige Entwicklungsländer zur Müllkippe der Welt geworden. Was dort mit dem Müll geschieht, ist weitgehend unklar – obwohl eigentlich nur zum Zweck des Recyclings exportiert werden darf. Tatsächlich wird vieles vergraben oder verbrannt, wobei giftige Emissionen entstehen.

Reiche Länder produzieren viel Müll. In den USA sind es beispielsweise 2 Kilo pro Kopf und Tag. Die EU strebt an, dass bis 2020 mindestens 50 % der Haushaltsabfälle recy-

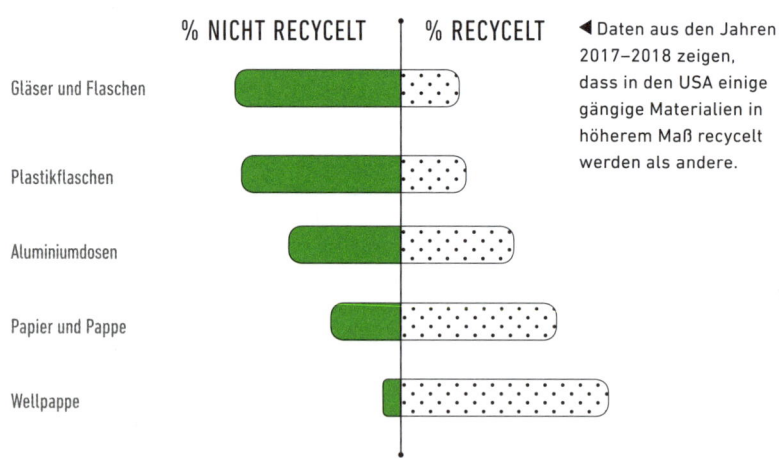

% NICHT RECYCELT | **% RECYCELT**

Gläser und Flaschen

Plastikflaschen

Aluminiumdosen

Papier und Pappe

Wellpappe

◀ Daten aus den Jahren 2017–2018 zeigen, dass in den USA einige gängige Materialien in höherem Maß recycelt werden als andere.

celt werden, bisher haben aber erst wenige Mitgliedsländer dieses Ziel erreicht. Weltweit werden nur etwa 9% der Kunststoffe recycelt.

Umweltgerechtes Verhalten ist für die Verbraucher schwierig, weil in vielen Ländern klare Richtlinien fehlen. Wir brauchen mehr Transparenz und einfachere Systeme, damit wir wissen, was recycelt werden

---

46% DER IN DEUTSCH-LAND GESAMMEL-TEN KUNSTSTOFFABFÄLLE WERDEN VERBRANNT.

---

kann und was nicht. In Ländern wie Deutschland, Schweden, Luxemburg und Irland gibt es bereits klare Vorgaben und unterschiedliche Tonnen, die für effizienteres Recycling sorgen. Was können wir noch tun?
• **Den Müll** des eigenen Haushalts reduzieren. Weniger konsumieren und Verpackungen wiederverwenden, um gar nicht erst Müll zu produzieren
• **Sorgfältig trennen.** Die Kennzeichnung beachten und Abfälle konsequent in die richtigen Tonnen werfen. Pfandflaschen zurückgeben oder spenden
• **Beim örtlichen Entsorger** nachfragen, was mit dem Müll geschieht. Legt das Unternehmen Wert auf Transparenz? Falls nötig, können Sie sich auf lokaler Ebene für Veränderungen einsetzen.

Brauchen wir wirklich noch eine Tonne?

Ein großer Teil des Hausmülls besteht aus Lebensmittelabfällen. Und es macht Sinn, sie getrennt zu sammeln.

Eine australische Studie hat ergeben, dass der Inhalt durchschnittlicher Mülltonnen zu mehr als 35% aus Lebensmittelabfällen besteht. Wenn man diese vom allgemeinen Müll trennt, lassen sie sich besser verwerten. Wer einen Garten hat, kann Kartoffelschalen und Kaffeesatz natürlich auch dort kompostieren, für alle anderen stellt in Deutschland das Entsorgungsunternehmen eine Biotonne bereit, um die gesammelten organischen Abfälle der Kompostierung im großen Stil oder der Gewinnung von Biogas zuzuführen.
• **Am besten** ist es, so wenig Lebensmittelabfall wie möglich zu produzieren (siehe Seite 26).
• **Wenn der Entsorger** eine Biotonne anbietet, nutzen Sie sie. Die gesammelten Abfälle werden meist in einer Kompostierungsanlage verwertet oder zur Herstellung von Biogas verwendet, das auch zur Wärme- und Stromerzeugung genutzt werden kann.
• **Nicht nur Gartenbesitzer** können ihre Küchenabfälle selbst kompostieren (siehe Seite 160–161).

Wie kann man im Haushalt Lebensmittelverschwendung vermeiden?

Lebensmittelverschwendung ist ein gravierendes Problem. Wer regelmäßig Lebensmittel wegwirft, sollte sich dringend Gedanken über sein Einkaufs- und Konsumverhalten machen.

Etwa ein Drittel der weltweit produzierten Lebensmittel landet auf dem Müll. Das ist eine erschreckende Zahl. Lebensmittel wegzuwerfen bedeutet, Ressourcen zu verschwenden. Dazu gehören auch Wasser und Energie, die für Produktion und Transport aufgewendet wurden. Die jährlich weggeworfene Menge könnte eine Anbaufläche füllen, die größer ist als China. Wenn Lebensmittel nicht kompostiert oder zur Treibstoffgewinnung genutzt werden (siehe Seite 25), sondern auf Deponien verrotten, entsteht außerdem das Treibhausgas Methan, das zur globalen Erwärmung beiträgt.

Verschwendung vermeiden

Verschwendung lässt sich vermeiden, indem man durchdacht einkauft, Lebensmittel richtig lagert und Reste verwertet.

▼ Eine Studie in Irland hat ergeben, dass der Großteil der weggeworfenen Lebensmittel nicht hätte im Müll landen müssen.

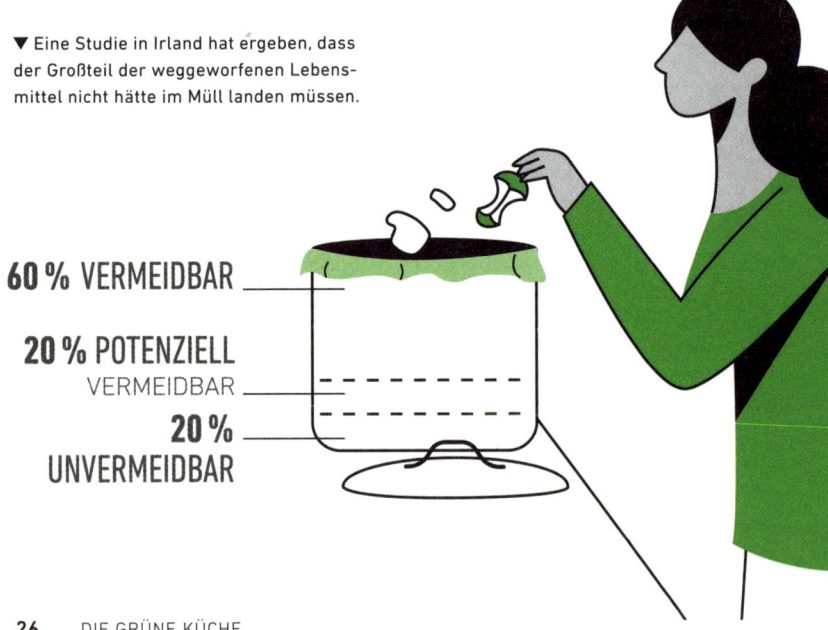

60 % VERMEIDBAR

20 % POTENZIELL
VERMEIDBAR

20 %
UNVERMEIDBAR

- **Ein Menüplan** hilft, weniger zu kaufen und vorhandene Vorräte rechtzeitig zu verbrauchen.
- **Eine Einkaufsliste** schreiben und konsequent einhalten
- **Bei Sonderangeboten** wie »nimm drei, bezahle zwei« nur zugreifen, wenn man die Menge wirklich verbrauchen kann

18 Millionen
TONNEN LEBENSMITTEL LANDEN IN DEUTSCHLAND JÄHRLICH IM MÜLL.

- **Frische Lebensmittel** richtig lagern: Kartoffeln in einen dunklen Schrank legen; Pilze in einer Papiertüte im Kühlschrank lagern, damit sie nicht schmierig werden; frische Kräuter in Wasser in den Kühlschrank stellen (nur Basilikum verträgt keine Kälte)
- **Das Tiefkühlfach** clever nutzen. Reste von Kräutern oder Wein in Eiswürfelformen einfrieren. Gemüsereste hacken und portionsweise einfrieren. Beschriften nicht vergessen!
- **Trockene Lebensmittel** in durchsichtigen Behältern aus Glas oder Plastik aufbewahren

Reste verwerten

Kochen ist eine kreative Beschäftigung. Im Internet lassen sich Dutzende leckerer Rezepte für die Resteverwertung finden, von schnellen Smoothies bis zu interessanten Hummus-Varianten mit Avocado, roten oder weißen Bohnen, Tomaten und Roter Bete. Seien Sie kreativ!

- **Alle Teile** der Lebensmittel nutzen: Kräuterstiele für Pesto, Hähnchenknochen für Brühe, Zitrusschalen zum Aromatisieren von klarem Schnaps
- **Eintöpfe, Currys** oder Gemüsesuppen aus frischen saisonalen Zutaten in größeren Mengen kochen und portionsweise für später einfrieren
- **Reste vom Abendessen** in ein luftdicht schließendes Behältnis packen und am nächsten Tag für die Mittagspause mitnehmen. Das klingt so selbstverständlich, aber wie oft machen Sie das wirklich? So vermeiden Sie Verschwendung und geraten nicht in Versuchung, Fertiggerichte in Plastikverpackungen zu kaufen.

Zero Waste

- **Ziehen Sie Müllbilanz.** Achten Sie eine Woche lang genau darauf, was in Ihrem Haushalt weggeworfen wird. Wenn Sie Ihre Schwachstellen kennen, können Sie gezielt daran arbeiten.
- **Bevor Sie einen Rest wegwerfen,** überlegen Sie, wozu er noch gut sein kann: Wenn er nicht mehr für eine ganze Mahlzeit reicht, kann man ihn mit etwas anderem kombinieren. Versuchen Sie einmal, Lebensmittelabfall vollständig zu vermeiden. Das ist eine spannende Herausforderung!

»Nachhaltigkeit heißt oft, altmodische natürliche Methoden wiederzuentdecken.«

Womit soll ich abwaschen?

Wenn Sie das Geschirr von Hand spülen, brauchen Sie dafür Schwämme, Lappen und Trockentücher. Vermeiden Sie aber Wegwerfprodukte, weil sie zur Umweltverschmutzung beitragen.

Jahrzehntelang haben wir mit Vliestüchern und grün-gelben Scheuerschwämmen abgewaschen, ohne uns darüber viele Gedanken zu machen. Tatsächlich sind diese Spülhelfer aber schädlich. Schwämme aus Polyurethan halten in der Küche nicht lange, ihr Abbau hingegen dauert Jahrhunderte. Ähnlich kurzlebig sind Spültücher aus Viskose, die unter Einsatz von Chemikalien und viel Energie aus Holzfasern hergestellt wird. Unter optimalen Bedingungen ist Viskose kompostierbar, doch meist stehen für die Mikroorganismen, die sie zersetzen, nicht ausreichend Luft und Wärme zur Verfügung.

Gute Alternativen sind Materialien, die in der Küche lange halten und, wenn sie weggeworfen werden, schnell abbaubar sind. Naturfaserstoffe zum Beispiel kann man selbst zurechtschneiden und immer wieder verwenden. In der Kochwäsche werden Bakterien abgetötet. Eine gute Wahl sind auch Scheuerbürsten aus Holz mit Rosshaar- oder Kaktusborsten, Scheuerschwämme aus Agavenfasern oder Kupferdraht (der sich gut recyceln lässt) oder Spülschwämme aus Kokosfasern, Luffa oder Zellulose. Umweltfreundliche Produkte findet man online oder im Bioladen, oft auch in plastikfreier Verpackung.

▼ Vergleicht man die Gebrauchsdauer mit der Zeit, die für den Abbau nötig ist, haben Baumwolle und andere Naturprodukte die Nase vorn.

Gebrauchsdauer

Abbaudauer

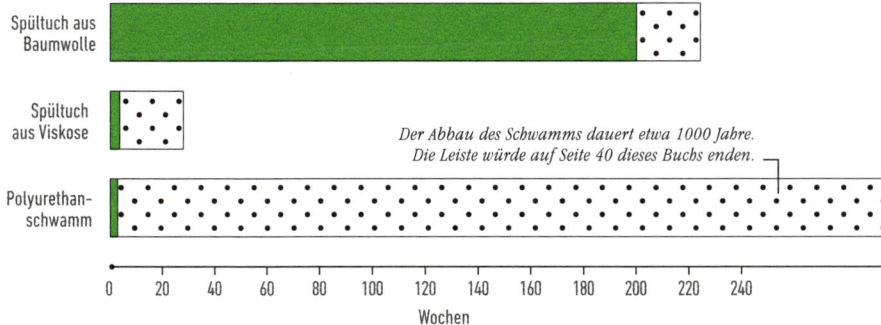

Spültuch aus Baumwolle

Spültuch aus Viskose

Der Abbau des Schwamms dauert etwa 1000 Jahre. Die Leiste würde auf Seite 40 dieses Buchs enden.

Polyurethanschwamm

0   20   40   60   80   100   120   140   160   180   200   220   240

Wochen

Welche Putzmittel sollte ich meiden?

Handelsübliche Reinigungsmittel sind in zweierlei Hinsicht bedenklich: wegen der Inhaltsstoffe und wegen der Verpackung. Natürliche Alternativen reinigen ebenso gut.

Wenn chemische Inhaltsstoffe von Reinigungsmitteln in den Boden oder den Wasserkreislauf gelangen, können sie unserer Gesundheit schaden. Chlorreiniger und Chlorbleiche sollten Sie grundsätzlich meiden. Chlor kann, wenn es in Gewässer gelangt, chemische Verbindungen mit anderen dort vorhandenen Stoffen eingehen. Dabei entstehen beispielsweise Dioxine, die für Menschen und Tiere äußerst giftig sind und die in der Umwelt nur sehr langsam abgebaut werden. Tabu sind auch Reinigungsmittel, die in Tierversuchen erprobt werden. Am besten informieren Sie sich vor dem Einkauf.

200 VERSCHIEDENE CHLOR-VERBINDUNGEN WURDEN IN DEN GROSSEN SEEN DER USA NACHGEWIESEN.

Wenn die Plastikflaschen, in denen wir Putzmittel kaufen, leer sind, schwimmen sie im schlimmsten Fall bald im Meer, bevor sie zu Mikroplastik zerfallen, das jahrhundertelang Umwelt und Gesundheit belastet.

Meiden sollten Sie auch Feuchttücher. Oft werden sie zwar als umweltfreundlich angepriesen und sollen binnen eines Jahres kompostierbar sein, doch erstens handelt es sich um ein Einwegprodukt, und zweitens besteht die Verpackung meist aus Plastik.

Und selbst um Kalkablagerungen und hartnäckige Flecken zu beseitigen, braucht man weder Chlor noch antibakterielle Produkte mit wissenschaftlich klingenden Namen. Umweltfreundliche Mittel erfüllen den Zweck genauso gut:

- **Traditionelle Reinigungsmittel** wie Essigessenz, Zitronensäure oder Waschsoda reinigen zuverlässig, ohne die Umwelt unnötig zu belasten.

- **Putzmittel aus nachwachsenden Rohstoffen** bekommt man inzwischen auch in vielen Supermärkten und Drogeriemärkten. Wer Plastikverpackungen einsparen will, sollte sich nach Geschäften mit einer Nachfüllstation umsehen oder feste Produkte verwenden. Aber lesen Sie immer das Kleingedruckte! Achten Sie darauf, dass mit biologisch angebauten Rohstoffen und ohne Tierversuche produziert wurde.

Wie umweltfreundlich ist die Küchenrolle?

Küchenpapier benutzen wir ganz selbstverständlich und wir gehen davon aus, dass es umweltfreundlicher ist, als Geschirrtücher und Servietten zu waschen. Irrtum!

Die Produktion von Küchenpapier verschlingt große Mengen Rohstoffe und Energie. Für 1 Tonne Küchenpapier werden 17 Bäume und 91 000 Liter Wasser benötigt. Das Papier wird gebleicht und mit toxischen Chemikalien behandelt, um es stabiler zu machen. Weltweit werden jährlich rund 6,5 Millionen Tonnen Küchenpapier verbraucht.

Für das Waschen von Geschirrtüchern, Lappen und Servietten wird nur ein Bruchteil der Wasser- und Energiemenge benötigt, und im Gegensatz zu Küchenpapier muss man sie nicht ständig neu kaufen. Wiederverwendbare Tücher und Servietten sind auch nachhaltiger, weil sie beim Rohstoffverbrauch weniger zu Buche schlagen. In einer umweltfreundlichen Küche hat die Haushaltsrolle ausgedient.

- **Kaufen Sie** Geschirrtücher und Servietten aus Naturfasern wie Baumwolle oder Leinen. Sie enthalten keine Kunststoffe und geben kein Mikroplastik ab (siehe Seite 96).
- **Statt neue Wischtücher** zu kaufen, könnten Sie auch alte Bettwäsche etc. zerschneiden. Zum Aufnehmen von Verschüttetem oder zum Abwischen von Oberflächen sind solche Stoffreste allemal gut genug.
- **Wenn Sie auf Küchenpapier** nicht verzichten möchten, verwenden Sie wiederverwendbare Papiertücher aus Bambus. Sie sind von Natur aus antibakteriell und können einige Male gewaschen werden. Bambus ist ein schnell nachwachsender, erneuerbarer Rohstoff, der außerdem in kurzer Zeit biologisch abbaubar ist. Wählen Sie vorzugsweise Bambus aus nachhaltigem Anbau.

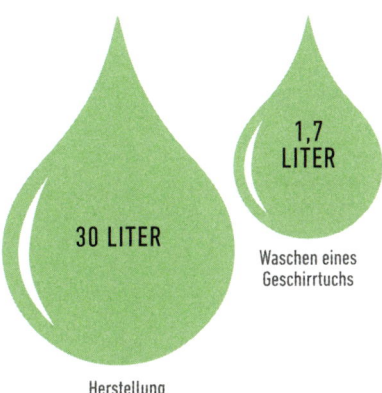

1,7 LITER

Waschen eines Geschirrtuchs

30 LITER

Herstellung einer Küchenrolle

▲ Für die Herstellung von Küchenpapier wird sehr viel Wasser verbraucht. Wer auf nur eine Rolle verzichtet, spart fast 30 Liter Wasser ein.

ESSEN
UND TRINKEN

Ist eine vegane Ernährung immer besser für die Umwelt?

Es tut der Umwelt gut, wenn wir weniger Fleisch und Milchprodukte konsumieren. Vegane Ernährung ist aber auch nicht unproblematisch. Letztlich muss jeder selbst entscheiden.

Einer Veröffentlichung des *Intergovernmental Panel on Climate Change* (IPCC) von 2019 zufolge ist die Lebensmittelproduktion für bis zu 37 % der Treibhausgas-Emissionen verantwortlich. Energieintensive Landwirtschaft im industriellen Stil deckt den weltweit steigenden Verbrauch an Fleisch und Milch. Zusammen beanspruchen die Fleisch- und Milcherzeugung 77 % der landwirtschaftlichen Flächen und verursachen 60 % der landwirtschaftlich bedingten CO_2-Emissionen. Dabei liefern diese Lebensmittel nur 17 % der Kalorien, die wir aufnehmen. 33 % der Gesamtfläche, die für Fleisch- und Milcherzeugung genutzt wird, dient zum Anbau von Viehfutter. Weltweit werden jährlich über 70 Milliarden Schlachttiere aufgezogen. In vielen Ländern führt der enorme Flächenbedarf für die Fleischerzeugung zu großflächigen Rodungen. Wald muss weichen, um intensiv bewirtschaftete Flächen für den Futtermittelanbau zu schaffen. Werden pflanzliche Erzeugnisse als Futtermittel zur Fleischgewinnung verwendet, statt direkt der menschlichen Ernährung zu dienen, nutzen wir nur ein Zehntel ihres Kalorien-

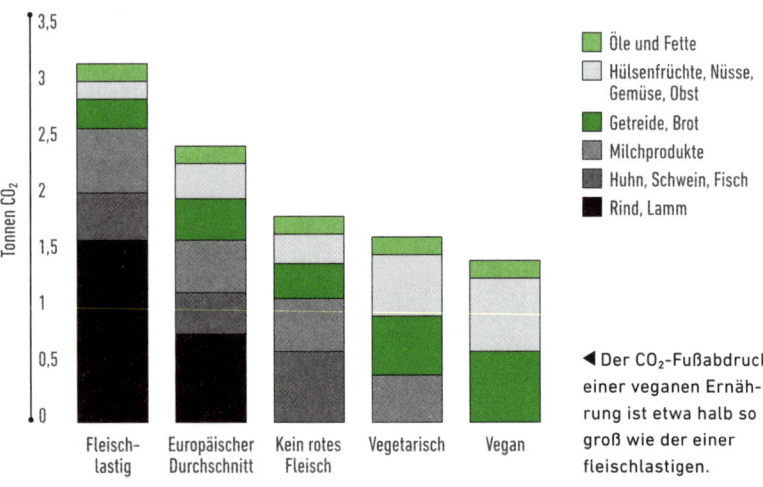

◀ Der CO_2-Fußabdruck einer veganen Ernährung ist etwa halb so groß wie der einer fleischlastigen.

werts. Eine vegane Lebensweise könnte unseren CO_2-Fußabdruck um bis zu 73 % reduzieren. Aber auch vegane Ernährung wirkt sich auf die Umwelt aus. So ist in den letzten Jahren die Nachfrage nach Superfoods stark gestiegen. Avocados und Mandelmilch sind Beispiele dafür, welche negativen Folgen die Nachfrage für die Erzeugerregionen haben kann (siehe Seite 55 und 42). Es ist wenig sinnvoll, Lebensmittel zu konsumieren, die nicht nachhaltig produziert werden. Hinzu kommt, dass die proteinreichen Hülsenfrüchte, die in der veganen Ernährung eine wichtige Rolle spielen, meist in wärmeren Regionen angebaut werden – die langen Transportwege schlagen in der CO_2-Bilanz zu Buche.

Die umweltfreundlichste Ernährung ist regional, saisonal und überwiegend pflanzlich. Fleisch aus Massentierhaltung sollte im Interesse des Tierwohls gemieden werden.

Mit jeder Mahlzeit können wir bewusste Entscheidungen fällen:

- **Werden Sie Flexitarier.** Essen Sie an einigen Wochentagen vegetarisch oder planen Sie einzelne vegane Mahlzeiten ein. Gönnen Sie sich hin und wieder gutes Biofleisch aus der Region.

- **Ob vegan oder nicht,** ernähren Sie sich möglichst saisonal. Informieren Sie sich, woher Ihre Lebensmittel kommen (siehe Seite 50), und meiden Sie Produkte, die nicht nachhaltig erzeugt oder über weite Strecken transportiert werden.

Milch und Eier mit gutem Gewissen?

Wer sich nicht rein pflanzlich ernähren will, sollte darauf achten, woher Milch und Eier stammen.

Umweltschädliche Produktions- und Fangmethoden werden nicht mehr unterstützt, wenn wir auf Fleisch und Fisch verzichten. Allerdings hat auch die Milchwirtschaft nicht zu unterschätzende Auswirkungen auf die Umwelt (siehe Seite 42). So wird in den USA fast ein Fünftel des landwirtschaftlichen Wasserverbrauchs für die Aufzucht von 9 Millionen Milchkühen eingesetzt. In Deutschland werden jährlich 19 Milliarden Eier konsumiert. Die großen Betriebe, die diese Produkte liefern, verbrauchen enorme Mengen Energie, Futtermittel und Antibiotika. Nimmt man die Transportwege hinzu, entstehen Millionen Tonnen von Treibhausgas-Emissionen. Wenn wir unseren Verbrauch an Milch und Eiern verringern, sinkt die Nachfrage, und es werden weniger Betriebe benötigt, die Intensivlandwirtschaft betreiben.

Sie müssen nicht ganz auf Milch und Eier verzichten. Sinnvoll ist es aber, die Mengen zu verringern und Bioqualität aus der Region zu kaufen. Wer ein ausreichend großes Grundstück hat, könnte sogar überlegen, selbst Hühner zu halten.

Sind manche Fleischarten umweltfreundlicher als andere?

Der Genuss von Fleisch wird oft kategorisch als umweltschädlich abgestempelt, aber das ist nicht die ganze Wahrheit. Der Einfluss auf die Umwelt hängt entscheidend von der Fleischart ab.

Fleisch aus Massentierhaltung, das weltweit exportiert wird, schadet der Umwelt durch die Treibhausgas-Emissionen, die Waldrodung für Weiden und Anbauflächen für Futtermittel und die Bodenverunreinigungen durch die Großbetriebe. Wo große Bestände unter beengten Bedingungen gehalten werden, bleibt das Tierwohl auf der Strecke. Auch gesunde Tiere werden mit Antibiotika behandelt, um Krankheiten vorzubeugen – so bilden sich resistente Keime, die auch für Menschen gefährlich sind. In manchen Ländern sind in der Tiermast zudem wachstumsfördernde Medikamente erlaubt.

In Bezug auf Treibhausgase sind Rinder und Schafe besonders problematisch. Sie produzieren mehr Methan als alle anderen Fleischtierarten zusammen. Hühner haben einen relativ kleinen CO_2-Fußabdruck, aber die Bedingungen, unter denen sie

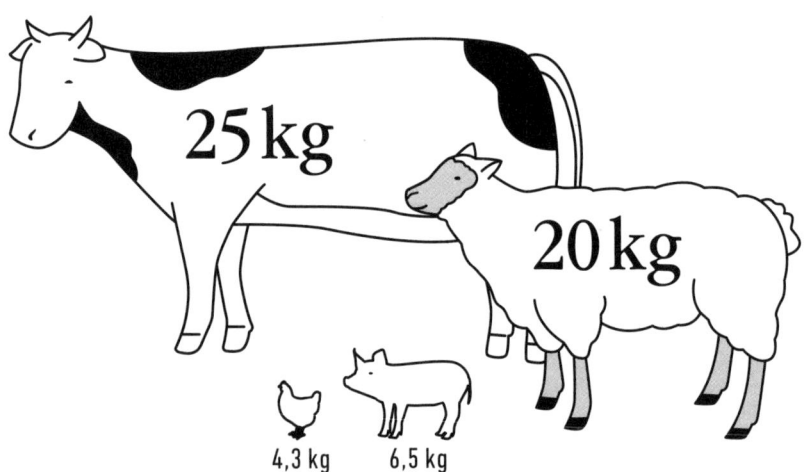

25 kg

20 kg

4,3 kg   **6,5 kg**

▲ Der CO_2-Fußabdruck von Nutztieren hängt von der Haltungsform ab. Dies sind die weltweiten Durchschnittswerte in Kilogramm CO_2 pro 100 Gramm Protein.

gehalten werden, sind oft sehr problematisch. In Deutschland wachsen 97 % der Masthühner in konventioneller Bodenhaltung heran. Sie leben im Schnitt nur 35 Tage, und das schnelle Wachstum wird erzwungen. Bis zu 200 000 Tiere können in einem einzigen Stall leben. Sie werden mit Kunstlicht wach gehalten, damit sie schneller wachsen.

Grünere Alternativen

Es gibt andere Haltungsformen, die der Umwelt nicht schaden oder sogar eine positive Wirkung haben können. Bei richtiger Haltung kann Weidevieh den Boden verbessern und Kohlendioxid binden, oft auf Flächen, die anderweitig nicht zu nutzen sind. Diese Art der Haltung ist aber nicht überall möglich und sie ist nicht billig. So kommt es, dass der Umwelteinfluss der Fleischproduktion in den einzelnen Ländern sehr unterschiedlich ist. Der CO_2-Fußabdruck von südamerikanischem Rindfleisch beispielsweise ist dreimal so groß wie der von europäischem.

Im Hinblick auf Nachhaltigkeit kann Kalbfleisch eine gute Wahl sein. Es ist ein Nebenprodukt der Milchviehhaltung und war lange umstritten. Inzwischen steigt aber die Zahl der Betriebe, die auf ethische Haltung setzen. Die Kälber werden mindestens zeitweise auf der Weide gehalten. Weil sie weniger Wasser und Getreide verbrauchen als ausgewachsene Rinder, produzieren sie weniger Methan. Folglich ist ihr Fleisch nachhaltiger.

Auch heimisches Wild ist empfehlenswert. Rehe und Hirsche verdichten den Boden weniger stark als schwere Rinder. So behält er seine Fähigkeit, Wasser aufzunehmen, was die Gefahr von Überschwemmungen verringert. Heimisches Wild liefert nachhaltiges Fleisch, und die Jagd liegt im öffentlichen Interesse, um Schäden in der Landwirtschaft und Tierseuchen durch Überpopulation zu verhüten.

Auch die Entwicklung von Laborfleisch schreitet voran. Um das Tierwohl muss man sich dabei keine Sorgen machen, umweltfreundlicher als echtes Fleisch ist es aber erst, wenn der Energieverbrauch bei der Herstellung verringert wird und keine toxischen Nebenprodukte entstehen.

Für umweltbewussten Fleischkonsum gilt: »Klasse statt Masse«.

- **Weniger Fleisch.** Wer weniger Fleisch isst, kann mehr Geld für hochwertige Bioqualität aus der Region ausgeben.
- **Billige Massenware** meiden, stattdessen kleine Erzeuger aus der Region unterstützen, die nachhaltig wirtschaften und ihre Tiere artgerecht halten
- **Möglichst alles verwerten,** zum Beispiel das Gerippe vom Brathähnchen für eine Brühe verwenden. Dadurch wird Abfall vermieden, und Sie müssen kein Suppenfleisch kaufen.
- **Kein Fleisch verschwenden,** sondern auch Reste immer kreativ verwerten

»Unter den Millennials hat jeder Fünfte seine Ernährung aus Umweltgründen verändert.«

Kann ich noch Fisch essen, ohne der Umwelt zu schaden?

Fisch gilt als gesundes Lebensmittel. Fangmethoden, die Aspekte der Nachhaltigkeit nicht berücksichtigen, sind jedoch weit verbreitet und sehr problematisch.

Die komplexen Ökosysteme, die unsere Küsten umgaben, sind durch den kommerziellen Fischfang beschädigt worden. Der Fischfang selbst ist nicht schädlich. Werden aber mehr Fische gefangen, als nachwachsen können, kommt es zu gefährlicher Überfischung. Trawler, die 120 Kilometer lange Netze mit Haken über den Meeresgrund ziehen, vernichten dort Ökosysteme. Überfischung stellt sogar eine noch größere Gefahr dar als das Mikroplastik, das man mittlerweile in vielen Fischen und Krustentieren findet. Viele Fischbestände sind vom Aussterben bedroht.

Die Aquakultur ist nicht viel besser. In den Intensivzuchtbetrieben leben Fische auf engstem Raum, sodass sich Krankheiten und Parasiten ausbreiten können. Um das zu verhindern, werden den Fischen Antibiotika verabreicht, und Pestizide werden ins Wasser geleitet. Dabei nehmen marine Ökosysteme Schaden.

- **Beim Fischkauf** auf die Siegel für nachhaltigen Fang und nachhaltige Aquakultur achten. Die gängigsten sind das MSC-Siegel *(Marine Stewardship Council)* sowie das ASC-Siegel *(Aquaculture Stewardship Council)*. Informieren Sie sich über die Bestände der angebotenen Fischarten und kaufen Sie keine, die bedroht sind.
- **Wer an der Küste lebt,** kann direkt vom Kutter oder beim Fischhändler einkaufen und sich nach der Fangmethode erkundigen.

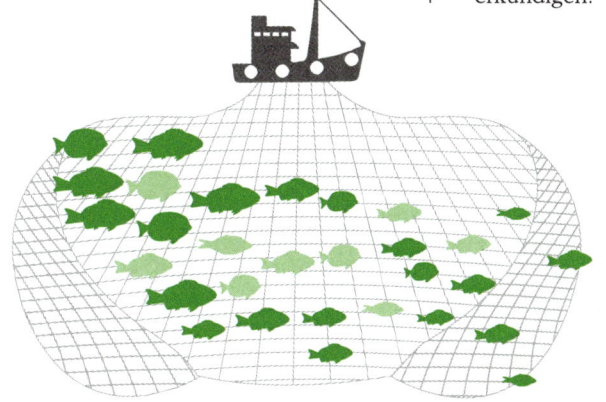

Illegaler Fang

Legaler Fang

◀ Etwa 30 % des verkauften Fischs stammen aus illegalem Fang. Dadurch sinken die Bestände dramatisch.

Wie wirkt sich Soja auf die Umwelt aus?

Für den Sojaanbau im großen Stil sind riesige Waldflächen gerodet worden. Wer Sojaprodukte kauft, sollte wissen, woher sie kommen und ob sie nachhaltig produziert wurden.

In den letzten 20 Jahren ist die Nachfrage nach Soja so stark gestiegen, dass sich die Anbauflächen um 400 % vergrößert haben. Das hat nur teilweise damit zu tun, dass sich mehr Menschen vegetarisch ernähren. Der größte Teil der Sojabohnen landet nicht auf unseren Tellern, sondern wird in der Massentierhaltung an Rinder, Schweine und Hühner verfüttert.

Sojaanbau

Eins der größten Erzeugerländer ist Brasilien, wo für den Sojaanbau große Flächen gerodet wurden. Seit 2006 lehnen viele Länder Sojabohnen ab, die auf Flächen im ehemaligen Amazonas-Regenwald erzeugt wurden. Das hat dazu geführt, dass die Erzeuger nun andere alte Wälder roden, etwa den brasilianischen Cerrado. Die Abholzung der Wälder hat zur Verarmung der Böden, zu vermehrten Überschwemmungen und Erdrutschen und zum Verlust wertvoller Lebensräume geführt.

Hinzu kommt, das Soja in Monokultur angebaut wird. Eine einzige Pflanzenart nimmt riesige Flächen ein. Dadurch wird der Boden aus-

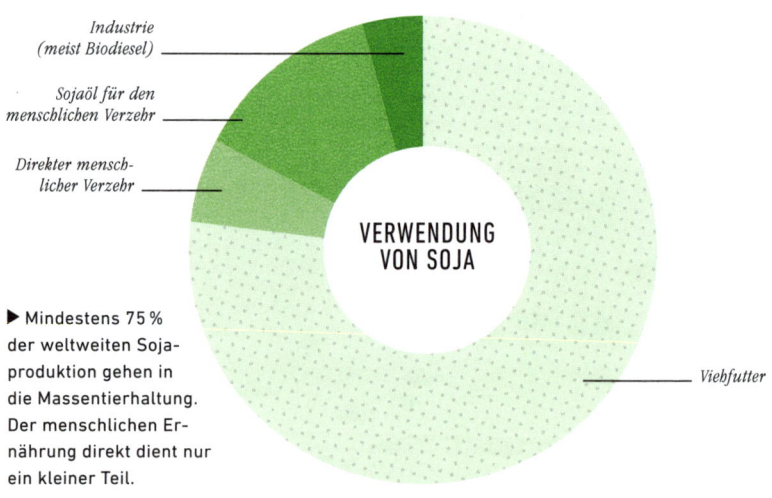

Industrie
(meist Biodiesel)

Sojaöl für den
menschlichen Verzehr

Direkter menschlicher Verzehr

VERWENDUNG VON SOJA

Viehfutter

▶ Mindestens 75 % der weltweiten Sojaproduktion gehen in die Massentierhaltung. Der menschlichen Ernährung direkt dient nur ein kleiner Teil.

gelaugt. Außerdem verbraucht diese Anbauweise viel Wasser, Energie und auch Chemikalien, denn die Pflanzen sind anfällig für Krankheiten und Schädlinge. Der intensive Einsatz von Düngemitteln und Pestiziden vernichtet auch nützliche Insekten, vergiftet Gewässer und verändert den Boden so, dass andere Pflanzen darauf schlecht wachsen.

Um die Bewirtschaftung zu erleichtern, ist ein Großteil der Sojapflanzen genetisch verändert, das heißt, bestimmte Eigenschaften der

---

DIE HALBIERUNG DES **EUROPÄISCHEN** **FLEISCHKONSUMS** WÜRDE DEN **SOJAVERBRAUCH** UM **75%** REDUZIEREN.

Pflanze wurden durch Eingriffe in die DNS herbeigeführt. Diese Pflanzen sind beispielsweise widerstandsfähig gegen starke Herbizide, die zur Unkrautbekämpfung eingesetzt werden. Wenn Unkräuter resistent gegen die Spritzmittel werden, wenden die Landwirte stärkere Chemikalien an – neben Überdüngung und Übersäuerung ein weiteres gravierendes Umweltproblem.

Grünere Alternativen

Es gibt zwar Soja aus nachhaltigem Anbau, doch viele Organisationen bezweifeln, dass die Produktion wirklich so umweltfreundlich ist.

Für die Probleme des Sojaanbaus im großen Stil gibt es keine einfache Lösung, aber Alternativen werden erforscht. So könnte die Fleischerzeugung deutlich nachhaltiger werden, wenn man die Tiere nicht mit Soja, sondern mit Produkten auf der Basis von Insekten füttern würde.

Die wirksamste Methode, um den Sojaverbrauch zu senken, besteht darin, weniger Fleisch von Tieren zu konsumieren, die Soja als Futter erhalten.

- **Kaufen Sie möglichst** Fleisch von Weidevieh, das im Freien gehalten wurde und Gras gefressen hat. Dieses Fleisch hat meist einen höheren Nährstoffgehalt als Fleisch aus Massentierhaltung mit Sojafütterung.
- **Informieren Sie sich** über die Herkunft von Sojaprodukten. Kaufen Sie keine Produkte aus Regenwaldgebieten. Der Anbaubetrieb sollte möglichst eine Fruchtfolge einhalten, damit die Bodenqualität und die Landschaft geschont werden und die Artenvielfalt erhalten bleibt.
- **Bei Tofuprodukten** sollten Sie möglichst Bioware wählen, um sicher zu sein, dass sie keine schädlichen Chemikalien enthalten. Bei der Herstellung von konventionellem Tofu kann Hexan zum Einsatz kommen, ein Lösungsmittel, das aus raffiniertem Rohöl gewonnen wird. Untersuchungen haben gezeigt, dass Hexan bei Ratten Gehirnschäden verursachen kann.

Wie umweltfreundlich sind Milchalternativen?

Es gibt eine Vielzahl pflanzlicher Milchalternativprodukte. Nicht alle sind so umweltfreundlich, wie die Hersteller uns suggerieren möchten.

Schätzungsweise 3–4 % der weltweiten Treibhausgas-Emissionen werden durch die Milchwirtschaft verursacht. Der Anbau von Futtermitteln nimmt große Flächen in Anspruch, die besser für die Produktion von Pflanzen genutzt würden, die direkt der menschlichen Ernährung dienen. Riesige Milchviehbestände tragen zum Verlust von Wäldern und zum Rückgang der Artenvielfalt bei, zur Verarmung der Böden und zur Überdüngung der Gewässer durch Gülle. Hinzu kommt, dass die Lebensbedingungen für die Kühe in der Intensivhaltung schlecht sind. Neugeborene Kälber werden meist von den Muttertieren getrennt, männliche Kälber getötet, und die Kühe selbst zu oft gemolken. Vieles spricht also für pflanzliche Alternativen.

Im Vergleich

Wer aus Umweltgründen seine Ernährungsgewohnheiten ändern will, sollte sich vorher gründlich

JA, GERN

☑ HAFER
☑ KOKOS
☑ HANF
☑ ERBSEN

BESSER NICHT

☒ KUHMILCH
☒ MANDEL
☒ SOJA
☒ REIS

▲ In der Regel sind die Produkte im linken Karton umweltfreundlicher als die im rechten; der Nährstoffgehalt bleibt hier unberücksichtigt.

über die verschiedenen Alternativen informieren.

- **Haferdrink** gilt als besonders umweltfreundlich. Hafer verursacht relativ geringe CO_2-Emissionen, und für den Anbau wird sechsmal weniger Wasser benötigt als für Mandeln (siehe unten). Abfälle aus der Hafermilchproduktion können zur Erzeugung von Biogas verwendet werden, was allerdings nicht alle Hersteller tun. Hafer gedeiht gut in kühleren Klimazonen Europas, wo pflanzliche Milch besonders beliebt ist. Das bedeutet, dass keine langen Transportwege anfallen.
- **Kokosdrink** ist ebenfalls eine gute Wahl. Zwar sind die Transportwege zu den europäischen Verbrauchern lang, aber für den Anbau werden wenig Wasser und Chemikalien benötigt. Kokospalmen absorbieren im Lauf ihres Lebens viel CO_2.
- **Hanfdrink** wird aus den Samen des Hanfs hergestellt und ist reich an Proteinen und essenziellen Fettsäuren. Die robuste Pflanze wächst fast überall ohne Einsatz von Pestiziden und braucht verhältnismäßig wenig Wasser. Weil alle Teile der Pflanze verwertet werden können, fällt kaum Abfall an.
- **Erbsendrink** aus gelben Erbsen erfordert für die Produktion 25-mal weniger Wasser als Kuhmilch und 100-mal weniger als Mandelmilch. Er ist reich an Kalzium und Proteinen.
- **Mandeldrink** wird als besonders gesund gelobt, darum ist die Nachfrage weltweit gestiegen. Vor allem in Kalifornien, dem Hauptanbaugebiet für Mandeln, kommt es aber wegen des Klimawandels immer häufiger zu Dürren. Wie die meisten Baumfrüchte müssen auch Mandeln ganzjährig bewässert werden. Die Erzeuger lenken darum Wasser aus anderen Gebieten um, was die zukünftige Wasserversorgung der Region gefährdet. Bienen sind zur Bestäubung notwendig,

---

3 Liter WASSER
SIND NÖTIG, UM EINE **EINZIGE** **MANDEL** WACHSEN ZU LASSEN.

---

aber stark gefährdet, weil im Mandelanbau Pestizide eingesetzt werden. Allein 2018/2019 sind in den Mandelanbaugebieten über 50 Milliarden Bienen gestorben. Besser sind Nüsse aus Gebieten, die nicht durch Dürren gefährdet sind.
- **Sojadrink** leidet unter der schlechten Umweltbilanz von Sojabohnen (siehe Seite 40). Es gibt aber Produkte aus nachhaltigem Anbau. Informieren Sie sich vor dem Kauf.
- **Reisdrink** ist problematisch, weil Reis einen hohen Wasserbedarf hat und viele Sorten gentechnisch verändert sind. Während die Pflanzen wachsen, geben Reisfelder überdies große Mengen an Treibhausgasen ab, vor allem Methan und Stickoxide.

Sollte man Produkte meiden, die Palmöl enthalten?

Das Thema Palmöl ist vielschichtig. Palmöl zu meiden, ist ein guter Anfang, aber ebenso wichtig ist es, die Auswirkungen von Alternativprodukten auf die Umwelt zu verstehen.

Palmöl ist allgegenwärtig. Das Speisefett wird aus den Früchten der Ölpalme gepresst. Eingesetzt wird es in verarbeiteten Lebensmitteln aller Art, von Süßigkeiten bis zu Fertiggerichten (zur Verbesserung von Haltbarkeit und Konsistenz), aber auch in Hautpflegeprodukten, Make-up und vielen anderen Alltagsprodukten. Es taucht unter vielen verschiedenen Namen auf, sodass man es nicht immer auf den ersten Blick erkennt.

Etwa 85 % der weltweiten Produktion stammt aus Malaysia und Indonesien. Weil der Anbau der Palmen profitabel ist, wird er in großem Stil betrieben. Dadurch wurden uralte Dschungel vernichtet, indigene Völker verdrängt und Tierarten gefährdet. Ölpalmen werden oft auch in Feuchtgebieten angebaut, die für diesen Zweck trocken gelegt wurden. Dadurch verarmt der Boden, und es werden große Mengen CO_2 frei.

Leider gibt es keine einfache Lösung. Andere Pflanzen zur Ölgewinnung, etwa Sonnenblumen oder Kokosnüsse, können bei weitem nicht so effizient angebaut werden, denn ihr Ertrag ist bis zu zehnmal geringer als der von Ölpalmen. Wollte man den heutigen Bedarf mit anderen Pflanzen decken, wären also wesentlich größere Flächen nötig.

Noch komplizierter ist es beim nachhaltig produzierten Palmöl. Es wird auf Plantagen erzeugt, die vom *Round Table on Sustainable Palm Oil* (RSPO) zertifiziert sind. Manche halten es für akzeptabel, weil weniger Pestizide zum Einsatz kommen als in der konventionellen Palmölerzeu-

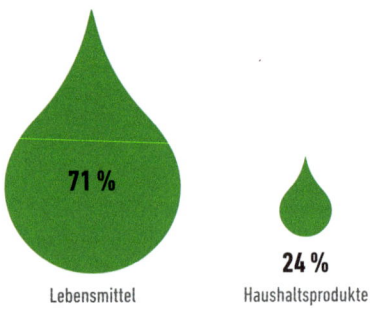

71 %
Lebensmittel

24 %
Haushaltsprodukte

5 %
Biodiesel

◀ Ein Großteil des weltweit produzierten Palmöls wird für Lebensmittel verwendet, von Schokolade und Chips bis zu Brot und Fertiggerichten.

gung. Andere, darunter Greenpeace und der *World Wide Fund for Nature* (WWF), meinen, dass die Gefahr für Tiere und Umwelt auch in zertifizierten Betrieben zu hoch sei.

Eine wirklich umweltfreundliche Alternative gibt es noch nicht, aber ein bisschen nachhaltiger kann man als Verbraucher in jedem Fall handeln:

- **Verringern** Sie den Verbrauch von Produkten, die Palmöl enthalten. Die Nachfrage nach Fertiggerichten ist in den letzten 50 Jahren enorm gestiegen. Hier ist anzusetzen, um das Palmölproblem in den Griff zu bekommen. Der Umstieg auf Produkte mit anderen, nachhaltigen

---

PALMÖL IST IN FAST

50% ALLER **SUPER-** MARKTPRODUKTE ENTHALTEN.

Fetten kann kurzfristig wirksam sein, doch besser ist es, den Konsum von verarbeiteten Lebensmitteln (und gängigen Pflegeprodukten, siehe Seite 80) grundsätzlich zu reduzieren.

- **Finden Sie heraus,** hinter welchen Bezeichnungen sich Palmöl versteckt, etwa Palmolein, Glyceryl oder Stearat.
- **Nutzen Sie eine App,** um im Supermarkt Produkte zu scannen und herauszufinden, ob sie Palmöl enthalten.

Welches Speiseöl ist am umweltfreundlichsten?

Wichtiger als die Art des Öls ist die Frage, wo und wie es hergestellt wurde.

Egal welche Art Öl Sie kaufen – Massenproduktion hat durch den Einsatz von Chemikalien, Waldrodung und Verlust von Artenvielfalt immer negative Auswirkungen. Zudem bringt jede Pflanzenart ihre eigenen Probleme mit. Olivenölerzeuger kämpfen mit einer Krankheit, die ihre alten Bäume befällt. Dadurch steigen die Preise für Olivenöl. Kokosbauern in Asien leben trotz der großen Nachfrage wegen unfairer Geschäftspraktiken in Armut. Das sollten Sie beachten:

- **Bioqualität** bevorzugen
- **Lange Transportwege** vermeiden und einheimische Produkte bevorzugen. In Deutschland wird auf großen Flächen Raps angebaut, unter anderem für die Produktion von hochwertigem Speiseöl mit einem guten Nährstoffprofil.
- **Fairtrade** und andere Zertifizierungen tragen dazu bei, dass die Erzeuger und die Erntehelfer fair behandelt und bezahlt werden.
- **Plastikflaschen meiden,** Glasflaschen bevorzugen. Vielleicht können Sie Ihre Flaschen in einem Unverpacktladen (siehe Seite 115), wieder auffüllen lassen.

Wie grün ist Bio wirklich?

Biologische Landwirtschaft klingt wie ein sicheres Rezept für mehr Umweltschutz. Sie ist aber umstritten, weil klare und einheitliche Regelungen noch fehlen.

In der ökologischen Landwirtschaft sollen Nahrungsmittel natürlich und ohne künstliche Eingriffe erzeugt werden. Auf synthetische Chemikalien zur Bekämpfung von Unkraut und Schädlingen sowie zur Steigerung der Erträge wird verzichtet, Gentechnik wird abgelehnt (siehe Seite 41). Da jedoch die Standards weltweit nicht einheitlich sind, ist die Zertifizierung schwierig. Manche Erzeuger setzen beispielsweise Pestizide ein (siehe unten).

Der Boden

Ein wichtiges Thema der Debatte ist der Boden. Im konventionellen Ackerbau leidet seine Qualität durch Monokulturen ebenso wie durch den Einsatz von Herbiziden, Pestiziden und Mineraldünger. Das hat verschiedene Auswirkungen. Wenn sich die physikalische Struktur und die Nährstoffzusammensetzung verändern, verschlechtern sich die Bedingungen für im Boden lebende Organismen. Lokale Ökosysteme geraten aus dem Gleichgewicht, was sich wiederum auf die Nahrungskette auswirkt. Durch übermäßige Bearbeitung oder Erosion verliert die obere Erdschicht zunehmend ihre Fähigkeit, Kohlenstoff zu binden (siehe Seite 208–209) und Regenwasser aufzunehmen.

Dadurch geht ihre Schutzwirkung gegen Erderwärmung und Überschwemmungen verloren.

Die ökologische Landwirtschaft will die Bodengesundheit erhalten, die Artenvielfalt vergrößern und so dafür sorgen, dass der Boden auch weiterhin Kohlenstoff binden kann.

Raum für Verbesserung

Ein Nachteil der Biolandwirtschaft ist ihre Effizienz. Um dieselben Erntemengen zu erwirtschaften, braucht ein Biobauer mehr Fläche als sein

---

DIE BÖDEN DER ERDE ENTHALTEN

3-mal SO VIEL CO$_2$ WIE DIE ATMOSPHÄRE.

---

konventionell arbeitender Kollege. Das ist schon heute problematisch, und die Zahl der zu versorgenden Menschen nimmt immer weiter zu. Wenn die Weltbevölkerung weiter wächst wie bisher und wir unser Konsumverhalten nicht verändern, könnte sich der Bedarf an Nahrungsmitteln bis 2050 nahezu verdoppeln.

Um die Ernährung der Weltbevölkerung auch in Zukunft sicherzustellen, bedarf es neuer effizienterer

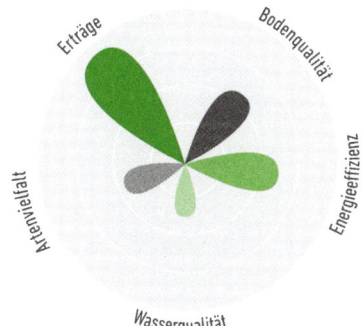

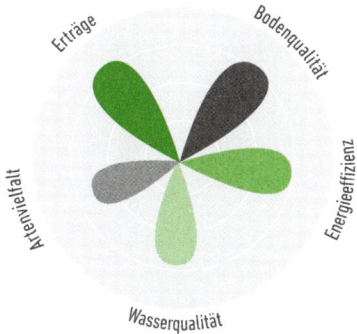

KONVENTIONELLE
LANDWIRTSCHAFT

BIO-
LANDWIRTSCHAFT

▲ Die Erträge in der ökologischen Landwirtschaft sind meist weniger hoch. Dafür
profitieren Boden, Wasser und Artenvielfalt,
und die Emissionen sind geringer.

Anbaumethoden. Ein Konzept ist der
vertikale Anbau in mehreren Ebenen
übereinander, der ökologische Pflan-
zenproduktion sogar im städtischen
Raum ermöglicht. Transportemissionen und Wasserverbrauch werden
auf diese Weise reduziert, die Erträge
sind höher und der Energieverbrauch
liegt um bis zu 50% unter dem der
konventionellen Landwirtschaft.
Durch Verzicht auf Massentierhaltung
ließen sich Flächen gewinnen, die
dann für die Produktion von Pflanzen
genutzt werden könnten, die direkt
der menschlichen Ernährung dienen
(siehe Seite 34).

Ein weiteres Problem der Biolandwirtschaft sind die uneinheitlichen
Bestimmungen. In einigen Ländern
dürfen bestimmte Pestizide eingesetzt werden, die – wie im konven-

tionellen Ackerbau – die Gewässer
belasten.

Trotz der Vorbehalte wächst der
Biosektor schnell. Bis 2030 sollen in
der EU 25% der landwirtschaftlichen
Fläche biologisch bewirtschaftet
werden. Andere Staaten haben sich
ähnliche Ziele gesteckt.

Wer Bioprodukte kauft, unterstützt
eine Landwirtschaft, die traditionelle,
nachhaltige Methoden mit der Not-
wendigkeit in Einklang bringen muss,
die Weltbevölkerung zu ernähren.

Schon der Kauf eines Beutels Bio-
kartoffeln unterstützt Erzeuger, die
sich für eine grünere Welt einset-
zen. Und wenn die Nachfrage nach
Bioprodukten steigt, wird weniger
Land intensiv bewirtschaftet, mit
Chemikalien belastet und seiner
Artenvielfalt beraubt.

Soll ich nur noch Lebensmittel aus der Region kaufen?

Das ist eine schwierige Frage, weil auch individuelle Lebensgewohnheiten eine Rolle spielen. Grundsätzlich ist es aber sinnvoll, Produkte mit kurzen Transportwegen zu bevorzugen.

Das Hauptproblem beim Import von Lebensmitteln aus fernen Ländern sind die CO_2-Emissionen durch den Transport. Lastwagen, Schiffe und vor allem Flugzeuge verbrauchen viel Treibstoff und erzeugen schädliche Emissionen. Noch höher ist der Energiebedarf für Kühltransporte. Trifft Obst per Luftfracht im Zielland ein, reift es in großen Lagerhäusern nach, die ebenfalls Emissionen verursachen.

In solchen komplexen Transportketten kommt zudem viel Plastik zum Einsatz, und wegen der vielen Einzelschritte ist schwer zu beurteilen, ob alle beteiligten Arbeitskräfte fair behandelt werden.

Pro und Kontra

Trotzdem ist es nicht der umweltfreundlichste Weg, auf Importware grundsätzlich zu verzichten. Es

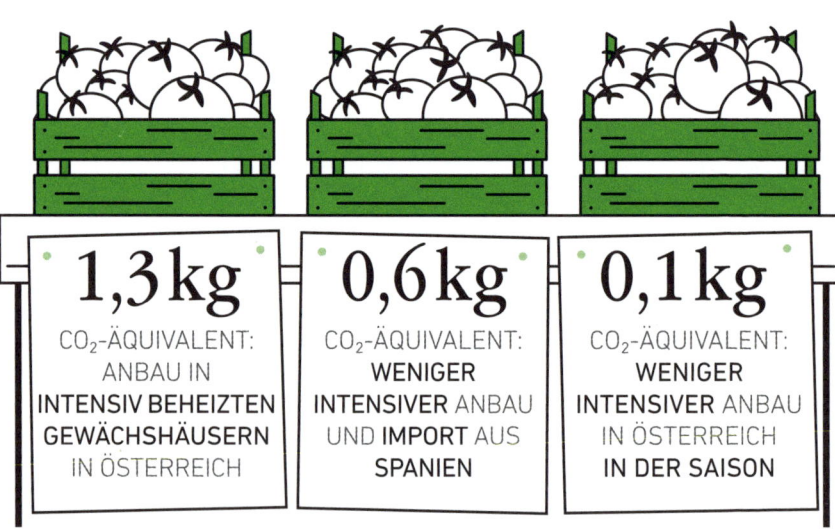

1,3 kg	0,6 kg	0,1 kg
CO_2-ÄQUIVALENT:	CO_2-ÄQUIVALENT:	CO_2-ÄQUIVALENT:
ANBAU IN	WENIGER	WENIGER
INTENSIV BEHEIZTEN	**INTENSIVER** ANBAU	**INTENSIVER** ANBAU
GEWÄCHSHÄUSERN	UND **IMPORT** AUS	IN ÖSTERREICH
IN ÖSTERREICH	**SPANIEN**	**IN DER SAISON**

▲ In einer österreichischen Studie wurde das CO_2-Äquivalent pro Kilo unverpackter Tomaten untersucht. Ware aus einheimischem Anbau kann umweltfreundlicher sein, wenn energiesparend produziert wird.

gibt Beispiele dafür, dass im Inland erzeugte Produkte negativere Auswirkungen haben als importierte. Auch durch Veränderung des Einkaufsverhaltens können die Emissionen zunehmen. Einer neuen Studie zufolge erzeugen die Fahrten vieler einzelner Verbraucher zu Hofläden möglicherweise mehr Emissionen als die Verschiffung großer Mengen aus Afrika nach Europa. Und auch wenn einheimische Erzeugnisse vor der Verteilung im Land monatelang in Kühlhäusern gelagert werden, entstehen höhere Emissionen als beim Import großer Mengen.

Auch wenn sich das Emissionsproblem durch regionalen Einkauf nicht aus der Welt schaffen lässt, hat er positive Effekte. Durch den Kauf bei regionalen Erzeugern verkürzen sich die Transportketten vom Erzeuger zum Verbraucher. So verderben weniger Lebensmittel, die Ware wird seltener umgeladen, und es wird weniger Plastik eingesetzt. Wer regional einkauft, unterstützt damit auch die Wirtschaft vor Ort, vor allem kleinere Erzeuger, deren Umweltbilanz meist positiver ausfällt als die der großen internationalen Konzerne.

Saisonal essen

Wer den CO_2-Fußabdruck durch unnötige Kühlhauslagerung von einheimischem Obst und Gemüse vermeiden will, isst am besten saisonal. Das bewirkt zudem, dass die Erzeuger Obst und Gemüse nicht zur »falschen« Jahreszeit mit hohem Energieeinsatz in Gewächshäusern kultivieren, um beispielsweise zu Weihnachten Spargel in den Handel zu bringen. Werden die Produkte kurz nach der Ernte verzehrt, statt in Kühlhäusern zu lagern und mit Kühl-Lkw transportiert zu werden, schmecken sie frischer und haben einen höheren Nährstoffgehalt.

Ein Patentrezept gibt es nicht, weil die Umweltwirkung vom einzelnen Lebensmittel abhängt, aber auch vom Zeitpunkt des Kaufs und vom Wohnort des Verbrauchers. Wer mit gesundem Menschenverstand einkauft, ist auf einem guten Weg.

- **Hersteller aus dem Inland** möglichst bevorzugen etwa bei Joghurt, Wein, Honig, Eiscreme, Schokolade, Schnaps, Bier
- **Abo-Kisten** mit Obst und Gemüse sind ideal für alle, die regional und saisonal essen und Zeit sparen wollen. Einer Studie zufolge liegen die CO_2-Emissionen für die Lieferung niedriger, als wenn alle Kunden separat zum Hofladen fahren würden.
- **Erkundigen Sie sich,** was in Ihrer Region angebaut wird und wann die Erntezeit ist. Orientieren Sie sich beim Einkauf daran.
- **Pflanzen Sie** selbst Obst, Gemüse oder Kräuter an. Wer keinen Garten hat, kann einen Schrebergarten pachten oder in einem Gemeinschaftsgarten mitarbeiten. Frischer und regionaler geht es nicht. Ernteüberschüsse können Sie mit anderen Gärtnern tauschen. Wer genug Platz hat, könnte auch Hühner halten.

Woher kommt, was auf dem Teller liegt?

Ob Lebensmittel nachhaltig und umweltfreundlich sind, hängt davon ab, wo und wie sie produziert wurden. Informieren Sie sich, ob Ihre Lieblingsmarken in die Zukunft investieren.

Die Massenproduktion bewirkt, dass zwischen Erzeuger und Verbraucher viele Schritte liegen. Den Weg unserer Lebensmittel kennen wir oft nicht genau. Es gibt zwar für viele Lebensmittel Informationen über Anbautechniken und Kohlendioxidbilanz, doch sie widersprechen sich häufig und lassen sich nur schwer direkt auf die Artikel auf dem Einkaufszettel anwenden.

Die moderne Technik macht es uns etwas leichter. Das Blockchain-Verfahren ist eine Verkettung von Datensätzen, die in verschiedenen Branchen eingesetzt wird. Es kann die Lieferketten von Lebensmitteln

---

84% DER VERBRAUCHER
WOLLEN EINER BRITISCHEN STUDIE ZUFOLGE WISSEN, WOHER IHR ESSEN KOMMT.

---

transparenter machen (siehe Seite 118–119). Auch über Apps lassen sich Erzeuger oder Lieferwege nachvollziehen.

Auch wenn regional produzierte Lebensmittel die beste Wahl sind, ist es nicht immer möglich, ausschließlich damit den Bedarf zu decken. Achten Sie bei Lebensmitteln, die nicht regional produziert werden, auf Marken, die Wert auf Transparenz legen und die Erzeuger – meist Kleinbauern – im Ursprungsland unterstützen. Innovative Lebensmittelunternehmen denken zukunftsorientiert, indem sie beispielsweise mit landwirtschaftlichen Frauenkooperativen zusammenarbeiten oder ihre Fabriken mit erneuerbarer Energie betreiben, und sie machen aus ihrem Geschäftsethos kein Geheimnis, sondern präsentieren es werbewirksam.

- **Informieren Sie sich** – vielleicht hat Ihr Lieblingssupermarkt eine klar definierte Einkaufspolitik, vielleicht wird die Herkunft der Zutaten Ihrer bevorzugten Milchalternative oder Schokolade auf der Website des Herstellers bekanntgegeben.
- **Fragen Sie nach.** Wenden Sie sich per E-Mail an Ihre bevorzugte Supermarktkette oder den Hersteller oder fragen Sie im Geschäft nach, um Auskunft über die Herkunft bestimmter Produkte zu erhalten. Wenn Sie keine klare Antwort bekommen, ist es vielleicht an der Zeit, sich nach einer Alternative umzusehen.

Was bedeuten all die Lebensmittelzertifizierungen?

Es gibt eine Menge verschiedener Labels und Logos, die Nachhaltigkeit versprechen. Aber nicht alle Hersteller agieren so umweltfreundlich, wie sie uns glauben machen möchten.

Für Lebensmittelhersteller ist es recht einfach, sich als nachhaltig und umweltbewusst darzustellen, weil es bislang nur wenige offizielle Richtlinien gibt. Achten Sie beim Einkauf auf die hier genannten Zertifizierungen. Genaues Hinschauen ist wichtig, denn die Siegel sind nicht in jedem Fall weltweit einheitlich.

- **Freiland** bedeutet lediglich, dass Tiere Zugang zu einem Freigelände haben. Wie groß es ist und wie lange sich die Tiere dort aufhalten können, bleibt oft unklar. Es gibt nur wenige Vorgaben, und diese sind von Land zu Land verschieden.
- **Bio** bedeutet, dass Lebensmittel ohne Mineraldünger und chemische Pflanzenschutzmittel mit nachhaltigen Methoden erzeugt werden. Die Standards sind aber von Land zu Land unterschiedlich. Was sich hinter dem Begriff genau verbirgt, hängt also von der Herkunft ab (siehe auch Seite 46–47).
- **Fairtrade** besagt, dass alle an der Lieferkette beteiligten Personen fair behandelt werden. Menschenrechte werden geachtet, die Arbeitsbedingungen sind fair und die Bezahlung gewährleistet ein Leben oberhalb der Armutsgrenze.

- **FairWild** ist eine weltweit anerkannte Zertifizierung für die nachhaltige Sammlung von Wildpflanzen, beispielsweise für Arzneimittel und Kosmetik. Sie

IM JAHR 2020 GAB ES
457 VERSCHIEDENE ÖKO-ZERTIFIZIE-RUNGEN WELTWEIT.

unterstützt nachhaltige Praktiken in der gesamten Lieferkette und steht auch dafür, dass die Menschen, die solche Pflanzen sammeln, fair behandelt und bezahlt werden.
- **B Corp** ist eine Zertifizierung für Firmen, nicht für Produkte. Sie ist ausgesprochen schwierig zu erhalten und darum in jeder Hinsicht vertrauenswürdig. Unter den zertifizierten Unternehmen sind internationale Konzerne und winzige unabhängige Betriebe, aber alle sind am Gemeinwohl orientiert und geben der Umwelt und den Menschen denselben Stellenwert wie dem Profit.

Kann man noch Lebensmittel in Plastikverpackung kaufen?

Einwegplastik ist umstritten, aber nicht immer ganz zu vermeiden. Wenn Plastik dazu beiträgt, dass Lebensmittel nicht so schnell verderben, kann es seine Berechtigung haben.

Seit unser Bewusstsein für die Umweltverschmutzung durch Plastik steigt, versuchen manche Verbraucher, ganz darauf zu verzichten. Häufig ist Plastik völlig überflüssig – Äpfel in Plastikbeuteln oder Kohl in Schrumpffolie muss niemand kaufen. In anderen Fällen kann die Plastikverpackung aber dazu beitragen, die Haltbarkeit der Produkte, z. B. Gurken oder Paprika, zu verlängern und so Lebensmittelverschwendung zu vermeiden.

Zwar werden Alternativen zu Plastik erprobt, beispielsweise biologisch abbaubare Materialien aus Algen, doch sie sind nicht weit verbreitet. Wenn die Verbraucher zunehmend Plastik meiden, steigt der Druck auf die Supermarktketten, Alternativen zu erproben und in sie zu investieren.

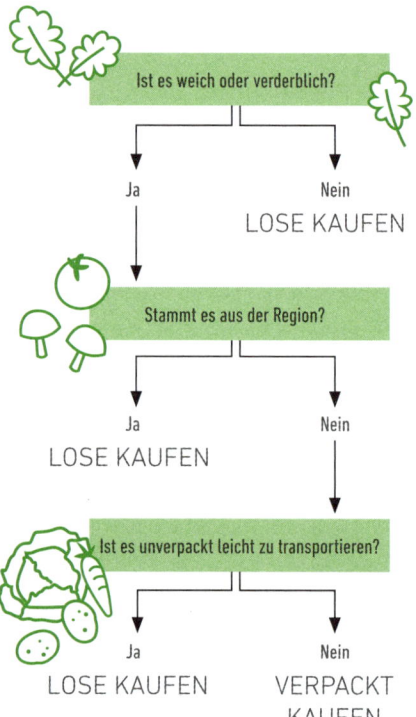

- **Plastikverpackungen** können verhindern, dass Lebensmittel frühzeitig verderben. Sie sind sinnvoll für empfindliche Ware, vor allem, wenn sie bereits eine lange Reise hinter sich hat.
- **Auf dem Markt,** aber auch bei kleinen Gemüsehändlern, in Hofläden und Unverpacktläden bekommt man Obst und Gemüse ohne Plastikverpackung.
- **Eigene Ernte:** Wer Kräuter wie Basilikum oder Rosmarin auf der Fensterbank zieht, kann auf Plastiktöpfe in Folie aus dem Supermarkt verzichten.

▲ Wenn Sie die Wahl zwischen verpackten und unverpackten Waren haben, kann dieses Diagramm bei der Entscheidung helfen.

Lebensmittel frisch halten mit gutem Gewissen

Es scheint gar nicht so einfach, im Küchenalltag auf Einwegplastik zu verzichten. Da kann es helfen, sich auf ein paar altbewährte Methoden zu besinnen.

Frischhaltefolie ist eins der gängigsten Hilfsmittel zum Frischhalten von Lebensmitteln, aber sie ist nicht unproblematisch. Die elastische Folie ist schwer zu recyceln und kann Maschinen in Recyclinganlagen blockieren. Aus diesem Grund landet sie häufig in der Müllverbrennung oder schlimmstenfalls im Meer. Wenn sie in Mikroplastik zerfällt, wird sie noch gefährlicher (siehe Seite 96). Sie setzt giftige Chemikalien frei, die sich im Organismus von Meerestieren anreichern.

Zum Glück gibt es bewährte Alternativen zur Frischhaltefolie:

- **Bienenwachs- oder Sojawachstücher** eignen sich gut, um das Schulbrot einzuwickeln oder einen Rest im Kühlschrank abzudecken. Sie bestehen aus Stoff, der mit Wachs imprägniert ist. Durch die Wärme der Hände wird das Wachs formbar, und die Tücher schließen dicht ab. Die wiederverwendbaren Tücher gibt es in verschiedenen Größen. Bei Bedarf wäscht man sie einfach mit kaltem Wasser und etwas Geschirrspülmittel aus. Aus Stoffresten und Bienenwachspellets (aus dem Bastelgeschäft) kann man solche Tücher sogar leicht selbst machen. Von Zeit zu Zeit sollte man die Tücher mit einem lauwarmen Bügeleisen bügeln, um das Wachs wieder mit dem Gewebe zu verbinden.
- **Aluminiumfolie** kann eventuell eine Alternative zu Frischhaltefolie sein. Ob sie recycelt werden kann, ist aber von Land zu Land

---

30 MAL UM DEN ÄQUATOR WÜRDE DIE **FRISCHHALTEFOLIE** REICHEN, DIE JÄHRLICH IN ENGLAND VERBRAUCHT WIRD.

---

verschieden. Wo kein Recycling möglich ist, sollte man sie besser nicht verwenden.
- **Frühstücksbeutel** aus Plastik sollten Sie möglichst nicht kaufen. Es ist auch nicht nötig, neue Plastikdosen anzuschaffen. Besser, man verwendet Beutel weiter, in denen Obst, Gemüse oder Brot gekauft wurde. Auch leere Behälter von Eis oder Margarine lassen sich weiterverwenden. Wenn genügend Verbraucher diesen Weg einschlagen, wird die Nachfrage nach Plastikprodukten langfristig sinken.

*»Unsere Essens-
gewohnheiten
schaden der Arten-
vielfalt. 75 % unserer
Lebensmittel
stammen von
nur 12 Pflanzen-
und 5 Tierarten.«*

Gibt es Lebensmittel mit unverhältnismäßig großem CO_2-Fußabdruck?

Viele gängige Lebensmittel könnte man umweltfreundlich erzeugen. Einige können aber in den Mengen, die in den reichen Ländern verlangt werden, nicht nachhaltig produziert werden.

Wir möchten uns ausgewogen ernähren und interessieren uns für Superfoods, die besonders gesund sein sollen. Wenn aber plötzlich die weltweite Nachfrage nach einem bestimmten Produkt stark ansteigt, ist dessen CO_2-Fußabdruck manchmal nicht mehr zu rechtfertigen. Problematisch sind beispielsweise:

- **Avocados** – das Paradebeispiel. Gesundheitsstudien und Instagram haben einen enormen Anstieg der Nachfrage bewirkt. Um sie zu decken, haben mexikanische Bauern alte Wälder abgeholzt, um ihre Anbauflächen zu vergrößern. Berücksichtigt man außerdem Energie und Ressourcen, die für Ernte, Lagerung und Transport nötig sind, kommen dramatische Emissionen zusammen. Ein weiteres Problem besteht darin, dass Avocados in hohem Maß auf Bewässerung angewiesen sind. In Teilen Chiles und anderen Regionen beanspruchen Großplantagen, hinter denen Konzerne stehen, den Zugang zu Wasser – auf Kosten von Kleinbauern und Dorfbewohnern.
- **Für Chiasamen, Quinoa** und Kokosnüsse sieht die Lage ähnlich aus. Die gestiegene Nachfrage nach Quinoa hat beispielsweise bewirkt, dass peruanische Bauern Wälder gerodet haben und Pestizide einsetzen, um ihre Erträge zu steigern und die Nachfrage zu decken.

FÜR EINE EINZIGE **AVOCADO** WERDEN BIS ZU

320 LITER WASSER VERBRAUCHT.

- **Abgepackter küchenfertiger Salat** wird oft unter LED-Licht angebaut und über weite Strecken transportiert. Und mal ehrlich – wer isst so einen Beutel immer ganz leer?
- **Riesengarnelen** stammen meist aus Aquakultur in Asien. Die Produktion schädigt alte Mangrovenwälder, die gerade bei steigendem Meeresspiegel als Erosionsschutz sehr wichtig sind.

Informieren Sie sich, wo und wie Ihre Lieblingslebensmittel produziert werden. Bevorzugen Sie zertifizierte Hersteller, die Wert auf Nachhaltigkeit und faire Arbeitsbedingungen in der gesamten Lieferkette legen.

Wie umweltschädlich sind Fertigprodukte?

Fertig- und Convenience-Produkte spielen in der westlichen Ernährung eine große Rolle. Das belastet nicht nur die Gesundheit, sondern auch die Umwelt.

Das Hauptproblem von hochverarbeiteten Fertigprodukten ist der massenhafte Anbau der Hauptzutaten. Weizen und Mais beispielsweise werden in industriellem Stil in Monokulturen angebaut. Damit tragen sie zur Umweltbelastung durch die Landwirtschaft bei und bedrohen die Artenvielfalt. Während kleinere Biobetriebe auf Nachhaltigkeit und Bodengesundheit Wert legen, tun Großbetriebe das Gegenteil. Sie versuchen, aus Land und Vieh ein Maximum an Profit herauszuholen, auf Kosten der Umwelt. Bodengesund-

DER **DURCHSCHNITTLICHE** BRITE NIMMT ETWA **56%** SEINER TÄGLICHEN KALORIEN MIT **FERTIG- PRODUKTEN** ZU SICH.

heit klingt nicht gerade aufregend, ist aber notwendig, damit die Erde bewohnbar bleibt. In vielen Gebieten ist der Boden durch Überbeanspruchung ausgelaugt und durch Chemikalien belastet. Die Intensivlandwirtschaft hat Wirbellose und Mikroben

im gesunden Boden dezimiert, alte Wälder und natürliche Ökosysteme verschwinden lassen. Durch Eintragung von Chemikalien sind in den Ozeanen Gebiete entstanden, in denen wegen Sauerstoffmangel nichts mehr lebt.

Hinzu kommt, dass Fertigprodukte oft lange Lieferwege haben. Unterwegs verdirbt ein Teil der Ware, und es werden große Mengen Plastikverpackungen verwendet. Beide Probleme betreffen die gesamte Branche. Den Vereinten Nationen zufolge sind Erzeuger, verarbeitende Betriebe und Handel für 58% der Lebensmittelverschwendung verantwortlich (siehe auch Seite 118–119).

All das ist beim Kauf einer Tüte Chips zu bedenken. Ändern Sie Ihre Ernährungsgewohnheiten:

- **Stark verarbeitete Lebensmittel** wie Knabberzeug, süße Frühstückscerealien und Fertiggerichte meiden
- **Möglichst unverarbeitete** Zutaten in Bioqualität kaufen
- **Selber kochen.** Das macht zufrieden und beugt Verschwendung vor (selbst gebackenen Kuchen wirft niemand weg!). Sie sparen dabei nicht nur Plastikverpackung, sondern auch Geld.

Wie kann man umweltbewusst süßen?

Ab und zu etwas Süßes, wer mag das nicht? Zwar ist Zucker grundsätzlich nicht übermäßig umweltfreundlich, aber es gibt Arten, die besser dastehen als andere.

Wenn Lebensmitteln Zucker zugesetzt ist, stammt dieser meist aus Zuckerrüben, Zuckerrohr oder Mais. Fruktosereicher Sirup aus Mais (HFCS) wird vor allem in den USA häufig für Erfrischungsgetränke verwendet. Maiszucker, Dextrose und Maltodextrin sind ebenfalls Zuckerarten, die aus Mais gewonnen werden.

Mais wird oft in Monokultur angebaut. Mit einer Fläche von 36 Millionen Hektar nimmt er etwa ein Drittel des gesamten Ackerlands der USA ein. Große Mengen Pestizide, die bei dieser Anbauweise eingesetzt werden, belasten Boden und Wasser und schädigen Ökosysteme. Die Maisproduktion verschlingt mehr fossile Brennstoffe und erzeugt mehr Treibhausgase als der Anbau von Zuckerrohr oder Zuckerrüben. Die großen Konzerne, die dahinterstehen, legen auf Transparenz und ethische Praktiken nicht immer großen Wert.

Der Anbau von Zuckerrohr und Zuckerrüben ist weniger schädlich als der von Mais, aber auch sie werden intensiv produziert. Hinzu kommen energie- und wasserintensive Raffinierungsverfahren. Die Zuckermengen, die nötig sind, um die weltweite Nachfrage zu bedienen, lassen sich nicht nachhaltig produzieren. Wir müssen also unseren Zuckerverbrauch verringern.

- **Bei raffiniertem Zucker** zu Fairtrade- oder Bioware greifen
- **Stark verarbeitete** Lebensmittel und süße Erfrischungsgetränke meiden. Greifen Sie lieber zu handwerklich hergestellten Erzeugnissen aus der Region.

1 KG ZUCKER AUS **ZUCKERROHR:**
WASSERVERBRAUCH
1500 Liter

1 KG ZUCKER AUS **ZUCKERRÜBEN:**
WASSERVERBRAUCH
935 Liter

Eine gute Tasse Kaffee, aber bitte umweltfreundlich

Vom Kaffeefilter aus Porzellan bis hin zu kleinen Alukapseln: Es gibt viele verschiedene Arten, Kaffee zuzubereiten. In Bezug auf die Umwelt ist nicht jede Tasse gleich.

Die Umweltbelastung von Kaffee hat vor allem mit dem Anbau der Bohnen zu tun. Früher wurden die Kaffeesträucher im Schatten größerer Waldbäume gepflanzt. Wegen der stark gestiegenen weltweiten Nachfrage wurden ausgedehnte Plantagen angelegt, für die Wälder weichen mussten. Wegen der offenen Lage müssen außerdem große Mengen Kunstdünger eingesetzt werden. Wer dem als Verbraucher entgegenwirken will, sollte Kaffee aus beschattetem Anbau bevorzugen.

Bei der Kaffeezubereitung zu Hause sind vor allem der Energieverbrauch und die benötigte Kaffeemenge zu bedenken. Instantkaffee und Press-

stempelkannen stehen in beiderlei Hinsicht recht gut da. Vom Instantkaffee braucht man pro Tasse nur wenig. Für Pressstempelkannen benötigt man nur gemahlenen Kaffee und Wasser, aber keinerlei Einwegprodukte. In Bezug auf die Umwelt ist das ein Plus. Auch Kapselmaschinen haben Vorteile: Die Kaffeemenge pro Tasse ist gering, der Energieverbrauch niedrig. Die Kapseln erzeugen aber viel Müll,

☑ FAIRE PRODUKTION
☑ BEDARFSGERECHTE MENGEN
☑ KAFFEESATZ VERWERTEN

und die Maschinen werden immer beliebter (in 40% aller US-Haushalte steht eine). Espressomaschinen, elektrisch oder für den Herd, produzieren keinen Plastikmüll. Für eine kleine Tasse benötigt man aber viel Kaffee und Energie. Kaffeemaschinen mit Tropffilter bleiben oft lange eingeschaltet; auch das kostet Energie. Außerdem braucht man Einwegfilter. Das können Sie für umweltgerechten Kaffeegenuss tun:

- **Einfache Low-Tech-Methoden** bevorzugen. Maschinen verbrauchen mehr Energie bei Herstellung, Benutzung und Reparatur, und die Entsorgung ist schwieriger.

39000 PLASTIK-KAPSELN
WERDEN **PRO MINUTE** PRODUZIERT.

- **Für eine Kapselmaschine** Kapseln aus recycelbarem Aluminium oder biologisch abbaubarem Material verwenden und korrekt entsorgen
- **Für eine klassische Maschine** Dauerfilter oder kompostierbare Filtertüten verwenden
- **Zertifizierten Kaffee** kaufen *(Fairtrade, Gepa, Rainforest Alliance)*, am besten Bioware aus Schattenanbau
- **Kaffeesatz** kompostieren oder als Dünger direkt auf Beete streuen. Er vertreibt auch Schnecken.

Bitte kein Plastik in Teebeuteln

Eine beruhigende Tasse Tee kann klammheimlich zum Plastikmüllproblem beitragen.

Viele Teebeutel sind mit einem geschmeidigen Kunststoff namens Polypropylen versiegelt. Milliarden Partikel lösen sich im heißen Wasser, die wir mit dem Getränk aufnehmen. Der Kunststoff bewirkt außerdem, dass solche Teebeutel nicht vollständig biologisch abbaubar sind, sondern den Boden kontaminieren.

Manche Hersteller verwenden neuerdings Beutel, die nur aus pflanzlichem Material bestehen, aber auch das kann bedenklich sein (z. B. Mais, siehe Seite 57). Und manche »biologisch abbaubaren« Teebeutel lassen sich tatsächlich nur bei hoher Temperatur in Großkompostierungsanlagen abbauen, nicht auf dem heimischen Kompost.

- **Die beste Lösung** ist loser Tee aus biologischem Anbau, der fair gehandelt wird. Kaufen Sie ihn in einem Unverpacktladen. Sie können ihn in der Kanne aufbrühen oder einen wiederverwendbaren Teefilter benutzen.
- **Wenn Sie Teebeutel** bevorzugen, wählen Sie eine Marke, die nachhaltig produzierte Zutaten aus biologischem Anbau verwendet – und kein Plastik einsetzt.

Sind Mehrweg-Kaffeebecher wirklich grüner als Einwegbecher?

Der schnelle Kaffee unterwegs ist bequem, produziert aber Müll und ist schlecht für die weltweite Kohlendioxidbilanz. Grund genug, die persönlichen Gewohnheiten zu überdenken.

Einweg-Kaffeebecher sagen viel über unseren bequemen Lebensstil aus. Allein in Deutschland werden jährlich 2,8 Milliarden Stück benutzt. Die meisten bestehen aus Pappe mit Kunststoffbeschichtung. Einige Firmen bieten recycelbare oder »kompostierbare« Becher an, doch die notwendigen Recyclinganlagen stehen noch nicht überall zur Verfügung. Folglich landen die meisten Becher in der Müllverbrennung.

Die Anschaffung eines Mehrwegbechers ist ein Schritt in die richtige Richtung. Wie umweltfreundlich er ist, hängt aber davon ab, wie oft der Becher benutzt wird. Für die Herstellung werden Material und Energie benötigt. Selbst ein Becher aus Polypropylen, das als relativ unschädlich gilt, muss 20-mal benutzt werden, bevor er umweltfreundlicher als ein Einwegbecher ist. Becher aus Polycarbonat überholen die Einwegbecher erst nach etwa 65 Benutzungen.

So wird der tägliche Kaffee umweltfreundlicher:
- **Verzichten Sie** auf Coffee to go. Nehmen Sie sich lieber Zeit für eine Kaffeepause mit einer Porzellantasse.
- **Kaffee für unterwegs** können Sie zu Hause kochen und in einem wiederverwendbaren Isolierbecher mitnehmen, um ihn beispielsweise auf der Bahnfahrt zur Arbeit zu trinken.
- **Wenn es Coffee to go** sein muss, nehmen Sie einen wiederverwendbaren Becher mit. Denken Sie beim Material an den Umweltaspekt von Produktion und Entsorgung.

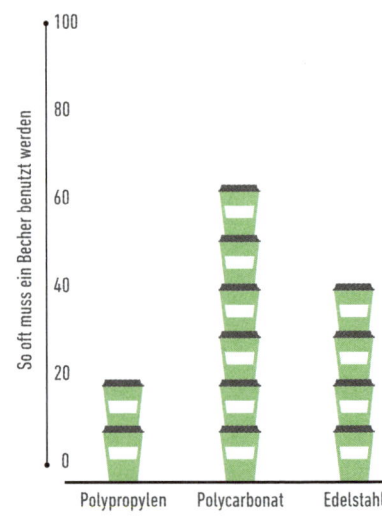

▲ Um die Umweltbelastung durch die Produktion auszugleichen, müssen Mehrwegbecher wesentlich öfter benutzt werden als Einwegbecher.

Prickelnde Getränke mit gutem Gewissen: Geht das?

Gerade die Getränkeindustrie produziert einen enormen Berg Plastikmüll. Es gibt aber umweltfreundlichere Möglichkeiten, den Durst zu löschen.

Die internationale Getränkeindustrie hat am Plastikmüllaufkommen einen großen Anteil. Schätzungen zufolge landen jedes Jahr 34 Milliarden Einwegflaschen in den Ozeanen. Die drei Hauptverantwortlichen produzieren unter anderem Erfrischungsgetränke. Viele Getränkehersteller geben an, ihre Flaschen seien recycelbar und würden auch recycelt. In dem Fall wird für die Herstellung neuer Flaschen weniger Erdöl benötigt, aber auch das Recycling verbraucht viel Energie und produziert schädliche Emissionen.

Bedenklich sind ebenso die Inhaltsstoffe von Erfrischungsgetränken. Viele sind mit Isoglukose (HFCS; siehe Seite 57) gesüßt, die aus nicht nachhaltig angebautem Mais gewonnen wird. Einige enthalten außerdem Zutaten wie Vanille oder Stevia, die wegen fragwürdiger Praktiken in die Diskussion geraten sind: In manchen Gebieten wird das Land indigener Völker ohne deren Einwilligung ausgebeutet.

Angesichts der Tatsache, dass für die Produktion eines halben Liters eines kohlensäurehaltigen Erfrischungsgetränks bis zu 170 Liter Wasser benötigt werden, sollte man bedenken, dass 785 Millionen Menschen keinen Zugang zu sauberem Trinkwasser haben.

Wer seinen Durst umweltbewusst löschen möchte, sollte zuerst sein Konsumverhalten überdenken:

- **Keine Getränke in Plastikflaschen** kaufen. Schaffen Sie sich für unterwegs eine wiederverwendbare Trinkflasche an.
- **Wer kohlensäurehaltige Getränke** mag, kann sich einen Sprudler mit wiederverwendbaren Flaschen und austauschbaren

----

WER EINEN SPRUDLER BESITZT, KANN PRO JAHR BIS ZU

550 EINWEG-PLASTIKFLASCHEN

EINSPAREN.

Kohlensäurezylindern anschaffen. In Schweden verwenden schon 20 % der Haushalte ein solches Gerät.

- **Wenn Sie Erfrischungsgetränke** kaufen, greifen Sie zu Erzeugnissen aus natürlichen Zutaten mit möglichst wenig Süßungsmitteln und Zusatzstoffen, am besten in Glasflaschen oder Aluminiumdosen.

Ist Wein umweltschädlich?

Die Entwicklung im Weinbau in den vergangenen 100 Jahren war für die Umwelt nicht erfreulich. Eine Rückkehr zu nachhaltigeren Verfahren wäre einen Toast wert.

Es gibt einen großen Unterschied zwischen Wein aus Massenproduktion, der auf riesigen Rebflächen angebaut wird, und Wein von Kleinbetrieben oder Kooperativen, die weniger ins Naturgefüge eingreifen und in die Zukunft investieren, indem sie den Boden pflegen. Großbetriebe bauen Wein im industriellen Stil an und setzen dabei Fungizide, Herbizide und Pestizide ein, die den Boden und die Gewässer belasten. Monokultur, also der Anbau nur einer Pflanzenart auf großen Flächen, schadet der regionalen Artenvielfalt.

Veränderungen

Weil die Böden durch chemische Pflanzenschutzmittel gelitten haben,

WEINBAU NIMMT **3 % DER FLÄCHE FRANKREICHS** EIN. SEIN ANTEIL AM **PESTIZID-VERBRAUCH** LIEGT BEI **20 %.**

müssen auch Großerzeuger über nachhaltigere Methoden nachdenken. So sind inzwischen in Neuseeland fast alle Betriebe als nachhaltig zertifiziert, dasselbe gilt für rund 75 % der chilenischen Produzenten. 2019 war Sonoma County in Kalifornien weltweit die erste Anbauregion, in der 99 % der Flächen nachhaltig bewirtschaftet wurden.

Jedes Land hat eigene Zertifizierungsmaßstäbe, aber alle legen Wert auf die Vermeidung von Pestiziden und anderen chemischen Hilfsmitteln im Weinbau. Natürliche Lösungen wie Permakultur (siehe Seite 158) werden befürwortet. Worauf sollten Sie also achten, um Wein mit gutem Gewissen zu genießen?

- **Bevorzugen Sie** Wein in Bioqualität. Nur Weine, die strenge Anforderungen erfüllen, dürfen in Deutschland diese Bezeichnung tragen.
- **Informieren Sie sich,** woher die Trauben für Ihren Lieblingswein stammen. Wenn Sie in einem Weinbaugebiet wohnen, kaufen Sie vor Ort, um lange Transportwege zu vermeiden.
- **Wein in Tetrapacks** oder Zapfschläuchen muss nicht schlecht sein. Bag-in-Box-Wein hält sich nach dem Öffnen länger als Wein in Glasflaschen, und die Transportemissionen sind niedriger.
- **Veganer** sollten wissen, dass viele Weine mithilfe tierischer Produkte geklärt werden. Es gibt aber auch vegane Weine.

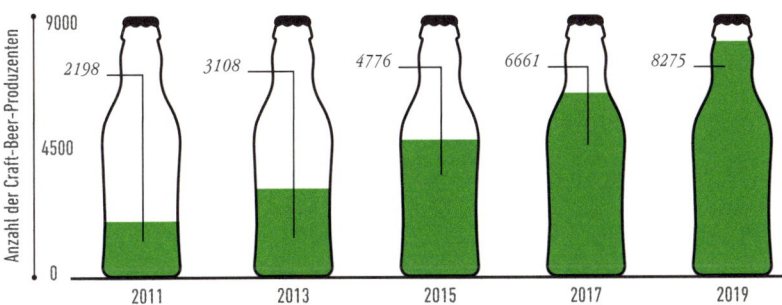

▼ Die Anzahl kleiner Brauereien ist in den USA in den letzten 10 Jahren deutlich gestiegen.

Anzahl der Craft-Beer-Produzenten

9000

4500

0

2198   3108   4776   6661   8275

2011   2013   2015   2017   2019

Können Bier und Schnaps grün sein?

Wer bei Bier und Schnaps Wert auf Nachhaltigkeit legt, muss sich genau ansehen, wie die Hersteller arbeiten.

Die Herstellung von Bier und Schnaps verschlingt viel Wasser und Energie. In der Brauerei wird Energie für Beleuchtung, Druckluft, Heizung und Kühlung eingesetzt. Pro Liter Bier werden 5–6 Liter Wasser verbraucht, und der Getreideabfall muss entsorgt werden. Flaschenbier schlägt beim Transport durch sein hohes Gewicht zu Buche.

Auch für die Destillation von Schnaps werden viel Wasser und Energie benötigt, und es fallen Abfälle an. Einige Zutaten können bedenklich sein. Zuckerrohr, das für die Rumherstellung verwendet wird, bringt seine eigenen Umweltprobleme mit (siehe Seite 57). Zum Glück setzen immer mehr Firmen auf umweltfreundlichere Verfahren.

- **Bevorzugen Sie** kleine Brauereien, die Zutaten aus der Region verwenden und innovative, umweltfreundliche Techniken einsetzen, erneuerbare Energie nutzen oder Methoden, um Wasser zu sparen. Manche verarbeiten altes Brot statt frischem Getreide und tragen so zur Müllvermeidung bei. Andere unterstützen gemeinnützige Organisationen oder lokale Projekte.
- **Kaufen Sie** Spirituosen von umweltbewussten Herstellern, die Abfall vermeiden und nachhaltig produzierte Zutaten nutzen. So verarbeiten einige kleine Tequila-Erzeuger alle Teile der Agavenpflanzen und kompostieren die Rückstände.

Kann man umweltfreundlich grillen?

Grillen macht Spaß, hat aber seinen Preis. Wie hoch er ist, hängt davon ab, welchen Brennstoff man verwendet und was man auf den Rost legt.

Gas- und Holzkohlegrills emittieren Kohlendioxid. Holzkohle ist aber bedenklicher, denn sie gibt doppelt so viele Partikel in die Luft ab, die der Umwelt und unseren Atemwegen schaden. Holzkohlebriketts werden außerdem oft aus Tropenholz hergestellt, das aus nicht nachhaltig bewirtschafteten Wäldern stammt. Oft sind sie zudem mit Chemikalien behandelt, damit sie leichter brennen. Einweg-Holzkohlegrills sind am schädlichsten. Sie sind nicht sonderlich effizient, in Einwegplastik eingeschweißt und schlecht zu recyceln.

IN GROSSBRITANNIEN
WERDEN JÄHRLICH MEHR ALS

1 000 000

EINWEGGRILLS VERKAUFT.

Gas verschmutzt die Luft weniger als Holzkohle, ist aber als fossiler Brennstoff dennoch nicht nachhaltig. Ein Elektrogrill, betrieben mit erneuerbarer Energie (siehe Seite 134), kann eine Alternative sein.

Und das sollten Sie bei der Planung der nächsten Grillparty bedenken:

- **Für Gas- und Holzkohlegrills** sollte eine Abdeckung verwendet werden. Damit lassen sich die Temperatur besser kontrollieren und Brennstoff sparen.
- **Holzkohlebriketts** aus nachhaltiger einheimischer Forstwirtschaft kaufen. Die Briketts sind etwas teurer als gewöhnliche Holzkohle, brennen aber länger, darum verbrauchen Sie letztlich weniger Brennstoff.
- **Natürliche Grillanzünder** aus Holzspänen sind umweltfreundlicher als die gängigen Anzünder auf Erdölbasis.
- **In einem Feuerkorb** anstelle von Holzscheiten besser Briketts aus recycelten Sägespänen oder Rückständen aus der Kaffeeerzeugung verbrennen. Sie produzieren weniger umweltschädlichen Rauch als Holz.
- **Weniger Fleisch und Fisch** auf den Grill legen. Probieren Sie vegetarische Rezepte aus. Gut zum Grillen eignen sich Pilze, Artischocken und Auberginen. Bereiten Sie Salate selbst zu, statt Fertigprodukte zu kaufen. Decken Sie den Tisch mit Porzellan und Gläsern, statt Einweggeschirr zu verwenden.

Picknick im Grünen, aber bitte grün!

Wer zum Picknick verpackte Fertigprodukte und Einweggeschirr mitnimmt, produziert viel Müll. Mit etwas Vorbereitung lässt sich das leicht vermeiden.

Ein Picknick wird oft spontan veranstaltet. Dabei bleiben Umweltüberlegungen schon einmal auf der Strecke. Die Versuchung ist groß, zu viel zu kaufen und aus Bequemlichkeit zu Fertiggerichten zu greifen: Erdbeeren in Plastikschalen, Quiche in Folienverpackung, Töpfchen mit Dips und Aufstrichen, dazu Einweggeschirr und -besteck. Übrig bleibt viel Plastikmüll. Auch selbst vorbereitete Speisen werden oft in Frischhaltefolie oder Alufolie verpackt, die sich schlecht recyceln lassen.

Kritisch ist es außerdem, wenn Lebensmittel längere Zeit in der Wärme stehen. Reste werden dann oft weggeworfen, statt sie mit nach Hause zu nehmen und für eine andere Mahlzeit zu verwenden.

- **Ein umweltfreundliches Picknick** muss geplant werden. Sandwiches, Salate, Kuchen und andere Leckereien werden selbst zubereitet und in wiederverwendbare Behälter verpackt. Statt Plastikfolie können Sie zum Einwickeln Bienenwachstücher verwenden (siehe Seite 53). Darin bleiben Lebensmittel gut frisch.
- **Keine Zeit zum Vorbereiten?** In vielen Supermärkten kann man Salate und andere Speisen in mitgebrachte Behälter abfüllen lassen. Nehmen Sie wiederverwendbares Besteck und waschbare Servietten mit (siehe Seite 31).

☑ SPEISEN SELBST MACHEN

☑ GRÜNE VERPACKUNG

☑ TRINKFLASCHEN ZUM AUFFÜLLEN FÜR GETRÄNKE

☑ WIEDERVERWENDBARES GESCHIRR UND BESTECK

◀ Wer öfter picknickt, sollte sich eine wiederverwendbare Grundausstattung zulegen.

Umweltbewusst essen gehen?

Auch im Restaurant brauchen Sie Ihr Umweltbewusstsein nicht an der Garderobe abzugeben. Immer mehr Betreiber setzen hohe Standards und werben damit.

Die Gastronomie trägt in hohem Maß zur Lebensmittelverschwendung bei. Allein in Großbritannien werden in dieser Branche jährlich fast 200 000 Tonnen Lebensmittel entsorgt – rund ein Drittel davon Reste von den Tellern der Gäste. Vor allem in Großstädten sind Restaurants außerdem eine Quelle für Luftverschmutzung. Wo es viele Gastronomiebetriebe gibt, wird eine höhere Dichte von Partikeln gemessen, die beim Kochen entstehen. In London machen die Abgase kommerzieller Küchen schätzungsweise 13 % dieser Art der Luftverschmutzung aus.

Gut informieren

Auf die Garprozesse haben Sie keinen Einfluss. Sie können Sich aber über die Abfallpolitik des Restaurants informieren und erfragen, ob regionale Lieferanten bevorzugt werden, um Transportwege kurz zu halten und Emissionen zu verringern. Es wäre zu einfach, in Bezug

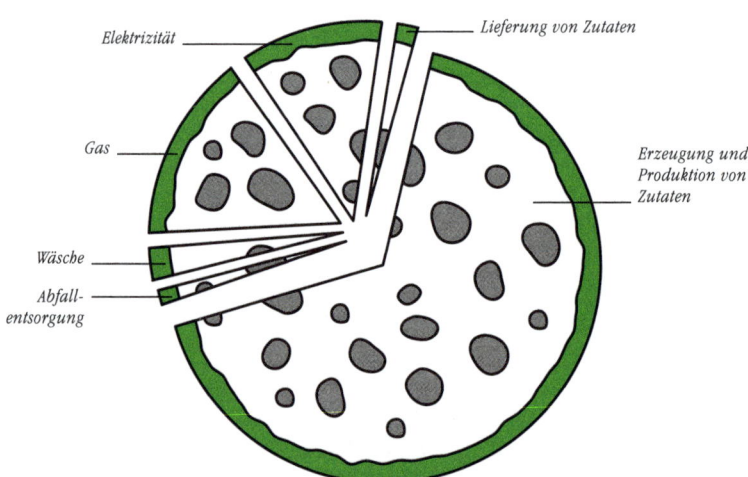

Elektrizität

Lieferung von Zutaten

Gas

Erzeugung und Produktion von Zutaten

Wäsche

Abfallentsorgung

▲ In der CO_2-Bilanz eines typischen New Yorker Restaurants sind die Zutaten der Teil, der am meisten zu Buche schlägt.

auf Lebensmittelverschwendung nur die großen Ketten zu verurteilen. Eine große britische Kette spendet beispielsweise alle Lebensmittelüberschüsse an karitative Einrichtungen. Als Gast können Sie Ihre Kundenmacht nutzen und Restaurants bevorzugen, die sich um Nachhaltigkeit bemühen. Dadurch wird es für weniger umweltbewusste Betriebe schwieriger, bestehende Probleme zu ignorieren und sich langfristig zu behaupten. Durch Ihre Bestellungen können Sie sogar Einfluss auf die Zutaten nehmen. Da die Zutaten einen Großteil des CO_2-Fußabdrucks von Restaurants ausmachen, ist es sinnvoll, diesen Einfluss durch kritisches Nachfragen und bewussten Konsum gezielt auszuüben. Bedenken Sie außerdem:

* **Beim Blick auf die Speisekarte** über Transportwege und deren Nachvollziehbarkeit nachdenken. Bestellen Sie, was gerade Saison hat und von Erzeugern in der Region stammt. Bevorzugen Sie Restaurants, die bereitwillig Auskunft über die Herkunft ihrer Zutaten geben und auf Lebensmittel mit einem bedenklichen CO_2-Fußabdruck möglichst verzichten.
* **Fleisch aus Massentierhaltung** meiden. Die Viehzucht ist für 15 % aller Treibhausgas-Emissionen verantwortlich. Wer auf Fleisch nicht verzichten will, sollte Restaurants besuchen, in denen Fleisch aus regionaler Produktion, möglichst Weide- oder Biohaltung, serviert

wird. Ist die Herkunft auf der Karte nicht angegeben, fragen Sie das Personal, um das Bewusstsein für die Problematik zu wecken.
* **Keine gefährdeten Fischarten** bestellen. Informieren Sie sich regelmäßig, welche Arten gerade durch Überfischung bedroht sind (siehe Seite 39).

IN EINER UMFRAGE WAREN
66% DER TEILNEHMER BEREIT, FÜR NACHHALTIGES ESSEN IM RESTAURANT **MEHR AUSZUGEBEN.**

---

* **Keine Verschwendung.** Meiden Sie All-you-can-eat-Büfetts und bestellen Sie nur so viel, wie Sie wirklich aufessen können. Bestellen Sie kleine Portionen oder teilen Sie. Sie können später immer noch etwas nachbestellen. Bevorzugen sie Restaurants, die Zutaten möglichst vollständig verwerten (›Nose to Tail‹ bzw. ›Root to Fruit‹). Wenn Sie Ihre Portion nicht schaffen, scheuen Sie sich nicht, den Rest einpacken zu lassen (oder nehmen Sie einen eigenen Behälter mit). Sie müssen das Essen bezahlen, warum also wegwerfen?
* **Unterstützen Sie die Mitarbeiter.** Trinkgelder sollten allen Angestellten zugutekommen, auch Köchen und Spülhilfen, und nicht etwa am Ende in der Tasche des Inhabers landen.

Sollte man Fast Food vermeiden?

Viele Menschen finden Fast Food praktisch und mögen auch den Geschmack. In Bezug auf die Umwelt sind billige Burger und Hähnchen aber bedenklich.

Die Fast-Food-Branche macht im Jahr 570 Milliarden Dollar Umsatz. Nur durch intensivste Landwirtschaft können die Preise so niedrig sein, dass sie Kunden auf der Suche nach einer schnellen, billigen Mahlzeit ansprechen. Der weltweite Erfolg der Branche ist unglaublich: Eine Kette verkauft 75 Burger pro Sekunde, eine andere verarbeitet jährlich 1 Milliarde Hähnchen. Den Bedarf an Zutaten deckt eine Landwirtschaft, die in

40% ALLER HERUM-LIEGENDEN ABFÄLLE DÜRFTEN **FAST-FOOD-VERPACKUNGEN** SEIN.

industriellem Maßstab produziert, enorme Mengen Treibhausgase erzeugt und zum Verschwinden von Wäldern und zur Verschmutzung von Böden und Gewässern beiträgt. Um all die Tiere zu füttern, die uns Milchshakes und Nuggets liefern (siehe Seite 34), werden große Flächen und viel Wasser verbraucht.

Und dann sind da noch die Styroporbehälter und die fettigen Pizzakartons, die problematisch zu recyceln sind, Berge von Einweg-

besteck, Saucen-Portionsbeutel und Plastikbecher. Die Herstellung all dieser Dinge verbraucht Energie und Ressourcen, verursacht Transportkosten, und vieles landet am Ende auf dem Müll. Allein in den USA fallen jährlich 2 Milliarden Pizzakartons an.

Schon in ihrem eigenen Interesse bemühen sich Fast-Food-Ketten, ihren Energie- und Wasserverbrauch zu verringern und auch die Auswirkungen der Milch- und Fleischproduktion auf die Umwelt einzudämmen, aber es bleibt noch viel zu tun. Was können Sie beitragen?

- **Fast Food möglichst meiden.** Wenn Sie aus Umweltgründen Ihre Ernährung verändern möchten, ohne vegetarisch oder vegan zu leben, können Sie immerhin auf Fast Food verzichten.
- **Für eine schnelle,** bequeme Mahlzeit vegetarische oder vegane Optionen wählen, im Idealfall unverpackt oder mit recycelbarer Verpackung
- **Statt großer Ketten** unabhängige Restaurants bevorzugen, die Auskunft über die Herkunft ihrer Zutaten geben
- **Auf Plastiktüten** und Einwegbesteck verzichten. Behälter wiederverwenden und Reste für später mitnehmen

10% ALLER **LEBENSMITTEL,** DIE BEI HOCHZEITEN SERVIERT WERDEN, **LANDEN AUF DEM MÜLL.**

Ein umweltfreundliches Festessen für viele Gäste: Ist das möglich?

Viele Gäste zu bewirten und dabei die Umwelt zu schonen, ist mit etwas guter Planung durchaus möglich.

Bei Hochzeiten und anderen großen Festen kann viel Müll anfallen, von Speiseresten bis zu Einwegtellern, Plastikbesteck und Papierservietten.

All das lässt sich aber vermeiden. Die Bewirtung einer großen Gruppe kann auch Vorteile haben. Wer große Mengen einkauft und zubereitet, spart Verpackung und Energie, und sogar der Abwasch lässt sich effizienter erledigen als bei mehrmaligem Kochen für weniger Personen. All das hilft, den CO_2-Fußabdruck zu verringern.

Es gibt viele Möglichkeiten, übermäßige Umweltbelastungen zu vermeiden und trotzdem ausgelassen zu feiern.

- **Sorgfältig planen,** damit nicht zu viele Lebensmittel übrig bleiben
- **Ein vegetarisches Menü** zusammenstellen und nur bei Bedarf durch Käse oder Fleisch aufstocken. Currys, Gratins und Dhal bieten sich für vegane Zubereitungen an und machen viele Gäste satt.
- **Geschirr und Besteck** kann man ausleihen. Alternativ recycelbare Produkte verwenden, etwa Pappteller und Besteck aus Bambus, und korrekt entsorgen
- **Die Gäste bitten,** Lebensmittelbehälter mitzubringen. Dann können sie Reste mitnehmen und am nächsten Tag zu Hause essen.

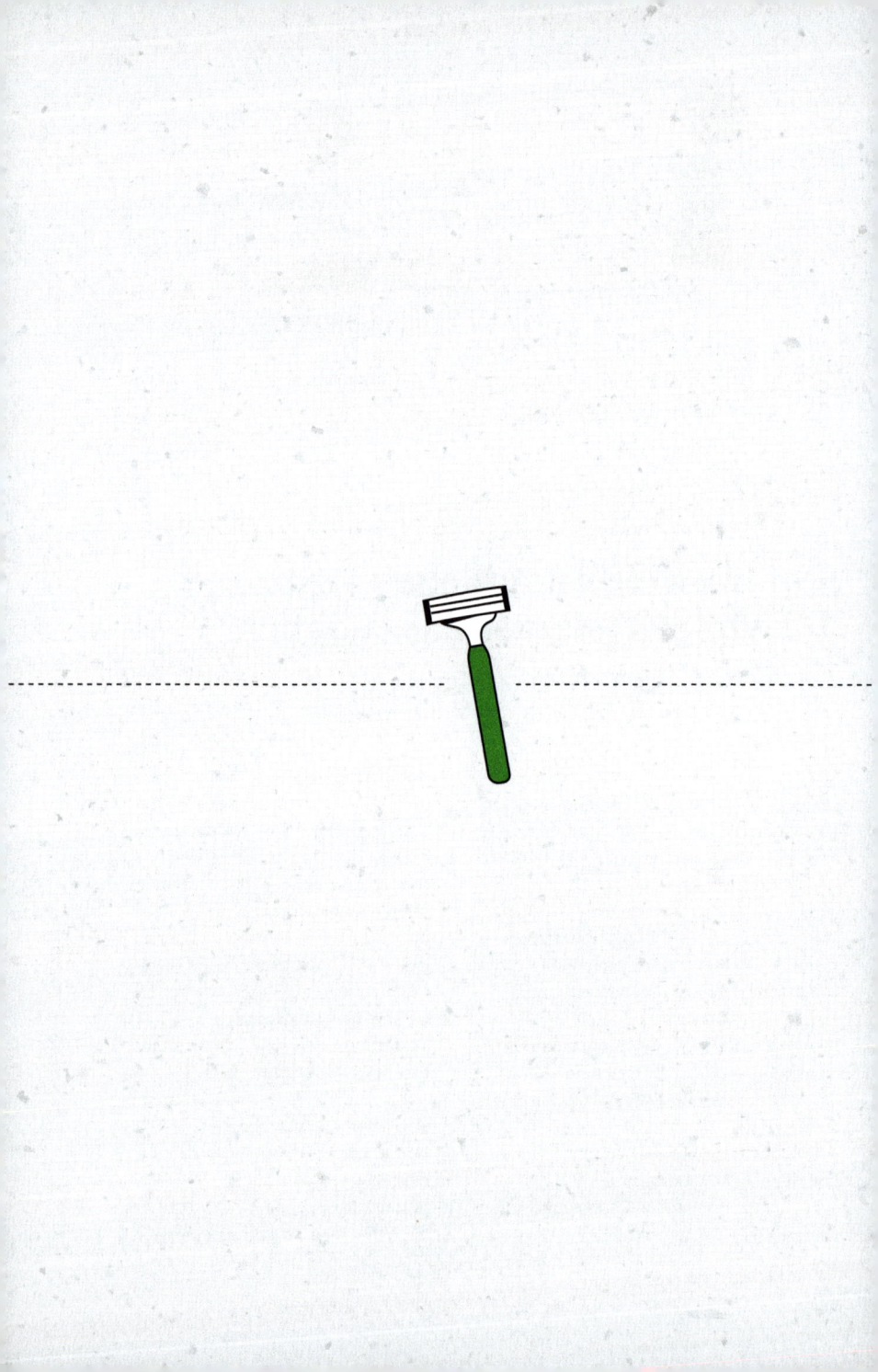

DAS GRÜNE BADEZIMMER

Badewanne oder Dusche?

Die Antwort scheint auf der Hand zu liegen, tatsächlich hängt aber alles davon ab, wie effizient Sie Ihre Dusche nutzen. Wer schnell ist, kann eine Menge Wasser sparen.

Man möchte meinen, dass ein Wannenbad viel mehr Wasser verbraucht als eine Dusche, aber das muss nicht so sein. Eine durchschnittliche Wanne fasst etwa 136 Liter. Aus einer Dusche (ohne Wasserspar-Duschkopf) fließen rund 19 Liter pro Minute. Wenn Sie länger als 7 Minuten duschen, verbrauchen Sie also mindestens so viel Wasser wie für ein Wannenbad.

Umfragen von Umweltorganisationen zufolge verbringen wir durchschnittlich 9 Minuten unter der Dusche, und 7 % der Menschen lassen das Wasser erst einmal 3 Minuten laufen, bevor sie sich unter den Strahl stellen.

Das Duschen ist also nur dann die umweltfreundlichere Option, wenn man nicht trödelt. Um den Wasserverbrauch zu verringern, brauchen Sie aber nur einige Gewohnheiten zu verändern:

- **Messen Sie die Zeit,** die Sie unter der Dusche verbringen. Das geht auch mit Musik: Die meisten Songs sind etwa 3–4 Minuten lang.
- **Ein Wasserspar-Duschkopf** kann den Wasserverbrauch eines 7-Minuten-Duschbads um bis zu 26 Liter verringern. Bei niedrigem Wasserdruck ist die Funktion allerdings eingeschränkt.
- **Die Badewanne** nicht bis zum Rand füllen. Nach dem Baden können Sie das Wasser zum Blumengießen weiterverwenden.
- **Prüfen Sie auf der Wasseruhr,** wie viel Sie tatsächlich verbrauchen. Jeder Kubikmeter weniger spart bares Geld.

7 Minuten (weniger Wasser als ein Wannenbad)

9 Minuten (durchschnittliche Duschzeit)

▲ Duschen Sie zügig. Wer länger als 7 Minuten duscht, verbraucht mehr Wasser als für ein Wannenbad.

Umweltbewusst rasieren?

Ob Bart oder Beine: Die Stoppeln sollen weg, aber nicht der Rasierer. Wer Plastikmüll vermeiden will, sollte auf wiederverwendbare, langlebige Rasierer setzen.

Mangels Recyclingmöglichkeiten landen jedes Jahr Milliarden von Einwegrasierern auf dem Müll. Die Stahlklingen könnte man theoretisch wiederverwerten, das geschieht aber nur selten; die Kunststoffgriffe lassen den Müllberg wachsen. Außerdem werden Einwegrasierer fast immer in Plastikverpackungen verkauft.

Wer Plastikmüll vermeiden will, ist mit Einwegrasierern aus nachhaltigem, schnell nachwachsendem Bambus oder Kunststoffrecyclat gut beraten. Noch besser sind hochwertige durable Produkte, die ein Leben lang halten können.

Elektrorasierer haben den Vorzug, dass man beim Rasieren kein Wasser verbraucht und auch keine Energie, um es zu erwärmen. Die Geräte halten Jahre, allerdings ist die Herstellung wenig umweltfreundlich, manche benötigen Batterien (siehe Seite 140) und sie lassen sich schlecht recyceln. Bedenkt man zudem den Stromverbrauch, sind Elektrorasierer, bezogen auf ihre gesamte Lebenszeit, nicht viel umweltfreundlicher als Einwegrasierer.

Die umweltfreundlichste Wahl ist ein altmodischer Sicherheitsrasierer aus Stahl mit Klingen zum Auswechseln. Die Handhabung erfordert etwas Übung, aber unter

DIE MEISTEN **EINWEG-RASIERER** WERDEN NACH

6–9 RASUREN **WEGGEWORFEN.**

Umweltgesichtspunkten lohnt sich die Mühe. Manche Onlinehändler liefern neben Ersatzklingen auch traditionelle Rasierseife in plastikfreier Verpackung ins Haus und tragen so zur Verkürzung von Lieferketten bei (siehe Seite 118).

Rasierschaum & Co.

Zur umweltfreundlichen Rasur gehört auch, auf Rasierschaum aus der Sprühdose zu verzichten. Manche Produkte enthalten Chemikalien, die dem Wasser und seinen Bewohnern schaden. Sprühdosen lassen sich kaum recyceln und ihr Abbau dauert bis zu 500 Jahre. Verwenden Sie lieber Rasiercreme oder -seife in plastikfreier Verpackung. Achten Sie darauf, dass sie kein Palmöl oder andere bedenkliche Stoffe enthält (siehe Seite 44).

Wer lieber mit Wachs enthaart, sollte ein Naturprodukt auf Zuckerbasis verwenden, das keine synthetischen Inhaltsstoffe enthält.

Seifenstücke und festes Shampoo oder Flaschen zum Nachfüllen?

Flüssigseife, Duschgel und Shampoo in Flaschen sind praktisch, schaden aber der Umwelt. Zum Glück gibt es Alternativen, die helfen, Plastik und fragwürdige Chemikalien zu vermeiden.

Flüssigseife, Shampoo und andere Pflegeprodukte tragen dazu bei, dass der Plastikmüllberg wächst. Allein in den USA werden jährlich eine halbe Milliarde Shampooflaschen produziert, Minigrößen für Hotels nicht mitgerechnet. 50% der Briten geben an, ihr Badezimmerplastik nicht dem Recycling zuzuführen, in den USA sind es 20%. Pumpspender für Flüssigseife sind oft für den Einmalgebrauch konzipiert. Der Pumpmechanismus bewirkt, dass die Flaschen schwierig zu recyceln sind. Und selbst wenn man die Spender nachfüllt, ist Flüssigseife umweltschädlich. Für ihre Herstellung wird mehr Wasser und Energie benötigt, der Aufwand für den Transport ist höher und sie enthält Chemikalien, die ins Wasser gelangen und Tiere oder Pflanzen schädigen können.

Feste Seifen und Shampoos sind meist in Pappe oder Papier verpackt oder kommen ganz ohne Verpackung aus. Wenn Sie regionale Produkte

▼ Feste Seifen und Shampoos erfordern weniger Energie, Verpackung und Transport als flüssige und sie halten länger.

FLÜSSIGSEIFE
5× MEHR ENERGIE FÜR DIE PRODUKTION
20× MEHR VERPACKUNG
15× MEHR EMISSIONEN BEIM TRANSPORT

FESTE SEIFE
HÄLT **7×** SO LANG WIE FLÜSSIGSEIFE GLEICHEN GEWICHTS

kaufen, fällt auch die Belastung durch den Transport weg. Gerade kleine Betriebe bieten oft Seife aus natürlichen Zutaten an, auch vegane Produkte, die mit pflanzlichem Glyzerin, Pflanzenöl oder Sheabutter anstelle tierischer Fette hergestellt werden.

All das gilt gleichermaßen für Duschseife, Peelings, Shampoos und Pflegespülungen. Auf handelsübliches Shampoo zu verzichten, bedeutet nicht mehr, die Haare mit Essig zu spülen oder wochenlang mit fettigen Haaren herumzulaufen und auf den

---

DER CO_2-FUSSABDRUCK VON FLÜSSIGER SEIFE LIEGT UM **25%** HÖHER ALS DER VON FESTER SEIFE.

Selbstreinigungseffekt zu warten (obwohl es nicht schadet, diese Zero-Waste-Methode einmal auszuprobieren). Ein festes Shampoo hält im Schnitt zwei- bis dreimal länger als ein flüssiges. Die meisten kommen ohne Natriumlaurylsulfat aus, einen Stoff, der nur für die Schaumbildung zuständig ist, nicht für die Reinigungswirkung. Rechnen Sie damit, dass einige Haarwäschen nötig sind, bis sich Haare und Kopfhaut an das neue Produkt gewöhnt haben.

Übrigens sind feste Pflegeprodukte bei Flugreisen mit Handgepäck ideal, denn sie unterliegen nicht den Mengenbeschränkungen für Flüssigkeiten.

Gut duften mit gutem Gewissen

Ein umweltfreundliches, angenehm duftendes Deodorant ist gar nicht so schwer zu finden, wenn man weiß, worauf man achten muss.

Körpergeruch ist ein Tabu, wir alle wollen gut duften – aber natürlich nicht auf Kosten der Umwelt. Konventionelle Deodorants werden als Spray oder Roller verkauft, und beide Verpackungen lassen sich schlecht recyceln. Außerdem enthalten manche Produkte schädliche Stoffe wie Parabene (Konservierungsmittel) oder Aluminium, das die Poren verstopft und so das Schwitzen unterbindet. Studien zufolge können solche Stoffe gesundheitsschädlich und sogar krebserregend sein.

Natürliche Deos enthalten kein Aluminium. Vielleicht müssen Sie einige ausprobieren, um ein Produkt zu finden, das Ihnen zusagt.

- **Ein festes Deo** oder eine Deocreme aus natürlichen Rohstoffen sollte es sein, in einer Verpackung aus Glas, Metall oder Karton. Immer mehr Drogeriemärkte bieten solche Produkte an. Auch online werden Sie fündig.
- **Für selbst gemachtes Deo** können Sheabutter, Kokosöl, Pfeilwurz, Natron und ätherische Öle verwendet werden. Rezepturen finden Sie im Internet.

Wie wirkt sich Toilettenpapier auf die Umwelt aus?

Obwohl man sich in vielen Ländern nicht mit Papier säubert, sondern mit Wasser, ist die Umweltbelastung durch Toilettenpapier beträchtlich. Dabei geht es nicht nur um die Bäume.

Toilettenpapier belastet die Ressourcen der Erde erheblich. Weil in den wohlhabenden Ländern die Nachfrage nach besserer Qualität gestiegen ist, wird weniger Recycling-Toilettenpapier hergestellt. Folglich bestehen heute die meisten Rollen aus nagelneuem Zellstoff, der nicht immer aus nachhaltigen Quellen gewonnen wird. Der Zellstoff wird in einem energieintensiven Verfahren produziert und dann mit Chemikalien gebleicht, die Dioxine und andere krebserregende Stoffe in die Atmosphäre abgeben. In einem aktuellen Bericht wurde geschätzt, dass für eine einzige Rolle etwa 168 Liter Wasser benötigt werden. Ein durchschnittlicher Bewohner der Industrieländer verbraucht pro Woche etwa zwei Rollen.

Tatsächlich sind Bidets und Wasserdüsen in Bezug auf den Wasserverbrauch sparsamer als Toilettenpapier. Ein durchschnittliches Bidet verbraucht pro Benutzung etwa 0,5 Liter Wasser, das ist weitaus weniger, als für die Herstellung von Toilettenpapier nötig ist. Bidets sparen also Wasser und schonen Bäume. Die Beliebtheit und Verbreitung ist von Land zu Land sehr unterschiedlich. Wo sie aber üblich sind, befinden

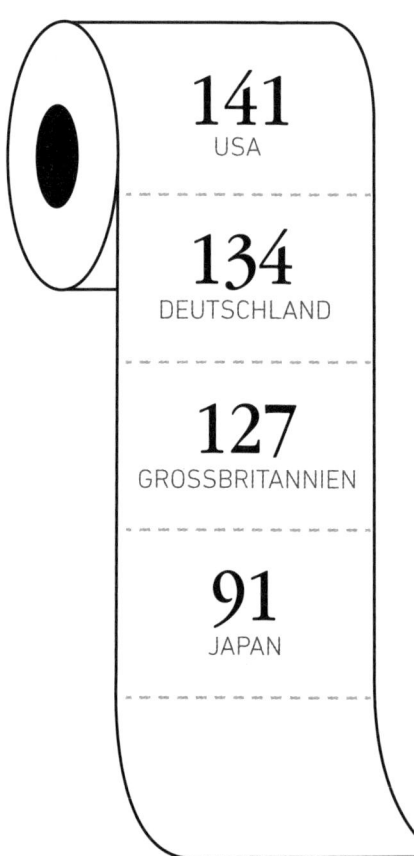

141
USA

134
DEUTSCHLAND

127
GROSSBRITANNIEN

91
JAPAN

▲ 2018 wurde in einer Studie der jährliche Pro-Kopf-Verbrauch an Toilettenpapierrollen geschätzt. Diese vier Länder nahmen die Spitzenpositionen ein.

sich die Menschen auf einem richtigen Weg. In Venezuela besitzen beispielsweise etwa 90 % der Haushalte ein Bidet.

• **Überlegen Sie,** einen Toilettensitz mit Wasserdüsen installieren zu lassen oder, wenn es technisch möglich ist, ein Bidet einbauen zu lassen.

• **Als grünere Alternative** zum Toilettenpapier sind wiederverwendbare Tücher denkbar. Sie werden nach Gebrauch in einen verschließbaren Beutel oder Behälter gelegt und in der Waschmaschine gewaschen.

• **Wenn Sie Toilettenpapier** verwenden, kaufen Sie Recyclingpapier. Manche Hersteller bieten Toilettenrollen aus 100 % Recyclingpapier an und verpacken sie in Papier statt in Plastikfolie. Es gibt auch Toilettenpapier, das nicht aus Holz, sondern aus FSC-zertifiziertem Bambus hergestellt wird. Neuer Zellstoff wird aus dem Holz langsam wachsender Laubbäume und schneller wachsender Nadelbäume gewonnen (siehe Seite 169). Der Aufdruck »FSC-Mix« bedeutet, dass das Papier einen Anteil neuen Zellstoff enthält. Kaufen Sie möglichst kein vierlagiges Papier in Luxusqualität, denn es enthält weitaus mehr neuen Zellstoff als einfachere Qualitäten. Lohnt sich das bisschen Komfort wirklich, wenn man bedenkt, dass man mit jedem Abwischen zur Zerstörung von Wäldern beiträgt?

Wie viel Wasser verbraucht die Toilettenspülung?

Wasser ist eine endliche Ressource. Grund genug, in der Toilettenspülung nichts zu verschwenden.

In europäischen Haushalten macht die Toilettenspülung etwa 30 % des Trinkwasserverbrauchs aus. Spülkästen mit Spartaste, die für das kleine Geschäft weniger Wasser freigeben, verbrauchen pro Spülung etwa 6 Liter. Ältere Modelle ohne Sparfunktion verbrauchen bis zu 13 Liter. Die meisten Menschen betätigen die Spülung etwa fünfmal pro Tag, verbrauchen also bis zu 65 Liter.

Der Wasserverbrauch lässt sich aber mit einigen einfachen Mitteln verringern:

• **Eine mit Wasser gefüllte** Plastikflasche oder einen Ziegelstein in den Spülkasten legen, um sein Füllvolumen zu verringern

• **Seltener spülen.** Wenn Sie mehrmals pro Nacht Wasser lassen müssen, ist es notwendig, jedes Mal zu spülen?

• **Die Dichtigkeit** des Spülkastens prüfen. Wenn er ständig leicht läuft, geht Wasser verloren (das Sie bezahlen müssen).

• **Bei Anschaffung** eines neuen Spülkastens wählen Sie ein Modell mit Wasserspartaste und benutzen Sie sie.

Wie funktioniert umweltfreundliche Menstruationshygiene?

Für die meisten von uns sind Einweg-Hygieneartikel so selbstverständlich, dass wir uns gar nichts anderes vorstellen können. Es wird höchste Zeit zum Umdenken.

Hygieneprodukte stellen eine beachtliche Umweltbelastung dar. Viele Tampons und Binden, die jeden Monat weggeworfen werden, enthalten eine Menge Plastik, dessen Abbau bis zu 500 Jahre dauert. In den Industrieländern verbraucht eine Frau während ihrer fortpflanzungsfähigen Jahre durchschnittlich 16 000 Tampons oder Binden. Allein in Großbritannien werden täglich etwa 2,5 Millionen Tampons (oft samt Plastikeinführhilfen) durch die Toiletten gespült, landen in Flüssen und Meeren oder an den Küsten. 2016 ergab eine

Studie, dass in England pro 100 Meter untersuchter Küste rund 20 Hygieneartikel angespült wurden.

Müll ist aber nicht das einzige Problem. Hygieneprodukte enthalten nicht nur Plastik, sondern auch Materialien wie Zellstoff, die gebleicht werden, sowie Chlor und Dioxine, die der menschlichen Gesundheit schaden. Gelangen sie in den Boden, können sie das Grundwasser kontaminieren und die Bodenfruchtbarkeit herabsetzen. Ihre Herstellung verschlingt viel Energie und produziert Schadstoffe. Wie lässt sich also die

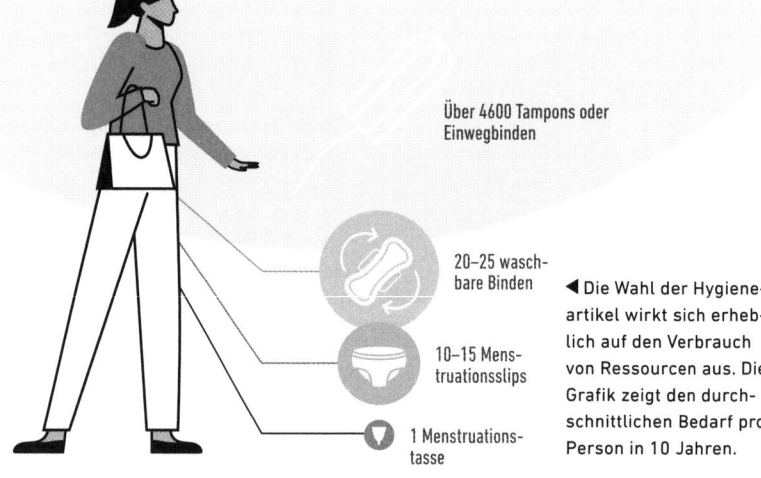

Über 4600 Tampons oder Einwegbinden

20–25 waschbare Binden

10–15 Menstruationsslips

1 Menstruationstasse

◀ Die Wahl der Hygieneartikel wirkt sich erheblich auf den Verbrauch von Ressourcen aus. Die Grafik zeigt den durchschnittlichen Bedarf pro Person in 10 Jahren.

Menstruationshygiene umweltfreund-licher gestalten?

- **Wenn Sie Einwegprodukte** bevorzugen, kaufen Sie Artikel mit Verpackungen aus Papier und Pappröhren oder wiederver-wendbaren Einführhilfen. Aber Vorsicht vor Plastikalternativen auf Pflanzenbasis. Sie sollen schneller abbaubar sein als konventionelle Kunststoffe, aber häufig trifft das

---

10 Milliarden

PLASTIKEINFÜHRHILFEN WERDEN **WELTWEIT** JEDEN MONAT **WEGGEWORFEN.**

---

nicht zu. Besser sind Binden und Slipeinlagen aus erneuerbaren Rohstoffen sowie Tampons aus Biobaumwolle oder ähnlichen biologisch abbaubaren Stoffen. Um die Lieferkette zu verkürzen, können sie ein Online-Abonne-ment abschließen, sodass Ihnen der Bedarf monatlich ins Haus geliefert wird. Einige Firmen unterstützen mit Produkten oder Geld Projekte für Frauen in armen Ländern, die sich keine Hygiene-artikel leisten können oder denen überhaupt keine solchen Produkte zur Verfügung stehen.

- **Wiederverwendbare Produkte** sind für alle, die ihr Leben lang Einwegartikel benutzt haben, zunächst ungewohnt. Dennoch sind sie zweifellos die beste Wahl.

Menstruationsslips sind waschbar. Sie sind antibakteriell und haben normalerweise im Schritt einen mehrlagigen Aufbau. Eine Schicht leitet Flüssigkeit vom Körper weg. Die nächste saugt sie auf, und die äußere ist so dicht, dass sie das Auslaufen verhindert. Obwohl die Lagen insgesamt nur wenige Millimeter dick sind, nehmen sie mindestens so viel Flüssigkeit auf wie zwei Tampons. Solche Slips halten mehrere Jahre und sind in verschiedenen Modellen, auch für unterschiedlich starke Blutungen, erhältlich. Praktisch sind auch waschbare Binden. Viele haben Flügel oder Druckknöpfe, sodass man sie in normaler Unterwäsche befestigen kann. Die kosten-günstigste Lösung sind selbst genähte Binden aus Stoffresten. Schnittmuster und Anleitungen für verschiedene Varianten sind im Internet zu finden. Eine wieder-verwertbare Lösung, die immer mehr Anhängerinnen findet, ist die Menstruationstasse aus Silikon. Sie wird wie ein Tampon in die Vagina eingeführt und sammelt das Menstruationsblut innerhalb des Körpers. Zum Entleeren wird sie herausgenommen, und nach kurzem Auswaschen kann sie wie-der eingesetzt werden. Es emp-fiehlt sich, die Tasse zwischen den Perioden mit kochendem Wasser zu sterilisieren. Eine Tasse hält bis zu zehn Jahre. Sie schonen damit also nicht nur die Umwelt, sondern sparen auch Geld.

Nachhaltige Hautpflege ohne Plastikmüll: Geht das?

Wer bei der Hautpflege Wert auf Nachhaltigkeit legt, muss auf zwei Dinge achten: die Inhaltsstoffe der Produkte und die Verpackungsmaterialien.

Viele handelsübliche Hautpflegeprodukte enthalten Stoffe, die in Bezug auf die Umwelt und die Gesundheit bedenklich sind. Parabene und andere Konservierungsstoffe können den Hormonhaushalt durcheinanderbringen. Andere Zutaten wie Natriumlaurylsulfat und Diethanolamin gelten als krebserregend. Auch Palmöl (siehe Seite 44) ist in vielen Hautpflegeprodukten enthalten.

Mit all den Tuben, Tiegeln und Flaschen, die schwierig zu recyceln sind, trägt die Kosmetikindustrie zum Anwachsen des Müllbergs bei. Einzeln verpackte Tuchmasken sind nur ein Beispiel für den Einweg-Wahnsinn. Mikroplastik aus Peelings, inzwischen in vielen Ländern verboten, belastet die Meere.

- **Auf natürliche Inhaltsstoffe** achten, wie Kakaobutter, ätherische Öle oder Pflanzenextrakte. Ein Peeling lässt sich aus Kaffeesatz oder Zucker leicht selbst herstellen. Veganer sollten bedenken, dass auch Naturkosmetik nicht unbedingt vegan ist. Manche

- SHEABUTTER
- KOKOSÖL
- ÄTHERISCHE ÖLE

SEHR GERN

- TRICLOSAN
- POLYÄTHYLENGLYKOL
- OXYBENZON

NEIN DANKE

▲ Machen Sie sich mit den Bezeichnungen schädlicher Inhaltsstoffe vertraut und setzen Sie auf umweltfreundliche Alternativen.

Produkte enthalten zum Beispiel Bienenwachs oder Honig. Verantwortungsvolle Hersteller legen aber Wert auf eine transparente Deklaration ihrer Inhaltsstoffe. In der EU und vielen anderen Ländern ist es verboten, Kosmetika an Tieren zu testen. In manchen Ländern sind Tierversuche aber noch erlaubt. Es lohnt sich also, Informationen zu sammeln.

- **Im Inland** hergestellte Produkte sind in Bezug auf die Transportwege umweltfreundlicher als Kult-Biomarken vom anderen Ende der Welt. Noch besser ist es, kleine lokale Firmen zu unterstützen, die regionale Zutaten verarbeiten.
- **Achten Sie auf das FairWild-Siegel.** Es kennzeichnet nachhaltig in der Natur gesammelte Wildpflanzen.
- **Kaufen Sie weniger Kosmetika,** indem Sie Spezialprodukte meiden. Wählen Sie beispielsweise Cremes oder Öle, die für Gesicht, Körper und Hände verwendet werden können oder die als Lippenbalsam, Salbe und Feuchtigkeitspflege dienen.
- **Vermeiden Sie Verpackungsmüll.** Schauen Sie sich nach Geschäften mit einer Nachfüllstation um oder kaufen Sie statt herkömmlichem Shampoo ein festes, das im Idealfall ganz ohne Verpackung auskommt. Wenn Verpackungen unvermeidbar sind, Produkte in biologisch abbaubaren (Karton) oder recycelbaren (Glas) Materialien bevorzugen.

Schadet Sonnencreme unseren Ozeanen?

Ein guter Sonnenschutz ist zweifellos wichtig, aber die Meere zahlen dafür einen hohen Preis.

Jedes Jahr gelangen rund 14 000 Tonnen Sonnencreme in die Meere. Sie enthält Stoffe wie Oxybenzon, die das Leben von nützlichen Mikroorganismen bedrohen, Korallen schädigen, in die Nahrungskette gelangen und den menschlichen Hormonhaushalt durcheinanderbringen können. Auf Hawaii und Palau sind Sonnencremes, die Oxybenzon enthalten, bereits verboten.

Glücklicherweise gibt es auch umweltfreundliche Alternativen.

- **Bevorzugen Sie** Bioprodukte oder vegane Sonnencremes, die weder Oxybenzon noch Parabene, Erdölprodukte oder Propylenglykol enthalten.
- **Wählen Sie Sonnencremes** mit recycelbarer Verpackung, beispielsweise aus Pappe, Metall, Kunststoffrecyclat oder auf der Basis von Zuckerrohr.
- **Spray** sollte tabu sein; kaufen Sie Cremes oder Lotionen. Bei Sprühflaschen lässt sich schlechter steuern, wohin das Produkt gelangt – nicht nur auf die Haut, sondern allzu leicht auch auf den Sand oder das Gras.

Woran erkenne ich umweltfreundliches Make-up?

Die Kosmetikindustrie boomt, aber leider zu oft auf Kosten der Umwelt. Dabei kann man auch attraktiv aussehen, wenn man auf schädliche Inhaltsstoffe und Verpackungen verzichtet.

In den meisten Schminktäschchen finden sich gleich mehrere Umweltsünden. Etwa 70 % aller Kosmetika enthalten Palmöl für Konsistenz und Haltbarkeit. Stammt das Palmöl nicht aus nachhaltiger Produktion, werden dafür Wälder gerodet, Lebensräume zerstört und Treibhausgase freigesetzt (siehe Seite 44). Viele Make-up-Produkte enthalten Parabene und Oxybenzon, die der Umwelt, Tieren und Menschen schaden, und es gibt noch immer Firmen, die ihre Produkte in Tierversuchen testen. Zudem erzeugt allein die Kosmetikindustrie jährlich mehr als 142 Milliarden Verpackungen, größtenteils aus Plastik.

Die beste Wahl sind Kosmetika mit natürlichen Inhaltsstoffen. Allerdings gibt es keine gesetzlichen Bestimmungen darüber, was als Naturkosmetik bezeichnet werden darf. Umso wichtiger ist es, dass sich jede Kundin selbst informiert.

- **Bevorzugen Sie kleinere,** unabhängige, einheimische Marken. Dann fließt Ihr Geld an Firmen, die die lokale Wirtschaft unterstützen, und nicht an multinationale Konzerne. Zugleich reduzieren Sie Umweltbelastungen durch Transportwege. Unabhängige Firmen arbeiten häufig auch emissionsärmer.
- **Den Verzicht auf Tierversuche** garantieren Siegel wie *Cruelty Free International* (ein springender Hase), *People for the Ethical Treatment of Animals* (PETA) oder vegane Produkte. Angaben über den Umgang mit Tierversuchen sind auf den Websites der

▲ Die Checkliste hilft beim Make-up-Kauf. Je mehr Häkchen Sie setzen können, desto besser.

Branchenriesen oft gut versteckt. Kleine, unabhängige Unternehmen sind meist transparenter und legen höhere Umweltstandards an.

- **Achten Sie auf die Zertifizierung** *Roundtable on Sustainable Palm Oil* (RSPO). Sie steht für eine nachhaltige Lieferkette und faire Bezahlung der Bauern.
- **Um Verpackung zu sparen,** bevorzugen Sie Produkte zum Nachfüllen. Sie behalten dann die Plastikbehälter und kaufen nur

70% DER KOSME-TIKA WERDEN WEGGEWORFEN, BEVOR SIE VERBRAUCHT SIND.

den Inhalt neu, z. B. gepressten Puder oder Lippenstifte. Einige Hersteller verwenden bereits Verpackungen aus Pappe, Bambus oder recycelten Materialien, und manche festen Produkte kommen fast ohne Verpackung aus. Sinnvoll sind auch Kosmetika, die für mehrere Zwecke verwendet werden können. So sparen Sie nicht nur Verpackungen, Sie müssen auch weniger in Ihrem Schminktäschchen herumkramen.

- **Selber machen:** Rezepte für Rouge, Lipgloss und andere Produkte sind im Internet zu finden. Verwenden Sie natürliche Zutaten und nutzen Sie Behälter, die Sie bereits im Haus haben.

Umweltbewusst abschminken

Umweltfreundliches Verhalten schließt auch die abendliche Abschminkroutine ein. Back to the Basics heißt das Motto.

Jedes Jahr kommen neue Wunderprodukte auf den Markt, die das Make-up länger halten lassen oder das Entfernen vereinfachen sollen. Viele sind aber nicht sonderlich umweltfreundlich, und Einweg-Abschminktücher sind am schlimmsten. Weltweit werden jährlich 1,3 Milliarden Feuchttücher verbraucht, deren Abbau mehr als 100 Jahre dauern kann. Die Tücher belasten nicht nur die Umwelt, sie verteilen Make-upreste und Bakterien eher im ganzen Gesicht, statt sie zu entfernen.

Dabei gibt es ganz einfache, natürliche und umweltfreundliche Mittel zum Abschminken: Waschbare Tücher aus Biobaumwolle reinigen gut und schonen die Haut. Zur Entfernung von wasserfestem Make-up können Sie statt synthetischer Reinigungsmittel in Plastikflaschen einfach Speiseöl aus der Küche verwenden (Olivenöl oder Kokosfett, am besten kalt gepresst und in Bioqualität). Empfehlenswert sind auch Produkte von umweltbewussten Unternehmen, die beispielsweise Algenextrakt, ätherische Öle, Hamameliswasser und Sheabutter enthalten und in Glasbehältern verkauft werden.

Gibt es umweltfreundliche Haarkuren und Färbemittel?

Ammoniak, Natriumhydroxid und andere Inhaltsstoffe von Haarfarben können den Mikroorganismen im Wasser schaden und langfristig das Leben in den Meeren gefährden.

Gängige Haarfärbemittel enthalten mehrere bedenkliche Chemikalien, etwa Ammoniak, der Luft und Wasser belastet, sowie Paraphenylendiamin (PPD), das Hautreizungen und Allergien verursachen kann. Haarkuren und Spülungen enthalten oft Chemikalien wie Natriumhydroxid. Sie gelangen ins Abwasser, werden in Kläranlagen aber nicht ausreichend abgebaut. Folglich verschmutzen sie Gewässer und gefährden das Leben darin. Das häufig verwendete Bleichmittel Wasserstoffperoxid wird zwar beim Abbau in harmlose Substanzen aufgespalten, gerät es jedoch in die Umwelt, kann es die Gesundheit von

----

JÄHRLICH WERDEN **IN DEN USA**

83 000 TONNEN HAARFÄRBE-
MITTEL VERBRAUCHT.

Menschen und Tieren schädigen. Es gibt aber Alternativen.

- **Pflanzliche Färbemittel** werden von umweltbewussten Salons eingesetzt. Die Farbe hält nicht so lange, ist aber weniger schädlich. Man sollte sich allerdings darüber im Klaren sein, dass in diesem

Bereich viel Greenwashing betrieben wird.

- **Vorsicht** vor »natürlichen« Färbemitteln für den Hausgebrauch. Es gibt keine genauen Bestimmungen darüber, was sich hinter diesem Begriff verbergen darf und was nicht. Wirklich natürlich sind nur reine Pflanzenfarben wie Henna. Irreführend sind auch Werbeversprechen wie »ohne Chemikalien«. Alles, auch Pflanzen, besteht aus chemischen Grundstoffen. Solche Behauptungen sagen also gar nichts aus.

- **Bei Kuren und Spülungen** empfehlen sich Produkte mit natürlichen Inhaltsstoffen wie Teebaumöl, Sheabutter oder Heilerde. In Online-Tutorials wird erklärt, wie man Haarpflegeprodukte aus Zutaten wie Kokosöl und Honig selbst herstellen kann.

- **Marken** mit transparenter Angabe der Inhaltsstoffe bevorzugen, vorzugsweise ohne Tierversuche und in umweltfreundlicher Verpackung

- **Gefärbte Haare** gut pflegen, um häufiges Nachfärben zu vermeiden. Produkte mit Sulfaten und Natriumchlorid lassen die Färbung schneller verblassen.

Wie schädlich sind Kontaktlinsen für unseren Planeten?

Kontaktlinsen scheinen schon wegen ihrer geringen Größe unproblematisch. Wenn sie aber falsch entsorgt werden, können sie als Mikroplastik in die Gewässer und den Boden gelangen.

Viele Menschen tragen Kontaktlinsen, und Tageslinsen werden immer beliebter. In den USA gibt es rund 45 Millionen Kontaktlinsenträger und einer Studie zufolge spülen 15–20 % davon ausgebrauchte Linsen im Waschbecken weg oder werfen sie in die Toilette. Dadurch gelangen jährlich 20–23 Tonnen Plastikmüll in die Gewässer. Linsen sinken auf den Meeresgrund und werden im Ganzen von Meerestieren verschluckt oder sie zersetzen sich mit der Zeit zu Mikroplastik (siehe Seite 96).

Es gibt andere Möglichkeiten, Kontaktlinsen umweltgerecht zu entsorgen. Allerdings sind einer Umfrage zufolge 39 % der Nutzer darüber nicht ausreichend informiert. So können sich Kontaktlinsenträger umweltbewusster verhalten:

- **Müll vermeiden.** Verwenden Sie statt Tageslinsen besser Wochen- oder Monatslinsen. Dadurch reduziert sich neben der Anzahl der Linsen auch die Menge an Verpackungsmüll.
- **Linsen recyceln.** Fragen Sie Ihren Optiker: Oft kann man gebrauchte Linsen dort abgeben oder kostenlos an den Hersteller zurücksenden. Sie werden gesammelt und in großem Stil recycelt.

Schauen Sie auf der Website Ihres Linsenherstellers nach, ob solche Recyclingmöglichkeiten angeboten werden.

- **Wenn keine Recyclingmöglichkeit** besteht, werfen Sie die Linsen und die Verpackung in die Restmülltonne. Ins Abwasser gehören Sie keinesfalls.

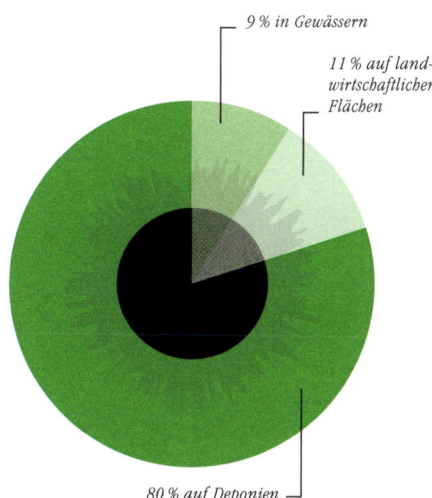

9 % in Gewässern

11 % auf landwirtschaftlichen Flächen

80 % auf Deponien

▲ 2018 wurde in den USA untersucht, was mit Kontaktlinsen geschieht, die nicht recycelt werden. Ein beachtlicher Teil gelangt mit dem Abwasser in Gewässer und Böden.

Was ist besser: eine elektrische Zahnbürste oder eine aus Bambus?

Bambus scheint für die Zahnpflege eine grüne Wahl. Aber auch elektrische Zahnbürsten können umweltfreundlich sein, wenn man weiß, worauf man achten muss.

Eins sei vorausgeschickt: Plastikzahnbürsten sind die schlechteste Option. Jedes Jahr wird 1 Milliarde davon weggeworfen. Hergestellt werden sie seit den 1930er-Jahren, und Forscher vermuten, dass die meisten noch immer da sind. Sie bestehen aus verschiedenen Materialien und sind darum schwierig zu recyceln.

Ein Lösungsansatz ist die Verwendung natürlicher Materialien. Bambuszahnbürsten sind umweltfreundlicher und überall zu bekommen. Bambus wächst schnell und braucht wenig Wasser. Für die Nylonborsten hingegen gibt es noch keine gute Alternative, einige Hersteller erproben Schweinsborsten. Zurzeit sind Bambuszahnbürsten nicht zu 100 % biologisch abbaubar. Nach dem Entfernen der Nylonborsten sind die Griffe kompostierbar, allerdings nur in kommerziellen Anlagen, nicht auf dem heimischen Kompost. Der Wassereinsatz ist gering. Achten Sie beim Kauf auf Bambus aus nachhaltiger Produktion und entsorgen Sie den Stiel in der braunen Tonne.

Bei elektrischen Zahnbürsten ist die Lage komplexer. Ältere Modelle mit Batterien sind nicht sonderlich umweltfreundlich (siehe Seite 140). Es gibt aber neuere Modelle aus Recyclingplastik und ohne Wechselbatterien. Die Aufsteckbürsten können regelmäßig ausgewechselt werden, das Motorteil kann jahrelang benutzt werden. Einige Hersteller nehmen gebrauchte Aufsteckbürsten zurück, um sie zu recyceln.

Die nachhaltigste Variante ist eine elektrische Zahnbürste aus Recyclingkunststoff ohne auswechselbare Batterien in einer plastikfreien Verpackung. Die Bürstenköpfe zum Wechseln sollten überall leicht erhältlich und das Gerät selbst sollte recyclebar sein.

▲ Würde man die jährlich in den USA weggeworfenen Zahnbürsten aneinanderlegen, könnten sie 4-mal die Erde umrunden.

Zero Waste im Badezimmer: Ist das möglich?

Wenn wir unser Konsumverhalten überdenken, vergessen wir oft das Badezimmer. Aber auch dort lässt sich das Motto »vermeiden, wiederverwenden, recyceln« umsetzen.

Kleinigkeiten wie Zahnseide und Wattestäbchen scheinen uns belanglos. Wir werfen sie weg und mit ihnen große Mengen Materialien aus begrenzten Ressourcen. Manche der gängigen Badezimmer-Requisiten sind definitiv umweltschädlich. Feuchttücher sollten Sie vermeiden. Sie werden benutzt, um Make-up zu entfernen oder Babys zu säubern, doch die Einwegtücher tragen erheblich zum Plastikmüllberg bei. Sie bestehen aus Materialien wie Polyester und Polypropylen, die nicht biologisch abbaubar sind, sondern zu Mikroplastik zerfallen (siehe Seite 96). Wirft man sie in die Toilette statt in den Mülleimer, bilden sie in Abwasserrohren riesige Klumpen.

Wattestäbchen sind so klein, dass man sie kaum für problematisch hält. Da sie aber weltweit massenhaft benutzt und oft durch die Toilette gespült werden, belasten sie die Meere in einem Maß, dass sie in manchen Ländern inzwischen verboten sind.

Zahnseide besteht oft aus Kunststoffen und ist mit synthetischem Wachs und einer teflonartigen Substanz beschichtet, die lange in der Umwelt verbleibt und für Menschen und Tiere schädlich ist.

Ändern Sie auch im Bad Ihr Konsumverhalten. Verwenden Sie möglichst viele wiederverwertbare Dinge. Wenn das nicht möglich ist, wählen Sie biologisch abbaubare Produkte und achten Sie darauf, sie korrekt zu entsorgen.

1,8 Milliarden
WATTESTÄBCHEN WERDEN **JÄHRLICH** IN GROSS-BRITANNIEN VERBRAUCHT.

- **Sehen Sie** Ihren Badezimmerschrank durch: Welche Einwegartikel könnten Sie durch wiederverwendbare Produkte ersetzen?
- **Feuchttücher** durch Waschlappen ersetzen. Falls Sie im Notfall (z. B. unterwegs) Feuchttücher benutzen, spülen Sie sie nicht in der Toilette weg.
- **Wattestäbchen** mit Pappstiel benutzen und nicht in der Toilette wegspülen
- **Plastikfreie kompostierbare** Zahnseide oder Zahnstocher aus Bambus verwenden. Eine Munddusche reinigt die Zahnzwischenräume mit einem Wasserstrahl.

DER GRÜNE KLEIDERSCHRANK

Was ist falsch an Fast Fashion?

Wir sollten uns bewusst machen, wie wir Kleidung kaufen, waschen und entsorgen. Fast Fashion ist bunt und billig, bei genauem Hinsehen aber mehr als bedenklich.

In Bezug auf die Umwelt ist Mode kritisch. Schon die Erzeugung der Rohstoffe für Textilien trägt zur Abholzung von Wäldern und zum Verlust der Artenvielfalt bei. Chemikalien, die für Produktion und Färbung verwendet werden, verschmutzen Gewässer und gefährden die Gesundheit der Arbeitskräfte in den Fabriken. Die Textilindustrie verursacht weltweit mit die größten Umweltbelastungen. In China sind 70 % der Seen und Flüsse durch die Einleitung von 11 Milliarden Litern chemisch kontaminierter Abwässer aus Textilfabriken belastet.

Die Textilindustrie verbraucht 2 % des Trinkwassers und ist damit die drittdurstigste Branche der Welt (nach der Öl- und der Luftfahrtindustrie).

▲ Fast Fashion ist für uns fast schon eine Selbstverständlichkeit geworden, aber ihre Auswirkungen auf die Umwelt sind katastrophal.

Sie dürfte mitverantwortlich sein für die Versteppung von Landschaften, weil Wasser aus Seen und Flüssen für die Bewässerung von Baumwollfeldern verwendet wird. Das wiederum beeinflusst Tierpopulationen und Wettersysteme. Durch solche Praktiken ist der Aralsee in Zentralasien auf 10% seiner ursprünglichen Größe geschrumpft.

Faktor Mensch

Auch Menschenrechte gehören zum Thema. Fast-Fashion-Label betreiben die Produktionsstätten selten selbst, haben also die Arbeitsbedingungen nicht im Blick. In den Textilfabriken sind überwiegend Frauen beschäftigt, aber auch Kinder. Überstunden werden selten bezahlt, oft kommt es zu körperlicher und psychischer Überlastung, und die Löhne reichen für einen menschenwürdigen Lebensstandard kaum aus.

Unser Anteil

Die Textilindustrie produziert schon enorme Mengen Müll, bevor ein T-Shirt überhaupt im Laden liegt: 60 Milliarden Quadratmeter Stoff landen jedes Jahr als Verschnitt auf den Fußböden der Fabriken. Unser Konsumverhalten sorgt dafür, dass sich daran nichts ändert. Wir kaufen immer mehr, auch wenn unsere Kleiderschränke überquellen. Allein in den USA wandern jährlich fast 10 Millionen Tonnen Textilien auf den Müll. Abhilfe kann nur eine Verhaltensänderung schaffen: weniger produzieren und weniger kaufen.

Manche Länder fordern für Modeunternehmen strenge Umweltvorschriften. Einige Label verzichten aus eigener Initiative auf Fell und Leder oder verarbeiten nur Biobaumwolle. Das löst aber nicht das Problem des übermäßigen Konsums. Was kann jeder Einzelne tun?

- **Weniger neu zu kaufen,** ist die wirksamste Maßnahme, weil sie an der Ursache des Problems ansetzt. Kaufen Sie Gebrauchtes, tauschen Sie, geben Sie Kleidung an Freunde oder in der Familie weiter.

FÜR EINE EINZIGE
JEANS WERDEN BIS ZU
10 000 LITER WASSER
VERBRAUCHT.

- **Hochwertige Qualität** hält länger und kann an ihrem Lebensende noch mehrfach recycelt werden (siehe Seite 106).
- **Kleine Hersteller** bevorzugen, die offenlegen, wie und wo ihre Kleidung produziert wird
- **Bei großen Lieblingslabels** nachhaken. Ohne Druck der Kunden wird sich bei ihnen nichts ändern.
- **Firmen meiden,** die umweltschädliche Praktiken anwenden oder ihre Arbeiter schlecht behandeln. Große Marken haben nur Erfolg, wenn wir sie kaufen. Unser Konsumverhalten ist ein Druckmittel, das wir einsetzen müssen.

Warum sind Synthetikfasern bedenklich?

Billige Kleidung besteht oft aus synthetischen Stoffen. Sie haben die Mode revolutioniert, aber die Umwelt zahlt einen hohen Preis dafür.

Seit im frühen 20. Jahrhundert Synthetikfasern entwickelt wurden, ist Kleidung billiger geworden. Moden wechseln immer schneller, und die Auswahl ist riesig.

Polyester, Nylon, Acryl, Elastan und Co. haben die Mode enorm verändert. Es gibt praktische Kleidung aus Lycra und kuscheligen Fleece. Weil alle Synthetikfasern aber aus petrochemischen Rohstoffen hergestellt werden, sind sie nicht nachhaltig. Außerdem entstehen bei der Produktion schädliche Treibhausgase, und es werden große Mengen an Wasser und schädlichen Chemikalien benötigt. Chemische Stoffe, die zur Her-

---

65% DER WELTWEIT HERGESTELLTEN KLEIDUNG BESTEHEN AUS SYNTHETIKFASERN.

---

stellung und Färbung eingesetzt werden, verschmutzen die Umwelt in der Umgebung der Fabriken, vor allem in Ländern, in denen es keine gesetzlichen Auflagen gibt. Gebrauchte Synthetikkleidung ist nicht biologisch abbaubar, belastet also auch nach der Entsorgung die Umwelt. Zudem ist sie an dem Mikroplastikproblem beteiligt, das inzwischen nahezu alle Winkel der Erde erreicht hat (siehe Seite 96).

Aus recyceltem Meeresplastik kann man Garn produzieren (und daraus Kleidung, Schuhe und Bademode). Aber auch dieses Material namens Econyl gibt Mikroplastik ab. Kleidung aus neuartigen Mischungen von Synthetikstoffen und anderen Materialien ist in Bezug auf das Recycling äußerst problematisch.

Zellulosefasern

Stoffe wie Viskose, Rayon oder Tencel werden mithilfe chemischer Prozesse aus Pflanzenfasern, etwa aus Holz oder Bambus, hergestellt. Sie gelten als umweltfreundlicher, aber auch ihre Produktion verschlingt viel Energie, Wasser und Holz, oft aus bedrohten Wäldern, und erzeugt schädliche Emissionen.

Schauen Sie immer auf das Etikett und beachten Sie die Pflegehinweise!

- **Möglichst keine** Kleidung aus Synthetikfasern kaufen
- **Synthetikkleidung** mindestens 30-mal tragen. Erst dann sind die schädlichen Emissionen durch den Nutzen aufgewogen.

Kleidung reparieren oder selbst schneidern!

Kleidung zu schneidern, ist gar nicht so schwer. Wer Schäden repariert oder sich an kreativem Upcycling versucht, kann umweltfreundlich handeln und dabei stylish aussehen.

Wer Kleidung selbst näht oder repariert, braucht nicht so viel neu zu kaufen und trägt so zur Lösung des Fast-Fashion-Problems (siehe Seite 90) bei.

Gerade Lieblingskleidungsstücke haben es verdient, dass man kleine Schäden repariert oder sie nach eigenem Geschmack abwandelt. Stopfen, Knöpfe annähen oder einen Saum kürzen kann man lernen! Außerdem geht es nicht immer um Perfektion, denn eine liebevolle Reparatur kann sich in jedem Fall sehen lassen.

- **In Nähcafés** treffen sich Interessierte. Hier kann man von Könnern lernen, sich bei kniffligen Vorhaben helfen lassen oder einfach Ideen und Erfahrungen austauschen.
- **In Online-Videos** werden Grundtechniken wie das Stopfen Schritt für Schritt gezeigt und erklärt.
- **Nähmagazine** (online oder im Zeitschriftenhandel) bieten Schnittmuster, Anleitungen und Tipps für die Schneiderei.
- **Ein komplett selbst genähtes Kleidungsstück** werden Sie mehr schätzen und darum länger tragen als ein Stück billige Massenware. Noch umweltfreundlicher wird die Schneiderei, wenn Sie Stoffreste

verarbeiten oder Schnittmuster mit wenig Verschnitt benutzen (schauen Sie im Internet!). Schnittmuster und Materialien am besten bei kleinen, unabhängigen Anbietern einkaufen

- **In Kursen** können Sie sich das Grundwissen aneignen oder Kenntnisse vertiefen. Vielleicht haben Sie auch Lust, mit Freundinnen eine Nähgruppe zu gründen, um sich auszutauschen und gegenseitig zu helfen.

WENN SIE IHRE KLEIDUNGSSTÜCKE NUR **9 MONATE LÄNGER** TRAGEN, VERRINGERT SICH BEREITS IHR CO_2-FUSSABDRUCK UM BIS ZU **30 %.**

Welche Naturfasern sind besonders umweltfreundlich?

Auf die Formel »natürlich ist gut, synthetisch ist schlecht« lässt sich die Antwort nicht reduzieren, denn leider verursachen auch Naturfasern Umweltprobleme.

Naturfasern werden aus Pflanzen oder tierischen Produkten gewonnen, beispielsweise Baumwolle, Leinen (aus Flachs), Hanf, Bambus, Seide (aus den Kokons der Seidenraupe) oder Wolle. Naturfasern geben kein Mikroplastik ab (siehe Seite 96), und nach dem Gebrauch sind sie biologisch abbaubar. Manche besitzen natürliche antibakterielle Eigenschaften. Weil die meisten Naturfasern die Körpertemperatur regulieren, schwitzt man bei Hitze weniger als in Synthetikkleidung. Kleidung aus Naturfasern muss also seltener gewaschen werden, das spart Wasser und Energie.

Aber auch Naturfasern schaffen Probleme für die Umwelt. Materialien ganz ohne belastende Wirkung gibt es nicht.

Die beste Lösung ist, bereits vorhandene Kleidung möglichst lange zu nutzen. Wenn Sie hauptsächlich Synthetikkleidung im Schrank haben, sollten Sie auf keinen Fall alles aussortieren und sich neu eindecken. Pflegen Sie die Sachen sorgfältig und wenn Sie später etwas neu anschaffen müssen, wählen Sie ein umweltfreundlicheres Material.

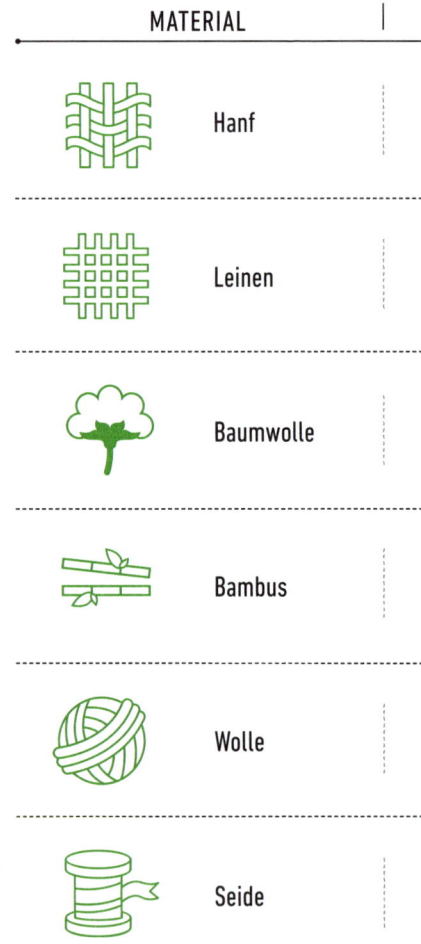

MATERIAL

Hanf

Leinen

Baumwolle

Bambus

Wolle

Seide

Naturfasern im Überblick

Eine Rangordnung der Naturfasern in Bezug auf ihre Umweltfreundlichkeit lässt sich nicht aufstellen. Jede beeinflusst die Umwelt in irgendeiner Weise. Kriterien sind die Anbau- oder Gewinnungsverfahren, der Einsatz von Chemikalien in der Produktion sowie die Haltbarkeit der fertigen Kleidungsstücke.

PRO	KONTRA
Besonders effiziente Faserpflanze: wächst fast überall, braucht wenig Wasser und Nährstoffe, im Vergleich zu Baumwolle 250 % mehr Stoffertrag und 50 % weniger Wasserbedarf pro Flächeneinheit, hemmt Bodenerosion, pestizidfreier Anbau möglich	*Knittert leicht und muss eine Weile eingetragen werden. Kräftige Farben waschen schnell aus.*
Atmungsaktiv, schweißhemmend (selteneres Waschen), trocknet schnell und hält lange. In Bezug auf die Effizienz an zweiter Stelle: Die ganze Pflanze wird verwendet und sie wächst auf Böden, die sich für die Lebensmittelproduktion nicht eignen.	*Die Herstellung von Garn aus den Rohfasern ist zeitaufwendig, das erhöht die Produktionskosten und den Preis. Knittert leicht, kann in der Wäsche einlaufen*
Herstellung langlebiger Stoffe mit relativ wenig Chemikalien. Für Biobaumwolle wird auf Pestizide verzichtet, was auch den Wasserverbrauch verringert. Gut biologisch abbaubar	*Wird oft in trockenen Regionen angebaut, braucht aber sehr viel Wasser. Starker Einsatz von Pestiziden, nur 1% der weltweiten Produktion ist Biobaumwolle. Achten Sie auf das GOTS-Siegel* (Global Organic Textile Standard).
Wächst schnell, ist kaum anfällig für Schädlinge und braucht weniger Wasser als Baumwolle. Die Produktionskosten sind niedrig, die Stoffe strapazierfähig.	*Nachhaltiger Anbau wird nur selten garantiert. Der Produktionsprozess ist aufwendig, und die dabei verwendeten Chemikalien gelangen größtenteils in die Umwelt.*
Antibakteriell, nimmt Feuchtigkeit auf und wirkt temperaturausgleichend bei Hitze und Kälte. Langlebiges Material, das nur selten gewaschen werden muss. Sollte kalt gewaschen werden (d. h. kein Energieverbrauch zum Erhitzen des Wassers)	*Die kommerzielle Schafhaltung kann die Umwelt stärker belasten als synthetische Materialien (siehe Seite 36–37). Billige Wolle kommt oft von Betrieben mit schlechten Haltungsbedingungen. Ethisch produzierte Wolle bevorzugen*
Wird aus den Kokons der Seidenraupe gewonnen. Bei der Produktion von »Peace Silk« werden die Raupen nicht getötet. Unter dem GOTS-Siegel kommt ungefärbte oder mit Naturfarben gefärbte Seide in den Handel.	*Manche Seidenstoffe werden mit Chemikalien und toxischen Farbstoffen behandelt. Auf kommerziellen Farmen werden die Seidenraupen bei der Gewinnung der Kokons getötet. Ebenso wie Wolle ist Seide nicht vegan.*

Was kann ich gegen Mikroplastik im Meer tun?

Mikroplastik ist inzwischen ein weltweites Problem, und ein Großteil stammt aus der Kleidung. Wir können aber etwas tun, um die Belastung künftig zu verringern.

Wenn Kleidungsstücke aus Synthetikfasern in der Waschmaschine aneinanderreiben, lösen sich winzige Faserpartikel und werden mit dem Wasser weggeschwemmt. Diese Mikroplastikfasern sind weniger als 5 Millimeter groß, darum werden sie von den Filtern in Waschmaschinen oder Kläranlagen nicht aufgefangen. Inzwischen sind sie überall: im Trinkwasser, in Eisbergen, Fischen und Lebensmitteln, an sämtlichen Küsten der Welt und in allen Meeren. Die synthetischen Fasern halten

lange, und das ist gut, wenn Sie eine Fleecejacke zehn Jahre lang tragen wollen, aber schlecht, wenn sie von Tieren verschluckt werden und so in die Nahrungskette gelangen.

Acryl gibt besonders viele Fasern ab: über 1,5-mal mehr als Polyester und 5-mal mehr als ein Baumwoll-Polyester-Mischgewebe. Untersuchungen zufolge sind Schon- und Pflegeleicht-Programme noch problematischer als ein normales Waschprogramm, vermutlich weil sich durch den höheren Wasserstand in

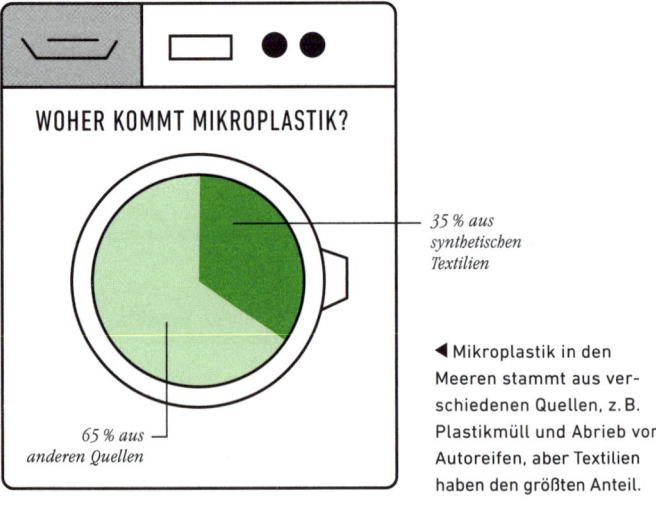

WOHER KOMMT MIKROPLASTIK?

35 % aus synthetischen Textilien

65 % aus anderen Quellen

◀ Mikroplastik in den Meeren stammt aus verschiedenen Quellen, z.B. Plastikmüll und Abrieb von Autoreifen, aber Textilien haben den größten Anteil.

der Maschine mehr Fasern aus dem Stoff lösen.

Was können Sie also tun, um zur Verringerung des Mikroplastik-Problems beizutragen?

• **Wäschebeutel** aus extrafeinem Netzmaterial verwenden, durch dessen Maschen die Partikel nicht ausgeschwemmt werden
• **Naturfaserstoffe** bevorzugen (siehe Seite 94)
• **Seltener waschen,** sofern möglich (siehe rechts)
• **Die Maschine** nur anstellen, wenn sie voll ist, um die Reibung der Kleidungsstücke zu verringern, denn dadurch lösen sich

---

AUS EINER EINZIGEN
WASCHMASCHINENLADUNG
KÖNNEN SICH BIS ZU

700 000

MIKROPLASTIKFASERN LÖSEN.

---

die Fasern aus den Stoffen. Es empfiehlt sich außerdem, nach Möglichkeit bei niedrigen Temperaturen zu waschen und auf einen elektrischen Wäschetrockner nach Möglichkeit zu verzichten (siehe Seite 99).

• **Bei der Anschaffung** einer neuen Waschmaschine sollten Sie ein Modell mit einem eingebauten Mikroplastikfilter wählen. Für manche Waschmaschinenmodelle werden solche Filter auch zum Nachrüsten angeboten.

Wie oft soll ich Kleidung waschen?

Wer seine Kleidung seltener wäscht, tut viel für die Umwelt. So einfach kann es sein!

Wer seltener wäscht, verbraucht weniger Wasser, Waschmittel (siehe Seite 98) und Energie und spült weniger Mikroplastik in die Meere. Es ist nicht nötig, jedes Kleidungsstück nach jedem Tragen zu waschen, von Unterwäsche einmal abgesehen. Achten Sie einfach ein bisschen besser auf Ihre Sachen, lassen Sie getragene Kleidung nicht herumliegen, sondern hängen Sie sie auf, am besten an die frische Luft.

• **Naturfasern** müssen seltener in die Waschmaschine als Synthetikstoffe (siehe Seite 94). Wolle und Seide werden grundsätzlich bei niedriger Temperatur (30 °C) im Schonprogramm gewaschen. Das schont die Stoffe und spart gleichzeitig Energie.
• **Kleine Flecken** lassen sich leicht von Hand entfernen, ohne gleich das ganze Kleidungsstück zu waschen.
• **Jeansfans empfehlen,** Denim möglichst selten zu waschen, und wenn, dann von Hand mit kaltem Wasser. Danach zum Trocknen aufhängen. So hält die Lieblingsjeans viel länger.

Wäsche umweltbewusst waschen: Wie geht das?

Vergessen Sie Tabs und Flüssigwaschmittel. Wiederverwendbare Produkte, die sich verantwortlich entsorgen lassen, schonen die Umwelt und obendrein Ihren Geldbeutel.

Der Einfluss, den das Waschen von Wäsche auf die Umwelt hat, wird oft unterschätzt. In einem durchschnittlichen Haushalt der USA werden jährlich 400 Maschinenfüllungen gewaschen. Ein Waschgang verbraucht bis zu 182 Liter Wasser (Toplader verbrauchen mehr als Frontlader), und 75–90 % der Energie entfällt auf das Aufheizen des Wassers.

Handelsübliche Waschmittel enthalten meist Schadstoffe, darunter Phosphate (die Ökosysteme schädigen), Bleichmittel, petrochemische Substanzen, Palmöl und Natriumlaurylsulfat. Flüssigwaschmittel und Pods oder Discs sind in Plastik verpackt, das sich oft schwer recyceln lässt.

Die Alternative sind umweltfreundliche Produkte mit pflanzlichen Inhaltsstoffen und ohne Plastik-Einwegverpackung.

Da wäre zunächst das Waschei aus Kunststoff, gefüllt mit Pellets aus natürlichen Mineralien. Die Mineralien reagieren, wenn sie mit heißem Wasser in Berührung kommen, lösen Schmutz aus Textilien und machen sie weich. Weil sie keine aggressiven chemischen Stoffe enthalten, eignen sie sich auch für Menschen mit empfindlicher Haut. Ein Waschei schafft etwa 70 Waschgänge.

Eine andere Option sind Waschnüsse, die man in einen Baumwollbeutel steckt und mit der Wäsche in

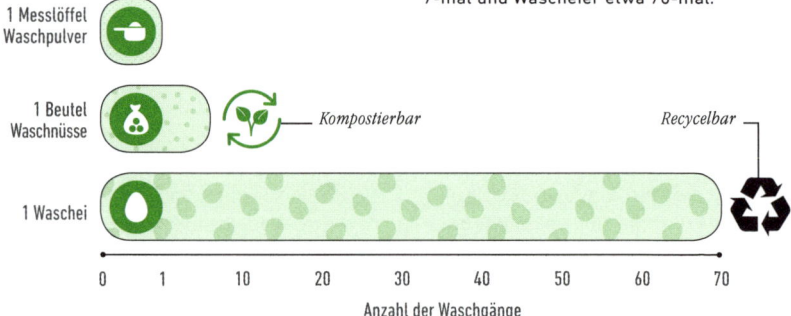

▼ Handelsübliche Waschmittel können nur einmal benutzt werden, Waschnüsse etwa 7-mal und Wascheier etwa 70-mal.

1 Messlöffel Waschpulver

1 Beutel Waschnüsse — Kompostierbar — Recycelbar

1 Waschei

0   1   10   20   30   40   50   60   70

Anzahl der Waschgänge

die Maschine legt. Bei Kontakt mit heißem Wasser geben sie Saponin ab, einen natürlichen seifenähnlichen Stoff, der Schmutz und Flecken löst. Die Nüsse können mehrmals verwendet werden. In Indien werden sie seit Jahrhunderten benutzt, allerdings ist ihre Wirksamkeit begrenzt, denn in Schonprogrammen und kaltem Wasser funktionieren sie nicht. Sie sind aber kostengünstig, kommen ohne Plastikverpackung aus und sind leicht über das Internet zu bekommen.

Wer nicht ganz auf konventionelle Waschmittel verzichten will, sollte statt flüssiger Produkte lieber Waschpulver wählen, vorzugsweise bio-

80% DER **UMWELT-BELASTUNG DURCH KLEIDUNG** ENTSTEHEN DURCH DAS WASCHEN.

logisch abbaubare Erzeugnisse aus nachwachsenden Rohstoffen. Kaufen Sie Waschmittel in Pappkartons, am besten in größeren Mengen, oder sehen Sie sich nach Möglichkeiten zum Nachfüllen um (siehe Seite 115). Weichspüler lässt sich durch umweltfreundlichen Essig ersetzen.

Den Energieverbrauch senken Sie, indem Sie öfter bei niedrigen Temperaturen oder von Hand waschen. Ob Dessous oder Jeans: Viele Textilien vertragen das gut. Und manche Kleidungsstücke können Sie einfach seltener waschen (siehe Seite 97).

Wäsche trocknen

Es wird Zeit, dass wir uns wieder auf traditionelle Trockenmethoden besinnen. Das schont die Umwelt und spart eine Menge Geld.

Natürlich sind Handtücher aus dem Wäschetrockner herrlich weich, aber der Preis für die Umwelt ist hoch. In 42,6% der deutschen Haushalte steht ein solches Gerät, das je nach Effizienzgrad pro Nutzung mit etwa 1,8 Kilogramm CO_2-Emissionen zu Buche schlagen kann. Wäschetrockner gehören zu den schlimmsten Energiefressern.

Durch die Bewegung in der Trommel entsteht Reibung. Synthetische Stoffe geben Mikroplastik ab, das am Ende in die Meere gelangt (siehe Seite 96). Etwa 35% des Mikroplastiks in den Ozeanen stammen von Synthetiktextilien, die maschinell gewaschen und getrocknet wurden.

Viele Themen in diesem Buch sind hochkomplex, aber das Wäschetrocknen gehört nicht dazu. Wäsche lässt sich gut auf der Leine oder einem Ständer trocknen. Das Trocknen von kleineren Wäschestücken auf dem Balkon ist grundsätzlich erlaubt. Wo es Einschränkungen wegen optischer Beeinträchtigungen gibt, sollten Sie den Vermieter ansprechen. Damit tun Sie nicht nur etwas für die Umwelt, sondern auch für Ihr Konto: Ein Wäschetrockner verursacht hohe Stromkosten.

»Der Verbrauch an Kleidung wird in den nächsten 10 Jahren vermutlich um 63% zunehmen.«

Umweltbewusstsein und chemische Reinigung: Wie verträgt sich das?

Kleidung, die nur chemisch gereinigt werden darf, ist mit Aufwand und Folgekosten verbunden. Viele Reinigungsmittel sind bedenklich für Gewässer und gesundheitsgefährdend.

Kurz gesagt: Es verträgt sich nicht. Die chemische Reinigung ist nicht umweltfreundlich. Selbst wenn der Betrieb für die frisch gereinigte Kleidung Hüllen aus biologisch abbaubarem Kunststoff verwendet, ist das Reinigungsverfahren selbst in der Regel bedenklich.

Der Begriff »Trockenreinigung« macht deutlich, dass für dieses Reinigungsverfahren kein Wasser verwendet wird. Jahrzehntelang wurde mit Perchloräthylen (PER) gearbeitet, einer chemischen Verbindung, die umweltschädlich ist und als krebserregend gilt. Bei unsachgemäßer Handhabung kann sie beim Reinigungsprozess entweichen und belastet dann die Gewässer. PER ist heute weniger verbreitet, wird aber noch in vielen Ländern eingesetzt. Und auch die Alternativen sind in der Regel toxische Lösungsmittel.

Inzwischen gibt es aber auch Betriebe, die Verfahren anwenden, die auf wässrigen statt auf organischen Lösungsmitteln basieren. Andere verwenden flüssiges Kohlendioxid als Reinigungsmittel. Es ist weniger schädlich, als man vermuten möchte – derselbe Stoff, der uns als Kohlensäure in Erfrischungsgetränken begegnet. Er fällt in großen Mengen als Nebenprodukt in industriellen Verfahren an und lässt sich zur Reinigung von Textilien weiterverwenden.

Die Chemikalien sind nicht das einzige Problem in der chemischen Reinigung, hinzu kommt der enorme Bedarf an Einwegkleiderbügeln. Jährlich werden 8–10 Milliarden Kleiderbügel aus Metall oder Plastik produziert und größtenteils weggeworfen. Beide Materialien sind nicht leicht zu recyceln.

▲ In einer Studie in Indien wurden an 75 % der chemisch gereinigten Kleidung Reste von PER nachgewiesen.

Ist veganes Leder umweltfreundlicher als echtes?

Vegan ist nicht gleichbedeutend mit umweltfreundlich. Beim Kauf spielen eher persönliche Vorlieben und Werte eine Rolle.

Echtes Leder hat nicht nur wegen des Tierwohls Kritiker, sondern auch wegen der Chemikalien, die zum Gerben und Färben benutzt werden. Vor allem Chrom und Aldehyde tragen zur Verschmutzung der Gewässer bei. Allerdings gibt es zu echtem Leder keine wirklich nachhaltigen Alternativen.

»Veganes Leder« klingt vielversprechend, ist aber nicht neu. Kunstleder wurde schon vor Jahrzehnten erfunden – nicht etwa aus ethischen Gründen, sondern als kostengünstige Alternative zu echtem Leder. Es enthält zwar keine tierischen Stoffe, ist aber auch nicht sonderlich umweltfreundlich. Meist besteht es aus Polyurethan (PU) oder Polyvinylchlorid (PVC), also Kunststoffen, die in einem chemischen Verfahren zu einem lederähnlichen Material verarbeitet werden. Biologisch abbaubar sind diese Lederimitate nicht.

Weil die Oberfläche schnell brüchig wird, ist die Lebensdauer der Produkte kurz. Echtes Leder ist langlebiger, leichter zu reparieren, bio-

SCHUHE AUS **ECHTEM LEDER** HALTEN BEI GUTER PFLEGE **EIN LEBEN LANG.**

SCHUHE AUS **KUNSTLEDER** HALTEN IM DURCHSCHNITT

1–2 Jahre.

▲ Der Umweltbelastung durch die Herstellung von Schuhen muss gegenübergestellt werden, wie lange sie getragen werden.

logisch abbaubar, und die Tierhäute sind in der Regel ein Nebenprodukt der Fleisch- oder Milcherzeugung. Einige Kunstlederhersteller bemühen sich um umweltfreundliche Methoden (in Europa sollte man nachfragen, ob sie der REACH-Verordnung entsprechen), aber nur wenige Modefirmen geben über ihre Lieferketten Auskunft. Es gibt jedoch Ausnahmen. Manche Firmen verwenden Kunstleder, das aus recyceltem Polyester besteht und keine Lösemittel enthält, allerdings teurer ist.

25% DER WELTWEIT ERZEUGTEN SYNTHETISCHEN CHEMIKALIEN WERDEN FÜR DIE TEXTIL-PRODUKTION EINGESETZT.

Noch relativ neu ist veganes Leder aus Pilzen, Äpfeln, Rhabarber und anderen pflanzlichen Rohstoffen, das umweltfreundlicher ist als konventionelles Kunstleder. Piñatex aus Ananasfasern ist wegen seines metallischen Glanzes beliebt. Und wenn es um echtes Leder geht: Halten Sie Ausschau nach Unternehmen, die aus Umweltgründen Lederreste verarbeiten, pflanzliche Färbemittel und erneuerbare Energien einsetzen.

Letztlich muss jeder selbst entscheiden, welche Aspekte Priorität haben sollen. Die umweltfreundlichste Lösung ist, auf Leder und Kunstleder zu verzichten oder gebrauchte Produkte zu kaufen.

Sind Pailletten eine Umweltsünde?

Ein bisschen Glitzer sieht toll aus, bekommt den Meeren aber schlecht.

Pailletten bestehen meist aus PVC, und bei ihrer Herstellung fällt viel Plastikmüll an. PVC enthält Phthalate, sogenannte Weichmacher. Wenn sie in die Nahrungskette gelangen, können sie bei Menschen und Tieren den Hormonhaushalt stören.

Wenn sich Pailletten von der Kleidung lösen (z. B. in der Wäsche), verschmutzen sie Böden und Gewässer. Viele gelangen in die Meere und werden von Fischen aufgenommen. Wegen ihrer Zusammensetzung und ihrer geringen Größe können sie nicht recycelt werden. Und obwohl Kleidung mit Pailletten vielleicht nicht sehr häufig getragen wird, kann das Mikroplastik noch jahrhundertelang in der Umwelt verbleiben. Das gilt auch für Glitzer auf Textilien.

Sollten Sie ein oder zwei Teile mit Pailletten im Schrank haben, mustern Sie sie aber jetzt nicht gleich aus, sondern tragen Sie sie auf. Es gibt zwar schon biologisch abbaubare Pailletten und Glitzer, aber auch sie enthalten kleine Mengen Kunststoff und sollten darum besser gemieden werden. Vertrauen Sie einfach darauf, dass Sie auch ohne Glitzerplastik toll aussehen können!

Gibt es umweltfreundliche Brillen und Sonnenbrillen?

Bei Umweltfragen denkt man nicht sofort an Brillen, aber wer wirklich nachhaltig einkaufen will, sollte sich bewusst machen, dass jede Kaufentscheidung einen Einfluss hat.

Drei Viertel der Menschen in den Industrieländern tragen eine Brille, und fast jeder besitzt eine Sonnenbrille. Aber was wissen Sie über den Einfluss von Brillen auf die Umwelt?

Eine Brille besteht oft aus verschiedenen Materialien (Metalle wie Aluminium und Titan, oft auch Plastik); darum ist sie schwer zu recyceln. Für preiswerte Sonnenbrillen dagegen kommt meist ausschließlich Plastik

✓ **Nachhaltiger Bambus**

✓ **Recycelter Kunststoff**

✓ **Metall**

✗ **Acetat**

✗ **Unrecyceltes Plastik**

▲ Empfehlenswert sind Natur- oder Recyclingmaterialien mit transparenten Lieferketten.

zum Einsatz, und sie werden oft als kurzlebige Modeartikel betrachtet. Es geht aber auch nachhaltiger:

- **Acetat meiden.** Das Material aus Zellstoff wird als »umweltfreundlich« gepriesen, aber oft in schlecht überwachten Betrieben unter Einsatz giftiger Chemikalien hergestellt. Brillengestelle aus Acetat sind im Gegensatz zu Plastik und Holz nicht oder nur schwer recycelbar. Eine relativ neue Erfindung ist Bio-Acetat, doch nicht einmal die Hersteller wissen ganz genau, wie lange es dauert, bis das Material biologisch abgebaut ist.
- **Bevorzugen Sie** Natur- oder Recyclingmaterialien wie nachhaltig produzierten Bambus oder Recyclingkunststoff. Neu und interessant sind auch Brillengestelle, die mit 3-D-Druckern aus Altplastik hergestellt werden.
- **Viele Optiker** nehmen alte Brillen zurück, um sie bedürftigen Menschen oder Hilfsprojekten in Entwicklungsländern zur Verfügung zu stellen.
- **Recyceln** lassen sich alte Vollkunststoffbrillen. Brillengläser sind oft aus Kunststoff und gehören nicht ins Altglas.

Schmuck und Nachhaltigkeit: Wie lässt sich das in Einklang bringen?

Wer Schmuck kauft, sollte nachhaltige Materialien wählen und sich informieren, wie und wo Edelsteine gefördert werden. Die Umwelt wird es danken.

Billiger Modeschmuck aus Plastik oder Legierungen ist meist schlecht verarbeitet, verfärbt sich schnell und ist nicht recycelbar.

Silber und Gold halten ewig. Erkundigen Sie sich aber, woher das Metall kommt. Beim Abbau von Edelmetallen kommen häufig toxische Stoffe zum Einsatz, die Böden, Luft und Lebewesen schädigen. Die Arbeitsbedingungen in den Minen sind oft menschenunwürdig. Von der weltweit jährlich geförderten Goldmenge werden etwa 60% zu Schmuck verarbeitet. Ein Fünftel davon stammt aus kleinen Minen, wo die Arbeiter (häufig Kinder) nur einfachste Werkzeuge zur Verfügung haben und giftigen Substanzen wie Quecksilber ausgesetzt sind. Auch viele Edelsteine werden unter fragwürdigen Bedingungen gewonnen, Lieferketten sind nebulös.

Treffen Sie Ihre Wahl also mit Bedacht.

- **Modeschmuck** nicht im Kaufhaus erwerben, sondern lieber bei örtlichen Kunsthandwerkern. Probieren Sie Holz, Bambus oder Upcyclingschmuck, z.B. Ohrringe aus Fahrradschläuchen, geknüpfte Ketten aus T-Shirt-Garn, Armbänder aus ehemaligen Hüpfburgen.

- **Für Gold und Silber** gibt es Zertifizierungen, die menschenwürdige Arbeitsbedingungen garantieren *(Fairtrade, Fairmine)*, aber nur 1% der weltweiten Fördermenge ist zertifiziert. Alternativ können

---

DURCH DEN EINSATZ VON **RECYCLINGMATERIALIEN** KÖNNTE DIE **SCHMUCKINDUSTRIE** **95%** DER VON IHR VERURSACHTEN UMWELTPROBLEME VERMEIDEN.

Sie Schmuck aus recycelten Edelmetallen kaufen, sodass kein neues Material verbraucht wird.

- **Künstlich hergestellte** Diamanten und andere Edelsteine sind mit natürlichen chemisch identisch, belasten die Umwelt aber nicht und kosten deutlich weniger. Alternativ kaufen Sie bei Schmuckdesignern, die den Ursprung ihrer Steine offenlegen.

- **Schmuck gut pflegen** und sorgfältig aufbewahren, dann hält er länger

- **Alten Echtschmuck** können Sie weiterverkaufen, alten Modeschmuck eventuell noch verschenken oder spenden.

Warum ist es wichtig, Kleidung zu recyceln?

Produktion, Transport und Vertrieb von Kleidung verschlingen Ressourcen. Für die Konsumenten bedeutet Nachhaltigkeit, Textilien möglichst lange zu nutzen und wenig wegzuwerfen.

In den letzten Jahrzehnten hat sich die Menge der verkauften Kleidungsstücke mehr als verdoppelt. Weltweit werden jährlich über 80 Milliarden Kleidungsstücke hergestellt. Dafür werden neben Arbeitskräften enorme Mengen Energie, Rohstoffe, Chemikalien und Wasser benötigt. So sind für ein einziges Baumwoll-T-Shirt etwa 3000 Liter Wasser erforderlich (siehe Seite 90).

Da wir so viel Kleidung definitiv nicht *brauchen,* wird vieles bald wieder weggeworfen. In Großbritannien wirft jede Person jährlich 36 kg Kleidung weg. Davon wird viel zu wenig recycelt. 41 % der Briten geben an, nicht genau zu wissen, wie Textilien recycelt werden können. Wird Kleidung nicht wiederverwendet, landet sie in der Müllverbrennung. Dabei gelangen manche der Chemikalien,

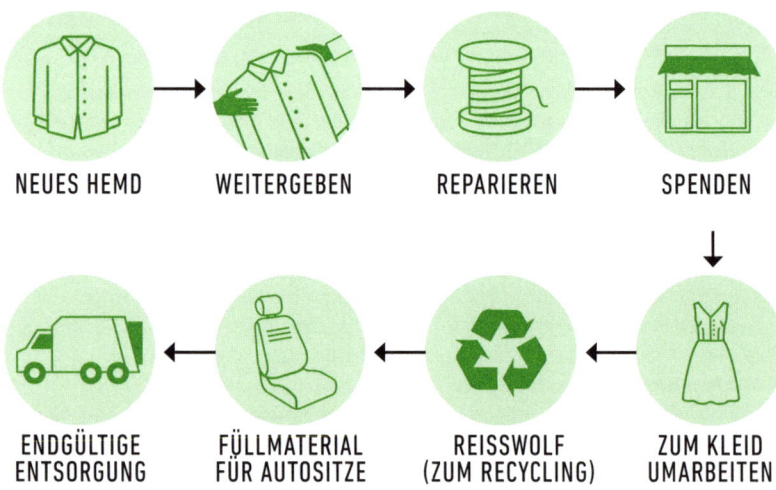

| NEUES HEMD | WEITERGEBEN | REPARIEREN | SPENDEN |

| ENDGÜLTIGE ENTSORGUNG | FÜLLMATERIAL FÜR AUTOSITZE | REISSWOLF (ZUM RECYCLING) | ZUM KLEID UMARBEITEN |

▲ Das Leben eines Kleidungsstücks muss nicht enden, nur weil Sie es nicht mehr tragen. Es kann noch anderen Menschen gute Dienste leisten, umfunktioniert und für andere Zwecke genutzt werden.

die während der Herstellung verwendet wurden, als Abgase in die Luft.
Wir sollten wieder lernen, unsere Kleidung zu schätzen, gut zu pflegen und bestmöglich zu nutzen. Das gilt für die Zeit, in der wir sie selbst tragen, aber auch danach. Ausgediente, aber noch gut erhaltene Kleidung kann man weiterverkaufen, verschenken oder spenden. Wer ein bisschen Nähtalent hat, kann manche Stücke ändern oder etwas Neues daraus schneidern.

VON DEN WELTWEIT WEG-
GEWORFENEN **KLEIDUNGS-
STÜCKEN** WERDEN LEDIGLICH
20% RECYCELT ODER
WIEDERVERWENDET.

Wenn Kleidung lange genutzt wird, relativiert sich der für ihre Herstellung nötige Energie- und Rohstoffverbrauch. Gibt man sie weiter, trägt jemand anders das gebrauchte Stück, statt ein neues zu kaufen.

Selbst Kleidung, die absolut nicht mehr tragbar ist, kann noch eine sinnvolle Verwendung finden. Spezielle Betriebe stellen daraus beispielsweise Malervlies oder Polsterfüllungen her.

Kleidung hat mehrere Lebensphasen. Sie muss nicht aus der Fabrik in Ihren Schrank und von dort auf den Müll wandern. Man kann sie reparieren, upcyceln, ändern, verschenken, vererben oder für einen ganz anderen Zweck nutzen.

Kann man Schuhe recyceln?

Hier muss man zwischen noch brauchbaren und unbrauchbaren Schuhen unterscheiden.

Gut erhaltene, noch tragbare Schuhe können Sie selbst verkaufen, in einen Second-Hand-Shop bringen oder spenden. Es gibt sogar gemeinnützige Organisationen, die spezielle Schuhtypen sammeln, beispielsweise Wanderstiefel für Sherpas in Nepal.

Angeblich werden allein in den USA jährlich 300 Millionen Paar Schuhe weggeworfen. Angesichts dieser hohen Zahl fehlt es an Recyclingmöglichkeiten für Schuhe, die nicht mehr tragbar sind.

Dennoch gibt es einige Möglichkeiten, wie Sie nachhaltiger handeln können.

- **Kaufen Sie bei Firmen,** die ihre eigenen Produkte zurücknehmen und recyceln.
- **Kaufen Sie Qualität.** Hochwertige Schuhe halten lange und können repariert werden. Fast-Fashion-Schuhe halten meist nur eine Saison.
- **Bringen Sie** kaputte Schuhe zum Schuster und lassen Sie sie reparieren.
- **Wählen Sie Schuhe,** die kein Plastik enthalten, nachhaltig produziert wurden oder biologisch abbaubar sind. So helfen Sie, dass die Schuhe am Ende ihres Lebens die Umwelt nicht belasten.

NACHHALTIG
EINKAUFEN

Wie verhalte ich mich umwelt-bewusst beim Lebensmitteleinkauf?

Regelmäßig am Wochenende oder nach Feierabend müssen Lebensmittel eingekauft werden. Es macht aber einen Unterschied, wo und wie man einkauft.

Der Supermarkt ist für viele von uns eine feste Adresse im Alltag, aber in Bezug auf die Umwelt sind Bedenken angebracht. Um vielen Kunden rund ums Jahr ein breites Sortiment anbieten zu können, sind die großen Anbieter auf globale Lieferketten angewiesen (siehe Seite 118–119). Hochverarbeitete Lebensmittel haben einen großen Anteil am Sortiment, ohne Plastikverpackungen und Konservierungsstoffe geht es nicht. All das ist schlecht für die Umwelt.

Und dann sind da noch die Gebäude. Mit ihren großen Kühl- und Tiefkühlgeräten, Beleuchtung, Heizung und Klimaanlagen verbrauchen sie sehr viel Energie.

Gerade in Supermärkten werden enorme Mengen Lebensmittel verschwendet, Obst und Gemüse wird oft aussortiert, weil es bestimmten optischen Kriterien nicht entspricht – so kommen 19% der Salatköpfe nie beim Kunden an. Allein in Großbritannien werden jährlich Lebensmittel

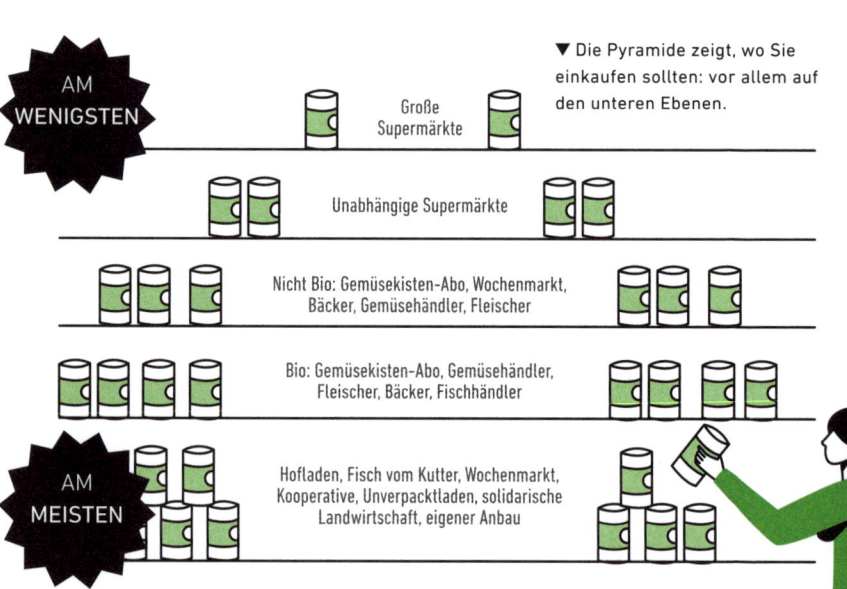

▼ Die Pyramide zeigt, wo Sie einkaufen sollten: vor allem auf den unteren Ebenen.

AM WENIGSTEN

Große Supermärkte

Unabhängige Supermärkte

Nicht Bio: Gemüsekisten-Abo, Wochenmarkt, Bäcker, Gemüsehändler, Fleischer

Bio: Gemüsekisten-Abo, Gemüsehändler, Fleischer, Bäcker, Fischhändler

AM MEISTEN

Hofladen, Fisch vom Kutter, Wochenmarkt, Kooperative, Unverpacktladen, solidarische Landwirtschaft, eigener Anbau

im Wert von 1 Milliarde Pfund angebaut, die niemals in die Regale der Supermärkte gelangen. Ursache dafür sind die engen Qualitätskriterien der Supermärkte.

Positiver Wandel

Inzwischen setzen sich Mitglieder der Branche für mehr Nachhaltigkeit ein. Immer mehr Supermärkte verkaufen jetzt auch Obst und Gemüse, das nicht ganz perfekt aussieht und darum früher abgelehnt wurde. Viele

---

2018 FIELEN IN **BRITISCHEN SUPERMÄRKTEN** MEHR ALS

800 000 TONNEN PLASTIK-MÜLL AN.

---

spenden übrig gebliebene Lebensmittel an die Tafeln und andere gemeinnützige Organisationen, statt sie wegzuwerfen. In Deutschland soll im Rahmen der Nationalen Strategie zur Reduzierung der Lebensmittelverschwendung bis 2030 die Menge der weggeworfenen Lebensmittel auf die Hälfte reduziert werden. In Frankreich wurde ein Gesetz erlassen, das es Supermärkten verbietet, essbare Lebensmittel zu entsorgen.

In vielen Ländern bemühen sich Supermärkte um eine grünere Infrastruktur, beispielsweise mit Strom aus Sonnenenergie, LED-Beleuchtung und Ladesäulen für Elektroautos (der Strom dafür wird aus Sonnenenergie

vom Supermarktdach gewonnen). Mit grüner Technologie könnten solche Supermärkte ihren Energiebedarf selbst decken.

Wer beim Lebensmitteleinkauf Wert auf mehr Nachhaltigkeit legt, kann eine Menge tun.

- **Möglichst oft** auf dem Wochenmarkt, im Hofladen oder Unverpacktladen einkaufen. Dadurch vermeiden Sie Verpackungsmüll und stärken die regionale Wirtschaft.

- **Wer auf das Auto** angewiesen ist, macht am besten einmal pro Woche einen Großeinkauf. Wer emissionsfrei zu Fuß oder mit dem Fahrrad unterwegs ist, kann beliebig oft einkaufen. Es kommt darauf an, wie Sie in Ihrem Haushalt am besten wirtschaften und Lebensmittelverschwendung vermeiden können (siehe Seite 26–27).

- **Statt selbst zu fahren,** könnten Sie sich Ihre Lebensmittel ins Haus liefern lassen. Wenn Ihr Händler Elektrofahrzeuge benutzt, umso besser.

- **Haltbare Lebensmittel** in großen Packungen kaufen. So tragen Sie weniger Plastikmüll mit nach Hause.

- **Auf Kassenbons verzichten.** Sie bestehen aus einem speziellen, beschichteten Papier, weil sie mit Thermodruckern gedruckt werden, und sind darum schlecht zu recyceln. Immer mehr Geschäfte bieten inzwischen den digitalen Kassenbeleg an.

Welche Tragetasche ist grüner – Papier, Plastik oder Baumwolle?

Immer mehr Menschen greifen wieder zur guten alten Einkaufs-tasche, aber für die Umweltbilanz kommt es darauf an, wie oft eine Tasche letztlich benutzt wird.

Es gibt viele gute Gründe, auf Plas-tiktüten für den Einmalgebrauch zu verzichten. Für die Produktion wird Erdöl benötigt, ein fossiler Brennstoff, der nicht ewig reichen wird. Weltweit werden jährlich rund 5 Trillionen Plastiktüten produziert, aber nur etwa 1% davon wird recycelt. Die Tüten zerfallen zu Mikroplastik, das in die Gewässer und in die Nahrungskette gelangt. Jährlich sterben mehr als 100 000 Meerestiere, weil sie Plastik fressen. Jede dritte Meeresschildkröte hat eine Plastiktüte im Magen.

Keine Frage: Einwegplastik sollte man unbedingt vermeiden. Betrachtet man die Alternativen genauer, wird es schwieriger, denn die Umwelt-freundlichkeit einer Einkaufstüte hängt von ihrem gesamten Lebens-zyklus ab. Welche Rohstoffe und wie viel Energie werden für die

▲ Je öfter eine Tragetasche benutzt wird, desto umweltfreundlicher ist sie.

Herstellung benötigt? Wie lange hält sie? Kann sie recycelt werden? Was passiert nach dem Wegwerfen? Papiertüten erfordern für die Herstellung 4-mal so viel Energie wie Plastiktüten. Weil sie schwerer als Plastik sind, fallen beim Transport mehr Emissionen an. Zur Herstellung von Papier müssen Bäume gefällt werden. Trotzdem ist eine Papiertüte umweltfreundlicher als Plastik, sofern das Holz aus nachhaltiger Forstwirtschaft stammt und die Tüte mindestens viermal benutzt wird. Eine Tasche aus Baumwolle dagegen muss mehr als 130-mal benutzt werden. Nur dann ist sie in Bezug auf die Rohstoffe und den Energieverbrauch umweltfreundlicher als Plastik. Andererseits erzeugen Taschen aus Naturfasern keinen schädlichen Müll. Eine gute Alternative ist ein Einkaufsnetz. Es verbraucht weniger Ressourcen als ein Baumwollbeutel, passt in jede Handtasche und ist unglaublich durabel.

Die neuerdings beliebten stabilen Mehrweg-Plastiktaschen sind unter Umständen sogar schlimmer als Einwegplastik (siehe rechts).

Nachhaltiger einkaufen bedeutet, Gewohnheiten zu ändern und Taschen, ganz gleich aus welchem Material, möglichst oft zu benutzen.

- **Verwenden Sie Taschen,** die Sie schon haben, und zwar so lange wie möglich.
- **Gewöhnen Sie sich an,** immer eine Tasche bei sich zu haben. Sonst kommen schnell Berge von Plastiktüten zusammen.

Sind Mehrwegtaschen umweltfreundlich?

Robuste, wiederverwendbare Tragetaschen aus Plastik gelten als umweltfreundlich. Stimmt das wirklich?

Viele Länder unternehmen Anstrengungen, den Verbrauch von Einwegplastiktüten einzuschränken. In Großbritannien hat eine Steuer bewirkt, dass sich die Verschmutzung der Strände durch solche Tüten um etwa 40% verringert hat. Manche Supermärkte bieten anstelle von Einwegtüten Mehrwegbeutel an, die man tauschen kann, wenn sie verschlissen sind. Für diese robusteren Taschen werden aber mehr Plastik und mehr Energie verbraucht. Wenn man sie nicht mindestens zwölfmal benutzt, schaden sie der Umwelt mehr als

---

40% DER AMERIKANER VERGESSEN REGELMÄSSIG, EINE EINKAUFSTASCHE MITZUNEHMEN.

Tüten für den Einmalgebrauch. In den USA werden die Mehrwegbeutel durchschnittlich nur dreimal benutzt. Bis jetzt haben sich die Hoffnungen, die Forscher und Politiker auf sie gesetzt haben, also nicht erfüllt.

Sind Glas- und Metallverpackungen besser als Plastik?

Bei der Wahl von Verpackungen sollten Sie nicht nur über das Material an sich nachdenken, sondern auch darüber, ob Sie die leere Verpackung weiterverwenden können.

Nahezu alles, was man weiterverwenden kann, ist für die Umwelt besser als Einwegplastik. Plastik wird aus nicht nachhaltigen Rohstoffen produziert, es verunreinigt die Umwelt extrem, und mit jedem Recyclingvorgang lässt seine Qualität nach.

Schwarzes Plastik sollte man meiden, weil es von den Sortiermaschinen der Recyclinganlagen nicht erkannt wird (siehe Seite 24).

Plastik aus pflanzlichen Rohstoffen, sogenanntes Bioplastik, scheint vordergründig umweltfreundlicher. Es kann aber nur in industriellen Kompostierungsanlagen abgebaut werden. Ansonsten zerfällt es wie

FÜR DOSEN AUS **RECYCELTEM ALUMINIUM** WERDEN ETWA

95% **WENIGER ENERGIE** BENÖTIGT ALS

FÜR NEUE DOSEN.

konventionelle Kunststoffe zu Mikroplastik.

Metall und Glas lassen sich gut recyceln. Gläser können Sie zudem nachfüllen lassen oder als Vorratsbehälter für andere Zwecke verwenden. Es ist aber nicht immer ratsam oder möglich, Glas oder Metall statt Plastikverpackungen zu wählen.

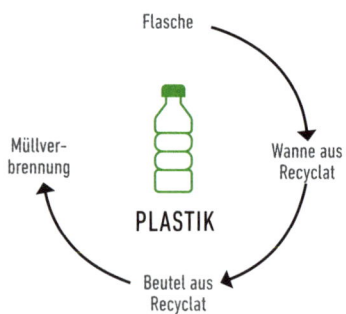

▲ Plastik erleidet mit jedem Recycling Qualitätsverluste. Seine Lebensdauer ist kurz.

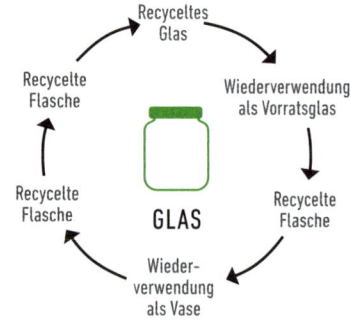

▲ Glas verliert beim Recycling nicht an Qualität und kann nahezu endlos benutzt werden.

Ebenso wie Aluminium und Weiß-blech wandern Kunststoffe und Ver-bundmaterialien in Deutschland in die Wertstofftonne und werden nach Möglichkeit recycelt.

Es gilt immer zu berücksichtigen, wie Verpackungen hergestellt wer-den, ob sie aus recyceltem Material bestehen, wie sie sich transportieren und entsorgen lassen. Ob Metall, Glas oder Plastik: Alle haben ihre Vor- und Nachteile. Eine absolut umwelt-freundliche Verpackung gibt es nicht.

Erfrischungsgetränke kaufen Sie am besten in Dosen aus recyceltem Aluminium. Glasflaschen sind schwe-rer, ihr Transport erfordert also mehr Energie. Die schlechteste Wahl sind Plastikflaschen. Glas und Metall soll-ten Sie ins Recycling geben. Bei der Neuproduktion entstehen oft mehr Emissionen als bei der Plastikherstel-lung, darum sind Glas und Metall nur umweltfreundlich, wenn keine neuen Rohstoffe zum Einsatz kommen.

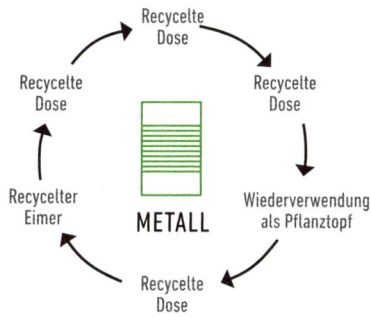

▲ Metalle wie Aluminium und Stahl können fast unbegrenzt recycelt werden.

Ohne Verpackungsmüll einkaufen?

Unverpacktläden finden als Alternative zu konventio-nellen Supermärkten immer mehr Anklang.

In Unverpacktläden kann man viele Produkte lose kaufen, Behälter muss man selbst mitbringen. Viele Läden verkaufen auch Mehrweg-Behälter oder bieten ein Pfandsystem an. Für trockene Waren liegen oft Papiertüten bereit. Bezahlt wird nach Gewicht. Weil Händler und Kunde die Verpackungen einsparen, sind die Preise manchmal günstiger als im Supermarkt, wo die Verpackung rund 7 % des Produktpreises ausmacht. Hinzu kommt, dass die Transport-wege der Unverpacktläden oft kürzer sind.

Viele Unverpacktläden bieten auch Obst und Gemüse, Eier und Brot von kleinen regionalen Erzeugern an, außerdem plastikfreie Haushalts-artikel wie Bienenwachstücher oder Zahnbürsten aus Bambus.

Das gute Gefühl, gebrauchte Plastikflaschen neu zu füllen, statt sie wegzuwerfen, ist viel wert, ebenso die Möglichkeit, genau die Menge abzuwiegen, die man gerade braucht. Wenn Sie ortsansässige Geschäfte unterstützen, sorgen Sie außerdem dafür, dass Ihr hart verdientes Geld in der Region bleibt.

Online shoppen oder im Geschäft einkaufen: Was ist nachhaltiger?

Bei dieser komplexen Frage sind viele verschiedene Aspekte zu berücksichtigen. Zwei stehen jedoch im Vordergrund: Emissionen und Verpackung.

Wer nachhaltiger einkaufen will, muss sich mit vielfältigen Fragestellungen befassen.

Energie und Treibstoff

Ein konventionelles Ladengeschäft verbraucht mehr Energie als ein Onlineshop, denn in Geschäften müssen Beleuchtung, Heizung oder Klimatechnik eine angenehme Atmosphäre für die Kunden schaffen. Die Autofahrt zum Einkaufen verbraucht ebenfalls Energie und erzeugt Emissionen. Wer vor Ort

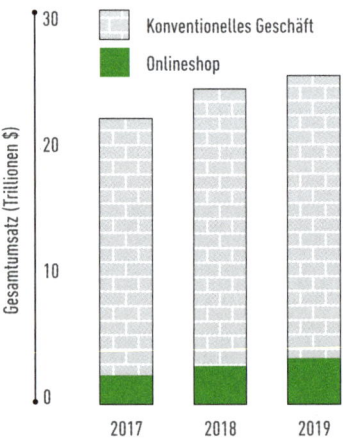

▲ Weltweit wird immer mehr gekauft – mit zunehmend gravierenden Folgen.

einkauft, kann aber auch zu Fuß gehen, das Fahrrad oder öffentliche Verkehrsmittel benutzen. Der Lieferdienst eines Onlineshops ist in Bezug auf den Treibstoff effizienter als ein PKW, weil mit einer Fuhre zahlreiche Kunden beliefert werden können. Manche Firmen setzen bereits Elektrofahrzeuge ein, um ihre Kohlendioxidbilanz zu verbessern. Studien zufolge könnten sich Energieverbrauch und Emissionen um etwa 35 % verringern, wenn wir nur noch online einkaufen würden. Das würde aber bedeuten, dass *alle* Menschen *alle* konventionellen Geschäfte meiden, was weder umsetzbar noch wünschenswert ist. Der Onlinehandel nimmt weltweit zu, aber der Einkauf im konventionellen Handel nimmt nicht im gleichen Maß ab. Das heißt, wir kaufen insgesamt mehr ein – online und in niedergelassenen Geschäften.

Verpackung

Der Verbrauch an Einweg-Einkaufstüten nimmt ab, aber durch die Lieferung von Online-Einkäufen fallen riesige Mengen von Verpackungsmaterial an: Luftblasenfolie, Polsterumschläge, Versandtaschen aus Plastik, Styroporchips. In einer neueren

Studie wurde das Online-Einkaufsverhalten in 17 Ländern untersucht. Es zeigte sich, dass der durchschnittliche Bewohner von Beijing aktuell 70 Paketsendungen im Jahr erhält, Tendenz steigend.

DIE AUTOFAHRT ZUM EINKAUFEN ERZEUGT ETWA **24** **-MAL SO VIEL CO₂** WIE DIE LIEFERUNG EINES **ONLINESHOPS.**

Durch Verpackungsmaterialien entstehen immer mehr Emissionen und andere Umweltbelastungen. Deshalb sollte man Onlineshops bevorzugen, die ein zeitgemäßes Abfallmanagement nutzen und Verpackungen aus Recyclingmaterial einsetzen.

Transportwege

Ob Sie online oder im niedergelassenen Handel einkaufen: Meiden Sie Waren, die über Tausende von Kilometern transportiert werden. Achten Sie bewusst auf kurze Lieferketten. Bestellen Sie bei möglichst wenigen Onlinehändlern und versuchen Sie, mehrere Artikel gleichzeitig zu ordern, um die Zahl der Paketsendungen zu verringern. Vermeiden Sie Rücksendungen (siehe rechts). Das Problem ist letztlich unser Konsumverhalten. Die beste Entscheidung für die Umwelt besteht darin, insgesamt weniger zu kaufen, ganz gleich, ob online oder vor Ort.

Einfach zurückschicken?

Passt nicht? Gefällt nicht? Online gekaufte Artikel kann man bequem und oft kostenlos zurückschicken. Aber die Erde zahlt dabei drauf.

Der Online-Einkauf ist auch darum so bequem, weil man Dinge einfach zurückschicken kann. Viele Kunden bestellen eine größere Auswahl von Artikeln und schicken das meiste zurück. Es gibt sogar Kunden, die online bestellte Kleidung einmal tragen und erst danach zurückschicken. In Deutschland wurden 2019 fast 500 Millionen Artikel zurückgeschickt. Im Schnitt ist jedes dritte gelieferte Kleidungsstück davon betroffen, in manchen Ländern liegt der Anteil sogar bei fast 50 %.

Durch die zahlreichen Lieferfahrzeuge und die große Menge der Pakete, die per Flugzeug transportiert werden, steigen die CO₂-Emissionen erheblich an. Hinzu kommt, dass viele zurückgeschickte Artikel nicht erneut verkauft werden, sondern auf dem Müll landen, weil es nicht wirtschaftlich wäre, sie erneut zu verpacken.

Um Rücksendungen zu vermeiden, sollte man Kleidung und Schuhe besser in einem Geschäft kaufen, in dem man sie anprobieren kann. Rücksendungen sollten die Ausnahme sein, nicht die Regel.

Warum sind kurze Lieferketten umweltfreundlicher?

Hier gilt das Prinzip »weniger ist mehr«. Je weniger Schritte nötig sind, um ein Produkt herzustellen und zum Kunden zu bringen, desto besser ist es für unseren Planeten.

Eine Wertschöpfungs- und Lieferkette umfasst alle Schritte der Herstellung eines Produkts und des Transports bis zum Endverbraucher. In den letzten hundert Jahren sind diese Wertschöpfungsketten immer komplexer geworden, weil Großunternehmen weltweit agieren, um billige Rohstoffe, niedrige Arbeitslöhne und günstige Steuersätze in anderen Ländern zu nutzen. Oft werden Lebensmittel oder andere Waren in einem Land produziert, in einem anderen weiterverarbeitet und in einem dritten Land verpackt. Langfristige Nachhaltigkeit kann aber nur mit kurzen Wertschöpfungsketten gelingen.

90% DER UMWELT-BELASTUNG IN UNTERNEHMEN ENTSTEHEN IN DER LIEFERKETTE.

Verschwendung vermeiden

Vor allem in der Lebensmittelindustrie lässt sich durch kurze Wertschöpfungsketten Verschwendung vermeiden. In den USA und Kanada verderben etwa 40% der Lebensmittel, bevor sie den Endkunden erreichen. Gründe dafür sind unsachgemäße Lagerung, Transportschäden oder falsches Lagermanagement. Die Lebensmittel, die weltweit verderben, bevor sie den Kunden erreichen, könnten die Hälfte der Weltbevölkerung ernähren. Je kürzer der Weg vom Feld auf den Teller, desto weniger kann verderben und desto mehr Bezug haben wir zum Erzeuger. Wenn wir wissen, wer der Erzeuger ist, betrachten wir seine Produkte mit größerer Wertschätzung und lassen sie nicht so leicht umkommen.

Verpackung und Emissionen verringern

Kurze Lieferketten helfen, Verpackungsmaterial einzusparen. Lebensmittel, die über weite Strecken transportiert werden, müssen mit viel Plastik vor Schäden geschützt und frisch gehalten werden. Sind die Transportwege kurz, genügt eine minimale Verpackung ohne Plastik. Immer mehr Geschäfte und Restaurants bitten einheimische Lieferanten, auf Verpackung weitgehend zu verzichten, und viele verwenden Transportverpackungen mehrfach, statt sie einfach wegzuwerfen.

▼ Je mehr Zwischenschritte eine Lieferkette umfasst, desto schwieriger ist es, ihre CO_2-Bilanz zu ermitteln.

Landwirt

Supermarkt · Fabrik · Zwischenhändler · Landwirt

Diese komplexe Lieferkette umfasst viele weitere Schritte.

Bäckerei · Mühle · Landwirt

Außerdem verringern kurze Transportwege die Emissionen durch Fahrzeuge. Schiffe sind für 2,1 % der weltweiten CO_2-Emissionen verantwortlich, verschmutzen die Meere und schädigen maritime Ökosysteme.

Die lokale Wirtschaft unterstützen

Es hat verschiedene Vorteile, die örtliche Wirtschaft zu unterstützen. Firmeninhaber mit persönlicher regionaler Bindung sind eher bereit, Initiativen zur Verbesserung der dortigen Lebensbedingungen zu fördern. Dadurch können neue Betriebe entstehen, die Arbeitsplätze für Einheimische schaffen und wiederum in die lokale Wirtschaft investieren.

Studien belegen zudem, dass wir uns wohler fühlen, wenn wir einen engen Bezug zur Gemeinschaft haben. Jahrzehntelange Globalisierung hat bewirkt, dass der menschliche Faktor aus dem Geschäftsleben

verschwunden ist. Kurze Lieferwege geben ihm wieder mehr Raum. In kleinen Geschäften können sich Mitarbeiter und Kunden austauschen. So erfahren wir mehr über Produktion, Transport und Vermarktung unserer Lebensmittel, aber auch darüber, wie wir aktiv an nachhaltigen Lieferketten mitwirken können.

Verantwortung

Wenn wir die Menschen in einer Lieferkette kennen, ist es einfacher, sie zur Verantwortung zu ziehen und zu Verbesserungen ihrer Standards zu bewegen. In der Mode und anderen globalen Branchen (siehe Seite 90–91) sind die Wertschöpfungsketten völlig undurchsichtig. Wir haben keine Ahnung, wo, von wem und unter welchen Bedingungen unsere Kleidung gefertigt wird. Das macht es sehr schwierig, die Umweltstandards dieses Industriezweigs zu verbessern.

Wie finde ich umweltfreundliche Materialien für die Wohnung?

Wer sich umweltbewusst einrichten will, sollte auf nachhaltige Materialien achten, gebrauchte Möbel kaufen und ruhig einmal selbst zum Werkzeug greifen.

Umweltbewusstsein bedeutet nicht zuletzt, das eigene Kaufverhalten kritisch zu hinterfragen. Lassen sich Dinge, die Sie schon besitzen, reparieren oder aufpeppen? Und warum immer nur neue Sachen kaufen? Was der eine ausmustert, kann der andere oft noch gut gebrauchen. Schauen Sie sich bei Gebrauchtmöbelhändlern oder im Internet um: Die Jagd nach schönen alten Stücken kann viel Spaß machen.

Wenn Sie unbedingt etwas Neues kaufen wollen, informieren Sie sich genau, wo und woraus es produziert wurde. Herstellung und Transport

----

18% DER WÄLDER SIND GESCHÜTZT; DIE ÜBRIGEN 82% WERDEN ZUR HOLZGEWINNUNG GENUTZT.

----

von Möbeln aus neuen Materialien verschlingen viel Energie. Manche Hölzer stammen aus illegalem Einschlag oder aus nicht nachhaltiger Forstwirtschaft. Wer Holzmöbel kauft, kann unwissentlich die Gefährdung indigener Völker und die Zerstörung ihrer Lebensräume unterstützen.

Achten Sie auf das FSC-Siegel *(Forest Stewardship Council)*. Es garantiert, dass das verarbeitete Holz aus nachhaltiger Forstwirtschaft stammt. Gute Alternativen sind auch Bambus und andere schnell nachwachsende Naturmaterialien.

Wer Möbel bei einem ortsansässigen Handwerker kauft, muss sich weniger Gedanken um die Emissionen durch Herstellung und Transport machen. Sinnvoll sind auch Mehrzweckmöbel, beispielsweise ein Gitterbett, das zu einem Kinderbett umgebaut werden kann.

Billigmöbel halten meist nicht lange. Achten Sie darauf, ob sich ein Stück reparieren oder in anderweitig verwendbare Teile zerlegen lässt. Gerade Produkte aus Verbundstoffen sind oft kaum zu reparieren oder zu recyceln. Selbst die Angabe ›recycelbar‹ ist mit Vorsicht zu genießen. Sie mag zwar auf die Materialien zutreffen, aber oft fehlen geeignete Recyclinganlagen. Denken Sie beim Kauf synthetischer Materialien daran, dass sie flüchtige organische Verbindungen (siehe Seite 122) abgeben können.

Setzen Sie lieber auf Möbel, die ihnen lange dienen und die Sie noch an jemanden weitergeben können.

Nachhaltige Materialien

Hier sehen Sie gängige Materialien für den Möbelbau und einige grünere Alternativen. Über weitere Möglichkeiten können Sie sich online informieren oder direkt beim Hersteller nachfragen.

MATERIALIEN FÜR DEN MÖBELBAU

Holz

Achten Sie darauf, dass Hölzer immer aus nachhaltig bewirtschafteten Wäldern stammen.

Kiefer, Buche, Eiche und Esche sind beliebte Möbelhölzer, aber alle vier wurden in Europa und Russland im Übermaß geschlagen. Holz aus alten Wäldern sollte nicht industriell verwertet werden.

Douglasie und Zeder sollten Sie meiden. Die Hölzer stammen oft aus alten Wäldern des amerikanischen Kontinents. Durch illegale Abholzung werden Ökosysteme empfindlich gestört.

MDF

Die Holzfaserplatten sind preiswert und können aus Altholz hergestellt werden, aber das Bindemittel enthält oft Formaldehyd, das als krebserregend gilt. Hinzu kommt, dass sich dieser Werkstoff nur schwer recyceln lässt.

Bambus

Das schnell nachwachsende, vielseitige Material ist bemerkenswert robust. Es zählt zu den grünsten Optionen. Bambus mit FSC-Siegel (siehe Seite 94–95) ist selten zu finden, denn im botanischen Sinn ist Bambus kein Holz, sondern gehört zu den Gräsern.

Metall

Stahl und Aluminium sind eine relativ gute Wahl, weil ein Großteil dieser Metalle recycelt werden kann.

Kunststoffrecyclat

Möbel oder Terrassendielen in Holzoptik können aus Altplastik hergestellt werden. Das Material eignet sich gut für den Einsatz im Außenbereich, auch im öffentlichen Raum.

Pappe

Wellpappe eignet sich überraschend gut für Stühle oder Bettgestelle. Sie ist leicht (praktisch bei einem Umzug), vielseitig und gut recycelbar. Möbel aus Wellpappe kann man sogar selbst bauen.

Umweltfreundlich renovieren: Darauf sollten sie achten

Ob Sie die Fußleisten nachstreichen oder eine komplett neue Küche einbauen wollen: Auch beim Renovieren lohnt es sich, die Umwelt im Blick zu behalten.

Wer renoviert, sollte zuerst überlegen, ob Vorhandenes repariert oder an andere weitergegeben werden kann. Verwenden Sie Elektrowerkzeuge nur, wenn es sein muss, und kaufen Sie Materialien möglichst in Kartons oder Metalldosen, statt in Plastikverpackungen.

Farben und Lacke mit einem hohen Anteil flüchtiger organischer Verbindungen sollten Sie meiden. Sie geben Gase ab, die krebserregend oder in anderer Weise gesundheitsschädlich sein können, wenn man sie einatmet. Bis vor wenigen Jahren enthielten fast alle Farben solche Verbindungen, inzwischen gibt es umweltfreundlichere Produkte, gekennzeichnet mit dem Umweltzeichen *Blauer Engel*. Empfehlenswert sind Naturfarben, etwa auf der Basis von Kalk oder Kreide oder aus pflanzlichen Pigmenten. Farben, die Vinyl, Mineralöl oder petrochemische Lösemittel enthalten, sind nicht nachhaltig und außerdem gesundheitsschädlich für Mensch und

Tier. Bevorzugen Sie Firmen, die im Inland produzieren, auf Tierversuche verzichten und mit Abfällen verantwortungsvoll umgehen.

Tapeten sind nicht immer umweltfreundlich. Eine Vinylbeschichtung macht sie zwar strapazierfähig, erschwert aber das Recycling und den Abbau. Bevorzugen Sie recyelbare Tapeten, die keine Kunststoffe enthalten, aus Holz aus nachhaltiger Forstwirtschaft hergestellt und mit ungiftigen Farben auf Wasserbasis bedruckt sind. Der Kleister sollte weder tierische Stoffe noch toxische Lösemittel enthalten.

Für Küchenmöbel und Fußböden sollten Sie auf recyceltes oder nachhaltig produziertes Holz setzen. Innovative Materialien wie Trittschalldämmung aus alten Plastikflaschen oder Küchenarbeitsplatten aus »Ozeanplastik« sind mitunter noch recht teuer, doch wenn die Nachfrage steigt, ist damit zu rechnen, dass die Preise sinken.

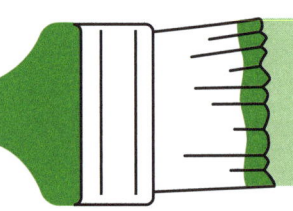

DIE HERSTELLUNG VON **1 LITER FARBE** ERZEUGT BIS ZU
30 LITER GIFTIGE ABFÄLLE.

▼ Blumen sind nicht immer grün. Dies sind die CO_2-Emissionen von drei häufig angebotenen Arten.

3,5 kg	**2,4 kg**	**10 g**
PRO STÜCK	PRO STÜCK	PRO STÜCK
Lilien, Gewächshaus, Niederlande	Rosen, Freiland, Kenia	Löwenmäulchen, regional

Kann man noch Schnittblumen kaufen?

Die Schnittblumenindustrie erzeugt enorme Emissionen, weil die Ware oft über Tausende von Kilometern eingeflogen wird.

Die Hauptanbauländer für Schnittblumen sind Kenia, Ecuador und Kolumbien. Deutschland ist weltweit der größte Importeur.

Um die Nachfrage ganzjährig zu decken, werden Blumen außerhalb der Saison mit Kunstlicht und Wärme kultiviert. Sie werden mit Pestiziden, Wachstumsregulatoren und anderen Chemikalien behandelt, die Böden und Lebewesen belasten und zur Überdüngung von Gewässern führen können.

Nach dem Schnitt werden die Blumen in schützendes Plastik gewickelt und während des Transports per Flugzeug oder LKW gekühlt. All das geht auf Kosten der Umwelt. Allein die 100 Millionen Rosen, die

in den USA jährlich zum Valentinstag gekauft werden, verursachen eine CO_2-Belastung von 9000 Tonnen. Doch es geht auch anders:

- **Bevorzugen Sie** Blumen aus heimischem Anbau. Achten Sie bei Importware auf das Fairtrade-Logo, das Umweltstandards und faire Bezahlung garantiert.
- **Ein umweltbewusster Florist** am Ort ist eine bessere Adresse als eine große Kette oder ein Online-Blumenhandel.
- **Verzichten Sie** auf Verpackungsfolie und Arrangements mit synthetischem Steckschaum.
- **Eine saisonale Topfpflanze** hält deutlich länger als ein Strauß Schnittblumen.

»*Nicht wegwerfen und neu kaufen – Vorhandenes nutzen.*«

Soll ich mir eine Lunchbox und eine Trinkflasche anschaffen?

Wiederverwendbare Behälter für Speisen und Getränke finden immer mehr Anklang. Nachhaltiger ist es aber, vorhandene Behälter zu benutzen, statt neue zu kaufen.

Zweifellos ist Einwegplastik bedenklich, aber wer alle möglichen »nachhaltigen« Utensilien anschafft, handelt auch nicht unbedingt umweltbewusst. Viel sinnvoller ist es, generell weniger zu kaufen und das, was bereits vorhanden ist, möglichst lange zu nutzen. Warum soll man sich eine nagelneue, schicke Lunchbox kaufen, wenn man schon brauchbare Plastikboxen im Schrank hat?

Wiederverwendbare Wasserflaschen können helfen, den Einwegplastikberg zu reduzieren. Meiden Sie aber billige Modelle aus Edelstahl oder Kunststoff, die am anderen Ende der Welt produziert werden. Wenn Sie etwas wählen, das Sie wirklich gern verwenden, ist die Wahrscheinlichkeit größer, dass Sie es gut pflegen und regelmäßig benutzen. Unterstützen Sie Firmen mit einem klaren Umwelt- und Ethikkonzept, beispielsweise Unternehmen, die einen Teil ihrer Profite für Trinkwasserprojekte zur Verfügung stellen.

Trinkhalme aus Plastik sind in Verruf geraten. Für Menschen mit Einschränkungen kann Plastik sinnvoll sein, weil es sehr robust ist. Alle anderen sollten umweltfreundlichere Alternativen wählen, etwa echte Strohhalme aus Getreidehalmen oder wiederverwendbare aus Bambus, Edelstahl oder Glas. Trinkhalme aus Papier weichen schnell durch und die meisten lassen sich schlecht recyceln.

Sehr beliebt sind auch wiederverwendbare Kaffeebecher. Dazu mehr auf Seite 60.

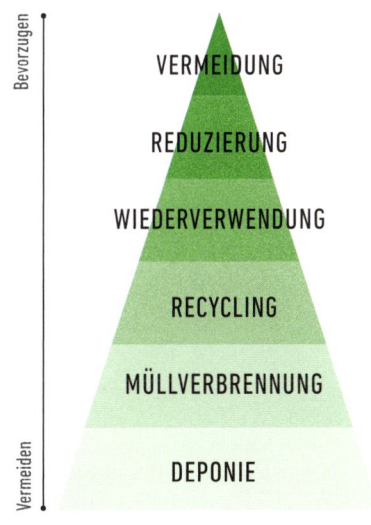

▲ Diese Pyramide zeigt, was viel zu wenig Berücksichtigung findet: Vorhandenes weiterzuverwenden, statt etwas Neues zu kaufen.

Beim Schenken an die Umwelt denken

Um das passende Geschenk zu finden, geben wir uns in der Regel viel Mühe. Aber was wir verschenken, bekommen und umtauschen betrifft auch die Umwelt.

Es macht Freude, etwas zu verschenken oder geschenkt zu bekommen, aber oft geht es dabei gar nicht um die Dinge an sich. Eine Studie ergab, dass rund 40 % der Amerikaner nach Weihnachten mindestens ein Geschenk umtauschen oder zurückgeben. Wie können wir nachhaltiger schenken?

Selbstverständlich sollen Geburtstage, Jubiläen oder andere besondere Ereignisse gebührend gefeiert werden. Wenn Sie wissen, dass jemand etwas Bestimmtes gut gebrauchen kann, schenken Sie es ihm ruhig.

10 Millionen
UNWILLKOMMENE PRÄSENTE WURDEN 2018 IN AUSTRALIEN VERSCHENKT.

Ansonsten sollten Sie sich Alternativen überlegen, die weder Ressourcen verschlingen noch über kurz oder lang in der Tonne landen.

Immer mehr Geburtstagskinder beschreiten inzwischen einen anderen Weg, indem sie ausdrücklich auf Geschenke verzichten und die Gäste stattdessen um Spenden für einen bestimmten wohltätigen Zweck bitten.

Wenn der Empfänger ein Kind ist, sollten Sie die Geschenkefrage unbedingt mit den Eltern besprechen. Viele Eltern würden gern die Flut der Geschenke eindämmen, wissen aber nicht, wie sie diese Bitte vermitteln können, ohne jemanden zu brüskieren. Wenn auf einer Einladung ausdrücklich steht »bitte keine Geschenke«, sollten Sie das respektieren.

Es gibt noch weitere Möglichkeiten, umweltbewusst zu schenken:

- **Statt Dingen lieber Erlebnisse** verschenken: einen gemeinsamen Ausflug, eine Wellnessbehandlung, ein Konzert
- **Selbstgemachtes** verschenken (Essbares kommt immer gut an) oder etwas weitergeben, das Sie selbst nicht gebrauchen können
- **Im Namen des Beschenkten** einen Baum pflanzen, an eine gemeinnützige Organisation spenden oder eine Tierpatenschaft für eine bedrohte Art übernehmen
- **Ein Sparkonto** für ein Kind anstelle von Spielzeug, das nur kurze Zeit benutzt wird

Gibt es nachhaltige Alternativen zum Geschenkpapier?

Ob Ihnen das Einwickeln von Geschenken Freude oder eher Mühe macht: Die enormen Mengen an Geschenkpapier sind alles andere als umweltfreundlich.

Im Hinblick auf die Umwelt ist Geschenkpapier mehr als bedenklich. Wie bei jedem anderen Papier werden für die Herstellung Bäume und große Mengen Wasser benötigt. Hinzu kommt, dass das Recycling oft schwierig ist. Das können Sie mit einem einfachen Test prüfen. Wenn sich das Papier schlecht reißen oder zerknüllen lässt, besteht es wahrscheinlich nicht nur aus Papier. Dadurch wird das Recycling ebenso erschwert wie durch Klebestreifen, Glitzeraufkleber, synthetisches Geschenkband und andere Dekorationen.

Trotzdem werden in den Industrieländern riesige Mengen Geschenkpapier verbraucht, und die Energiekosten sind beträchtlich. Mit der Energie, die erforderlich ist, um allein das in Deutschland alljährlich verbrauchte Geschenkpapier zu produzieren, könnte man eine Kleinstadt ein Jahr lang versorgen. Dabei gibt es viele gute Alternativen.

ZU **WEIHNACHTEN** WERDEN ALLEIN IN GROSSBRITANNIEN
365 000 km
GESCHENKPAPIER VERBRAUCHT.

- **Braunes Packpapier** und Zeitungspapier sind vollständig recycelbar. Verwenden Sie statt Klebestreifen eine Kordel oder ein Band, am besten recycelbares Papierband, oder nehmen Sie plastikfreies Klebeband. Blätter und andere natürliche Dekorationen sehen ebenso schön aus wie Plastikschleifen oder Glitzer. Kinder haben Spaß daran, Packpapier mit Pflanzenfarben selbst zu bedrucken oder Naturfaserschnüre zu färben.
- **Furoshiki** – Verpackung aus Stoff – kommt aus Japan. Sie können dafür vorhandene Stoffreste zurechtschneiden oder Biobaumwolle kaufen, und der Empfänger kann den Stoff weiterbenutzen. Anleitungen zum Verpacken von Objekten aller Art sind im Internet zu finden.
- **Bewahren Sie Geschenkpapier,** Tüten, Bänder und andere Verpackungsmaterialien auf. Statt immer wieder neue zu kaufen, überlegen Sie sich lieber kreative Verpackungen mit Material, das Sie bereits im Haus haben.

Wie umweltschädlich sind Grußkarten?

Vielen Menschen macht es Freude, liebe Grüße per Karte zu verschicken oder zu erhalten. Bedenkt man dabei Papier, Plastik und Emissionen, tut man der Erde damit keinen Gefallen.

Schätzungen zufolge verursacht eine durchschnittliche per Post verschickte Karte Kohlendioxidemissionen von etwa 140 Gramm. Das scheint wenig, summiert sich aber dermaßen, dass sich der Anteil der Karten am Klimawandel beziffern lässt. Weltweit werden jährlich etwa 7 Milliarden Karten gekauft und verschickt, das macht insgesamt 980 000 Tonnen CO_2 aus.

VON ALLEN **IN ENGLAND** VERKAUFTEN KARTEN WERDEN NUR
33 % RECYCELT.

Allein in Großbritannien werden jedes Jahr mehr als 2 Milliarden Karten verschickt, davon die Hälfte zu Weihnachten.

Liebe Grüße kann man aber auch verschicken, ohne die Umwelt übermäßig zu belasten.

- **Karten selbst basteln,** am besten aus Recyclingkarton, das spart Holz und Energie. Und der Empfänger wird sich über eine persönlich gestaltete Karte sicher ganz besonders freuen.

- **Wenn Sie Karten kaufen,** wählen Sie recycelte oder nachhaltig produzierte Produkte (in Europa beispielsweise am FSC-Logo erkennbar). Wählen Sie möglichst Karten ohne Zellophanverpackung. Mit Karten, die in Ihrer Nachbarschaft von einem lokalen Künstler oder Designer produziert werden, tragen Sie zur Verringerung von Transportemissionen bei und stärken die heimische Wirtschaft. Vor allem kleine, unabhängige Betriebe aus der Region haben oft eine bessere Ökobilanz als multinationale Konzerne. Charmant sind Karten mit integrierten Blumensamen, die der Empfänger in die Erde legt, statt sie wegzuwerfen. Glitzerdekorationen sollten Sie unbedingt vermeiden, weil sie das Recycling der Karten erschweren.

- **Wenn der Empfänger** in der Nähe wohnt, überbringen Sie die Karte persönlich (am besten zu Fuß und nicht mit dem Auto), statt sie mit der Post zu verschicken.

- **E-Cards** haben den Vorteil, dass sie ganz ohne Material auskommen und so erheblich zur Senkung der Kohlendioxidemissionen beitragen.

Ist es noch vertretbar, einen echten Weihnachtsbaum zu kaufen?

Immer mehr Familien, die das Weihnachtsfest feiern, fragen sich, ob für sie wirklich alle Jahre wieder ein Baum gefällt werden muss. Aber sind Plastiktannen eine bessere Wahl?

Künstliche Weihnachtsbäume werden aus Plastik – also aus Erdöl – hergestellt, und der Weg vom Produktionsort zum Endverbraucher ist oft lang. Man müsste einen künstlichen Baum 10 Jahre lang nutzen, bevor er energieeffizienter ist als jährlich ein frisch geschlagener, und selbst dann bleibt ein schlecht abbaubares Produkt zurück. Über die Zerfallsdauer von künstlichen Bäumen ist nichts Genaues bekannt. Die ersten wurden in den 1920er-Jahren produziert, und man nimmt an, dass sie noch immer auf Deponien zu finden sind.

Echte Bäume sind die grünere Wahl, wenn die Anbaubetriebe nachhaltig wirtschaften und jährlich neue Bäume nachpflanzen. Es dauert 7 Jahre, bis ein Baum 2 Meter groß ist, und in dieser Zeit nimmt er CO_2 auf. Somit wirken sich die Weihnachtsbäume, so lange sie noch im Wald stehen, positiv auf die CO_2-Bilanz aus.

Kaufen Sie einen Baum aus einer nachhaltiger Kultur in Ihrer Nähe, um Transportkosten zu vermeiden. Ein Bäumchen im Kübel können Sie nach dem Fest in den Garten pflanzen. In manchen Orten kann man sogar Bäume im Kübel für die Festtage mieten. In vielen Gemeinden werden Weihnachtsbäume nach dem Fest vom Entsorgungsunternehmen eingesammelt und zu einer Kompostierungsanlage gebracht oder geschreddert, um das Gehäckselte im Gartenbau einzusetzen. Anderenorts sammelt die Feuerwehr die Bäume, um sie unter Aufsicht zu verbrennen. In Ländern wie Großbritannien landen Bäume immer noch jedes Jahr auf Deponien und geben Methan, ein hochwirksames Treibhausgas, bei der Zersetzung des Holzes ab. In Deutschland ist diese Entsorgung verboten.

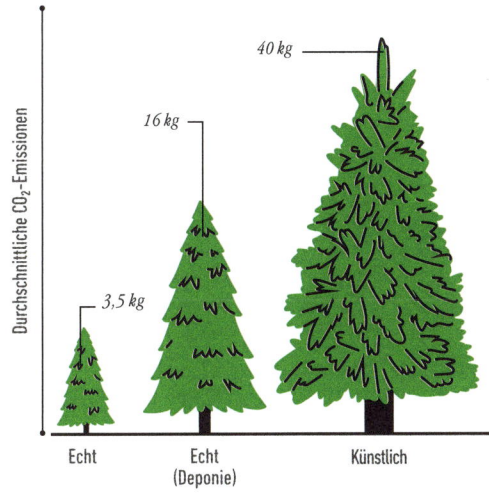

Durchschnittliche CO_2-Emissionen

40 kg

16 kg

3,5 kg

Echt   Echt (Deponie)   Künstlich

▲ CO_2-Emissionen über die Lebensdauer eines Weihnachtsbaums, einschließlich Entsorgung

Wie umweltschädlich ist Feuerwerk?

Ein Feuerwerk sieht spektakulär aus, aber wenn man sich bewusst macht, wie umweltschädlich es ist, wird aus »Aah« und »Ooh« schnell »Ach herrje« und »Oh wei«.

Wenn ein Feuerwerkskörper explodiert, werden Kohlendioxid, winzige Metallpartikel und andere gesundheitsschädliche Stoffe freigesetzt. In Deutschland werden durch Feuerwerk jährlich etwa 7200 Tonnen CO_2 und 4200 Tonnen Feinstaub produziert. In China erreicht die Luftverschmutzung um das Neujahrsfest herum Spitzenwerte.

Feuerwerkskörper enthalten unter anderem Schwefel, Kaliumnitrat und Holzkohle. Diese Stoffe verschmutzen nicht nur die Luft, sondern auch die Gewässer, über denen oft Feuerwerk gezündet wird. Das wiederum schadet den Wasserorganismen. Die Metallpartikel dringen in den Boden ein und verändern seinen pH-Wert, was sich auf die Gesundheit von Pflanzen und Bodenlebewesen auswirkt. Auch die Plastikumhüllungen von Feuerwerkskörpern bleiben langfristig als Mikroplastik im Boden und Wasser (siehe Seite 96).

Für eine besondere Feier bietet sich eine Lasershow als Alternative an. Zu Silvester sollten Sie lieber ein öffentliches Feuerwerk besuchen, statt selbst eins zu zünden.

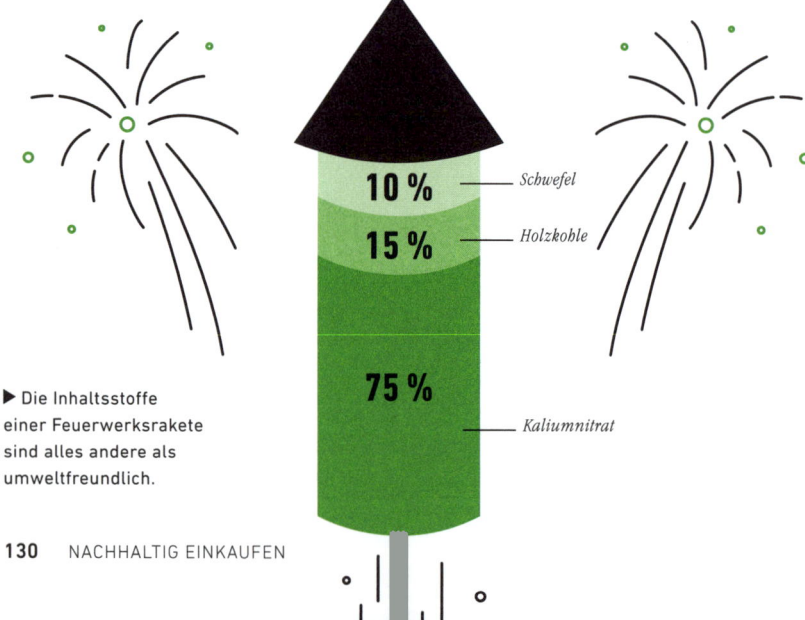

10 % ——— *Schwefel*

15 % ——— *Holzkohle*

75 % ——— *Kaliumnitrat*

▶ Die Inhaltsstoffe einer Feuerwerksrakete sind alles andere als umweltfreundlich.

Fröhlich und umweltfreundlich feiern

Jeder feiert gern, aber wenn man genauer über Luftballons und andere Partydekorationen nachdenkt, kann einem das Lachen vergehen. Nachhaltige Alternativen sind gefragt!

Girlanden und andere Partydekorationen bestehen oft aus Plastik und sind für den einmaligen Gebrauch gedacht. Wird Konfetti im Freien geworfen, lässt es sich niemals restlos zusammenfegen. Es bleibt auf dem Boden liegen oder gelangt in Gewässer und kann von Tieren gefressen werden, denen es schlecht bekommt. Luftballons steigen zu lassen, ist ein beliebtes Ritual. Haben Sie auch einmal darüber nachgedacht, wo sie landen? Ein leerer Ballon im Meer kann für einen Delfin oder eine Schildkröte wie eine Beute aussehen. An Land können sich kleine Tiere in der Ballonhülle verheddern.

Manche Ballons sind nicht ganz so schlimm, aber Probleme bergen sie alle. Gummiballons werden aus Naturlatex hergestellt, das aus Gummibäumen gewonnen wird. Die Bäume wachsen oft in Pflanzungen, die Kleinbauern gehören. Diese Pflanzungen nützen unseren Ökosystemen. Schätzungen zufolge neutralisieren die 16 Millionen Bäume, die die Luftballonindustrie benötigt, jährlich mehr als 363 Millionen Kilogramm Kohlendioxid. Latexballons sind zwar biologisch abbaubar, doch der Prozess dauert lange, und bis dahin verschmutzen sie Land und Gewässer. Heliumballons sind problematisch, weil der Vorrat dieses Edelgases begrenzt ist. Ballons aus Mylar (Plastikfolie) werden niemals vollständig abgebaut. Auch das Papier von Himmelslaternen zerfällt nur langsam, und am Drahtgestell können sich

---

AN **VERKSCHLUCKTEN BALLONFETZEN** STERBEN

32 **-MAL** SO VIELE VÖGEL WIE AN **HARTPLASTIK.**

Tiere verletzen. Wenn sie brennend an Land niedergehen, besteht zudem erhöhte Brandgefahr.

- **Girlanden** können Sie aus Stoff und Papier selbst basteln und immer wieder verwenden.
- **Besser als Konfetti** sind Naturmaterialien wie Blütenblätter. Es gibt auch Konfetti, das sich bei Kontakt mit Wasser auflöst oder das kompostierbar ist und Samen enthält. Pailletten und Flitter meiden (siehe Seite 103)
- **Nur Luftballons** aus Naturlatex verwenden und nicht wegfliegen lassen

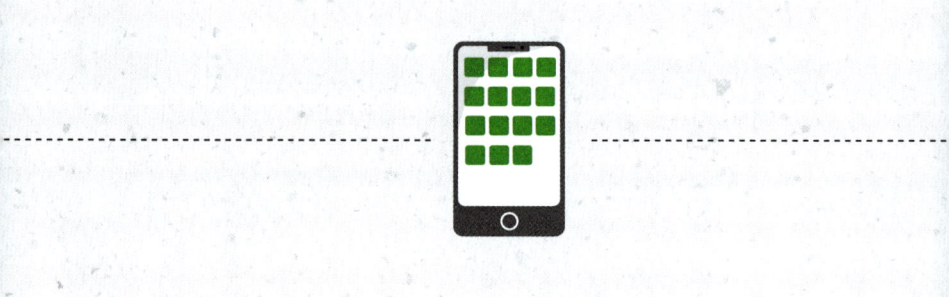

GRÜNE
TECHNOLOGIE

Wie nachhaltig ist Energie aus erneuerbaren Quellen ?

Grundsätzlich ist es sinnvoll, von fossilen Energieträgern auf erneuerbare umzusteigen. Aber welche? Um das zu entscheiden, sollte man wissen, wie der Energiemarkt funktioniert.

Wie umweltschädlich es ist, fossile Stoffe wie Kohle, Gas oder Erdöl zur Energiegewinnung zu verbrennen, ist gut bekannt. Die entstehenden Treibhausgase tragen zur globalen Erwärmung bei. Der Import nicht erneuerbarer Energieträger schafft bedenkliche Abhängigkeiten und verursacht weitere CO_2-Emissionen.

Erneuerbare Quellen

Wind, Sonne, Wasser oder Biomasse (aus pflanzlichen Abfällen oder Stallmist) sind erneuerbare Energiequellen. Jeder Typ hat seine Vor- und Nachteile. Für Windkraftanlagen und Sonnenkollektoren (die schwierig zu recyceln sind) werden Material und Energie benötigt. Das gilt auch für Staudämme, die außerdem Waldrodungen oder die Umsiedlung von Menschen und Tieren mit sich bringen können. Andererseits sind diese Energiequellen ständig verfügbar, und langfristig ist die durch ihre Nutzung entstehende Umweltbelastung deutlich geringer als durch die Verbrennung fossiler Energieträger.

Wandel durch Druck

Für die Stromversorgung der Haushalte werden normalerweise verschiedene Quellen genutzt, es sei denn, Sie erzeugen Ihre Energie selbst. Energie aus allen Quellen, erneuerbaren wie fossilen, wird in das nationale Netz eingespeist. Das klingt für alle, die ausschließlich grüne Energie nutzen möchten, enttäuschend. Je mehr Menschen aber auf erneuerbare Energie umsteigen, desto stärker wird der Druck auf die Versorgungsunternehmen, auf fossile Energiequellen zu verzichten.

42% DES BRUTTO-STROMVERBRAUCHS IN DEUTSCHLAND STAMMTEN 2019 AUS ERNEUERBAREN ENERGIEN.

In Island, Norwegen und Kenia wird bereits fast der gesamte Energiebedarf aus erneuerbaren Quellen gedeckt. In Australien steigt die Nachfrage nach Wind- und Solarstrom zehnmal schneller als im Durchschnitt, in anderen Ländern werden etwa 50% der Elektrizität aus Wind- und Sonnenenergie gewonnen, so auch in Großbritannien, wo erneuerbare Energien 2019 erstmals die fossilen überholt haben.

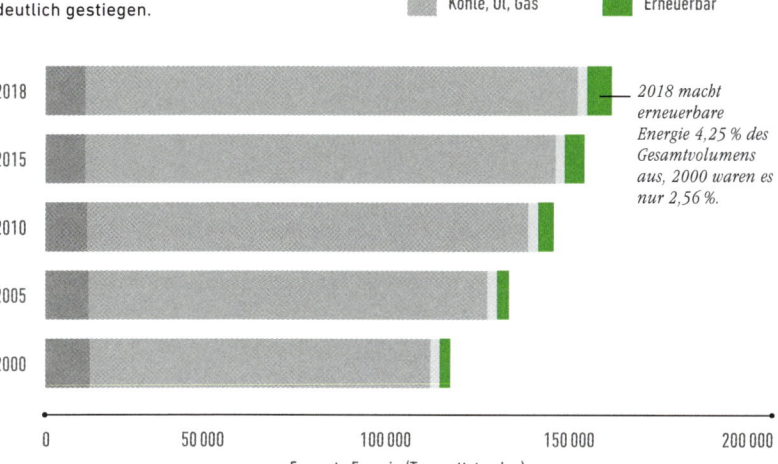

▼ Weltweit ist die Gewinnung von erneuerbarer Energie in den letzten 20 Jahren
deutlich gestiegen.

Bio-
kraftstoffe

Kohle, Öl, Gas

Atomenergie

Erneuerbar

2018

2015

2010

2005

2000

*2018 macht
erneuerbare
Energie 4,25 % des
Gesamtvolumens
aus, 2000 waren es
nur 2,56 %.*

0   50 000   100 000   150 000   200 000

Erzeugte Energie (Terawattstunden)

Vergleichsportale im Internet und
ähnliche Angebote machen dem
Endverbraucher den Wechsel des
Energieversorgers leicht. Denkbar ist
auch, die Energie für den eigenen
Haushalt selbst zu gewinnen. Das
erfordert zwar eine Anfangsinvesti-
tion, ist aber auf lange Sicht nachhaltig. Die Hauptenergiequellen
für »Selbstversorger« sind Sonne
und Wind.

Das können Sie tun:

• **Einen grünen Tarif wählen,** der
zu 100 % erneuerbare Quellen
nutzt. Diese sollten transparent
sein – fragen Sie nach. Veganer
können Anbieter ausschließen,
die Tierprodukte (Biomasse) zur
Energiegewinnung verwenden.

• **Bei Strom aus nicht erneuerbaren Quellen** könnten Sie ge-

zielt Atomstrom oder Erdgas aus
Fracking ausschließen.

• **16 Sonnenkollektoren** genügen, um einen durchschnittlichen
Haushalt zu versorgen. Überschüs-
sige Energie kann in Batterien
gespeichert oder gegen Vergütung
ins Netz eingespeist werden. Moderne Kollektoren sind kleiner
und flacher als ältere, und die
Kapazität der Batterien nimmt zu.

• **Windenergie** kann auf Grund-
stücken gewonnen werden, die
mindestens einen halben Hektar
groß sind. Auch sie kann gespeichert oder eingespeist werden.

• **Mikronetze** können ein Dorf
oder eine abgelegene Gemeinde
effizient und kostengünstig
mit Wind- oder Sonnenenergie
versorgen.

Umweltbewusst heizen:
Wie macht man es richtig?

Beim Heizen geht es vor allem darum, möglichst wenig Energie zu verbrauchen, etwa durch eine effiziente Heizungsanlage oder durch die Verwendung von Strom aus erneuerbaren Quellen.

Wir kritisieren Branchen wie Textilindustrie oder Luftfahrt wegen ihrer enormen Kohlendioxidemissionen, doch mit unseren Häusern sieht es nicht viel besser aus. Wer ohne nachzudenken die Heizung nur ein Grad wärmer dreht, erhöht die CO_2-Emissionen um 350 Kilogramm pro Jahr. Multipliziert man diese Zahl mit der Anzahl der Haushalte, wird das Ausmaß des Problems deutlich. Die drei wichtigsten Möglichkeiten, Umweltbelastungen durch das Heizen zu verringern, werden hier vorgestellt.

- **Erneuerbare Energie** bevorzugen. Kohle und Gas, also fossile Brennstoffe, sind nicht nachhaltig. In den Niederlanden und einigen anderen Ländern sind sie als Energieträger für Neubauten bereits verboten. Viele Menschen können sich aber den Austausch einer vorhandenen Heizungsanlage nicht leisten. Wer mit Strom heizt, könnte jedoch zu einem Ökostromanbieter wechseln. Je mehr Kunden sich für solche Anbieter entscheiden, desto mehr Energie

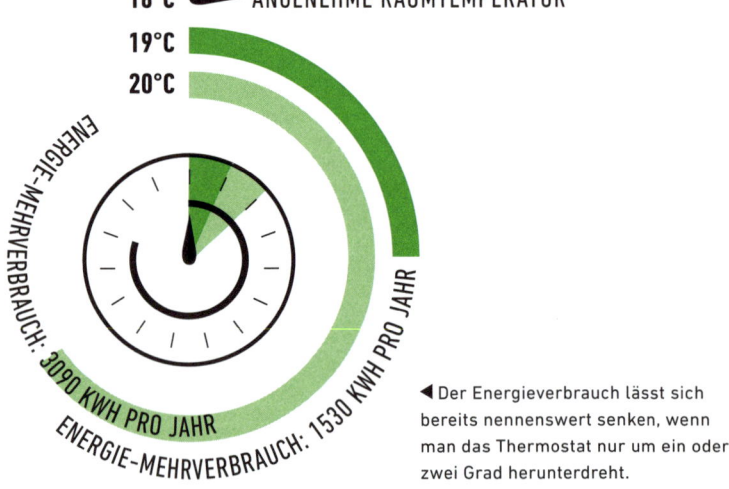

18°C ➤ ANGENEHME RAUMTEMPERATUR
19°C
20°C

ENERGIE-MEHRVERBRAUCH: 3090 KWH PRO JAHR
ENERGIE-MEHRVERBRAUCH: 1530 KWH PRO JAHR

◀ Der Energieverbrauch lässt sich bereits nennenswert senken, wenn man das Thermostat nur um ein oder zwei Grad herunterdreht.

aus erneuerbaren Quellen wird langfristig im Netz verfügbar sein.

- **Effizienter heizen.** Wärmepumpen zählen zu den effizientesten Heiztechniken. Sie nutzen Wärme aus dem Erdreich, der Luft oder dem Wasser. Ihre Betriebskosten und Emissionen sind niedrig, aber Anschaffung und Einbau sind teuer. Fast genauso effizient heizen moderne Holzöfen, allerdings trägt ihr Rauch zur Luftverschmutzung bei. Pelletöfen lassen sich besonders komfortabel bedienen, und die Asche kann, wenn sie vollständig erkaltet ist, auf den häuslichen Kompost gegeben werden.
- **Weniger Energie zum Heizen** verbrauchen. Wenn man die Raumtemperatur nur um ein einziges Grad senkt, kommt langfristig eine beträchtliche Ersparnis zusammen. Sinnvoll ist auch, die Heizkörper in nicht genutzten Räumen abzudrehen. Moderne Heizungsanlagen mit Fernsteuerung machen es leicht, die Temperatur in einzelnen Räumen zu reduzieren. Sehr wichtig ist eine gute Isolierung. Dazu gehört neben zwei- oder dreifach verglasten Fenstern auch die Isolierung der Fußböden und Geschossdecken, der Wände und des Dachs. Verbesserungsbedarf besteht in den meisten Häusern, und in vielen Ländern gibt es Förderprogramme oder günstige Kredite für Maßnahmen zur Verbesserung der Energieeffizienz von Häusern.

Kühle Räume ganz ohne Klimatechnik?

Klimaanlagen stehen als Energiefresser und CO_2-Schleudern in der Kritik. Es geht auch ohne!

Für Klimaanlagen gilt dasselbe wie für Heizungen: Sie verbrauchen viel Energie, und je nach Wohnort steht nicht immer Energie aus erneuerbaren Quellen zur Verfügung. Zudem enthalten Klimageräte HFKW (teilfluorierte Kohlenwasserstoffe), die zu den Treibhausgasen gehören. Sie können über tausendmal stärker wirken als Kohlendioxid, darum sind sie besonders gefährlich (siehe Seite 12).

Ganz ohne Klimaanlage lässt sich die Wohnung kühlen, indem man früh morgens, bevor es heiß wird, die Fenster an gegenüberliegenden Seiten öffnet, sodass Durchzug entsteht. Bleiben Fenster und Vorhänge dann tagsüber geschlossen, heizen sich die Räume weniger auf. Dach, Fenster und Türen sollten gut isolieren, damit dort keine kühle Luft entweicht. Ein Deckenventilator ist hilfreich, wenn er langsam entgegen dem Uhrzeigersinn läuft und die Blätter so eingestellt sind, dass die kühle Luft nach unten strömt. Wer genug Platz hat, kann auf der Sonnenseite des Hauses Bäume oder Sträucher pflanzen oder eine Markise anbringen, um die Fenster zu beschatten.

Was bringt es, Elektrogeräte nachts ganz auszuschalten?

Der Stand-by-Modus von Elektrogeräten ist bequem, der Umwelt tun wir damit aber keinen Gefallen. So viel Mühe macht es nicht, die Geräte vollständig auszuschalten.

Der Energieverbrauch unserer Geräte kommt bis zu 90% im Stand-by-Modus zustande. In drei Vierteln aller Haushalte laufen Fernseher, Spielekonsole, Smart Speaker und Ladegeräte nachts auf Stand-by. So kommt 1% der weltweiten CO_2-Emissionen zustande.

In Großbritannien wird allein dafür jährlich die Leistung von zwei Kraftwerken verbraucht. Je älter ein Gerät ist, desto höher der Energieverbrauch im Stand-by-Modus.

Wer etwas für die Umwelt tun will, sollte also seine Gewohnheiten ändern und Stromkosten sparen.

- **Gewöhnen Sie sich an,** Geräte ganz auszuschalten. Den Ausschalter zu betätigen, ist kein großer Aufwand, spart aber viel Energie. Hilfreich können auch Steckerleisten mit Schalter sein.
- **Schaffen Sie sich** »smarte« Zwischenstecker an, deren Stromversorgung sich per Fernbedienung unterbrechen lässt (siehe rechts).

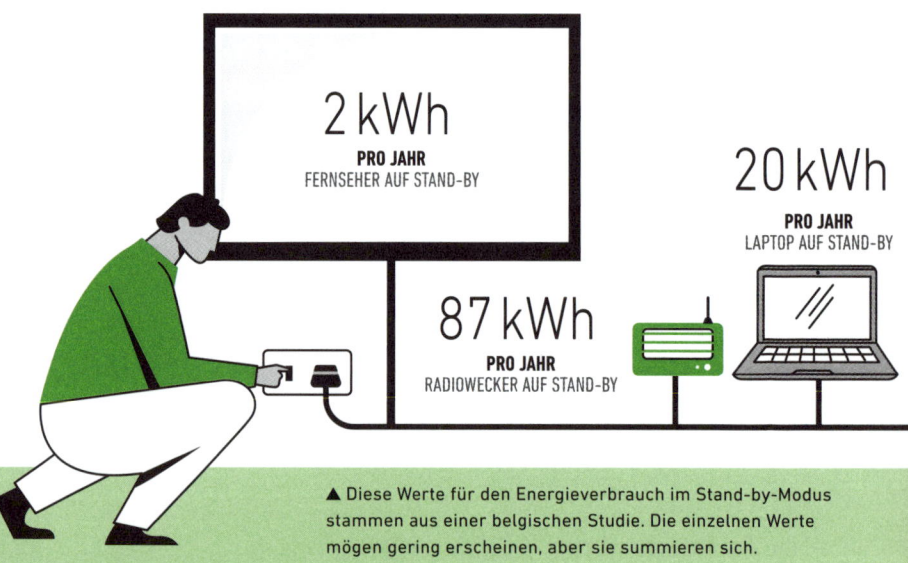

2 kWh
PRO JAHR
FERNSEHER AUF STAND-BY

20 kWh
PRO JAHR
LAPTOP AUF STAND-BY

87 kWh
PRO JAHR
RADIOWECKER AUF STAND-BY

▲ Diese Werte für den Energieverbrauch im Stand-by-Modus stammen aus einer belgischen Studie. Die einzelnen Werte mögen gering erscheinen, aber sie summieren sich.

Kann Smart Technology das Wohnen energieeffizienter machen?

Smart Technology kann helfen, den Energieverbrauch und die Stromkosten zu senken. Im Hinblick auf Nachhaltigkeit ist sie aber nicht unumstritten.

Über das Internet gesteuerte Stromzähler, Zwischenstecker und smarte Geräte können helfen, den Energieverbrauch in Gebäuden zu verringern. Dieses »Internet der Dinge« ermöglicht es uns, von unterwegs über das Smartphone oder durch Sprachsteuerung die Heizung zu regulieren oder Geräte auszuschalten. Dadurch lässt sich beispielsweise der Energieverbrauch senken. Diese Technologie hat aber auch Nachteile.

Versteckte Kosten

Die smarten Geräte haben ihren eigenen CO_2-Fußabdruck, denn für ihre Herstellung werden Energie und Material verbraucht.

Wenn das Internet der Dinge weiter wächst, werden zwangsläufig mehr Geräte auf Stand-by stehen müssen (siehe links). So sind Sprachassistenten nur sinnvoll, wenn sie jederzeit ansprechbar sind. Allein durch die Stand-by-Funktion dieser Technologie könnten Schätzungen zufolge die CO_2-Emissionen in den nächsten fünf Jahren um 20 % steigen.

Die smarten Geräte verbrauchen nicht nur Strom, sie müssen auch häufig ausgetauscht werden, etwa wenn Neuerungen auf den Markt kommen, die mit alten Modellen nicht kompatibel sind. Der Umstieg auf Smart-Home-Technologie muss also gut überlegt sein.

- **Wer weniger kaufen** und mehr reparieren will, ist mit Smart Technology nicht gut beraten.
- **Wer Smart Technology** nutzen möchte, sollte sich auf Geräte zur

---

20 % ENERGIE LÄSST SICH MIT **SMART TECH** IM SCHNITT IN EINEM BÜROHAUS **SPAREN.**

Verbesserung der Energieeffizienz beschränken. Spezielle Zähler zeigen beispielsweise genau an, wie viel Strom oder Gas Sie verbrauchen, zu welcher Uhrzeit und zu welchem Preis. Daran können Sie Ihr Verbrauchsverhalten anpassen. Zwischenstecker helfen ebenfalls, Energie zu sparen. Mit ihrer Hilfe kann man mehrere Geräte gleichzeitig ausschalten, per App sogar von unterwegs. Auch in Büros lässt sich das Energiesparpotenzial solcher smarten kleinen Helfer nutzen.

Welche Batterien sind am umweltfreundlichsten?

In einem normalen Haushalt finden sich zahlreiche Geräte mit Batteriebetrieb. Da Batterien Schadstoffe enthalten, müssen sie durchdacht verwendet und sachgerecht entsorgt werden.

2018 wurden in der EU etwa 191 000 Tonnen Batterien verkauft. Batterien enthalten Schwermetalle, die häufig in Konfliktgebieten wie Afghanistan unter menschenunwürdigen Bedingungen gefördert werden. Der Abbau zerstört die Landschaft und bedroht indigene Völker.

Werden Batterien auf Deponien entsorgt, werden Treibhausgase frei, und toxische Chemikalien können ins Grundwasser gelangen. Batterien sind Sondermüll und müssen entsprechend entsorgt werden.

Im Zusammenhang mit erneuerbarer Energie wurden Batterien weiterentwickelt, um beispielsweise Zuverlässigkeit und Reichweite von Elektrofahrzeugen zu verbessern. Batterien für den Haushalt sind nicht wesentlich effizienter geworden, und Informationen zu ihrer Umweltverträglichkeit findet man selten.

Aber etwas kann jeder tun:

- **Weniger batteriebetriebene** Geräte verwenden. Es gibt zum Beispiel Solarladegeräte oder Taschenlampen mit Kurbeldynamo.
- **Immer sachgerecht entsorgen.** Wo Batterien verkauft werden, stehen auch Sammelboxen für gebrauchte Batterien bereit.

- **Statt Einwegbatterien** Akkus kaufen, die bis zu 1000-mal aufgeladen werden können. Die umweltfreundlichste Variante sind Nickel-Metallhydrid-Akkus (NiMH), die ihre Ladung länger halten als andere Typen. Das Ladegerät sollte sich abschalten, sobald die Akkus vollständig geladen sind.

1500 ZINKBATTERIEN

150 ALKALIBATTERIEN

75 LITHIUMBATTERIEN

1 AUFLADBARER NICKEL-KADMIUM-AKKU

▲ Die Lebensdauer von Batterien variiert stark. Die oben genannten Zahlen stehen jeweils für dieselbe Menge Energie.

Gibt es grüne und weniger grüne Laptops und Tablets?

Moderne Technik kann uns helfen, nachhaltiger zu leben, aber die Hardware ist oft alles andere als umweltfreundlich. Nur wer gut informiert ist, kann bewusste Entscheidungen treffen.

Schätzungen zufolge gab es 2019 weltweit etwa 2 Milliarden Computer (einschließlich Laptops) und 1 Milliarde Tablets. All diese Geräte erzeugen eine enorme Menge Elektroschrott. Im ersten Quartal 2019 fielen in Großbritannien über 122 000 Tonnen Elektroschrott an, und der Großteil wurde nicht recycelt.

Zur Herstellung von Computern und Tablets werden Kunststoffe wie Polyvinylchlorid (PVC) verwendet, die während der Produktion und später in der Müllverbrennung schädliche Emissionen abgeben.

Zudem sind einige der großen Marken wegen ethischer Fragen in die Kritik geraten – sei es, dass in der Lieferkette Kinderarbeit hingenommen wird oder Rohstoffe für Smartphones und Akkus aus Konfliktgebieten importiert werden. Es mag verlockend sein, immer das neueste Modell zu besitzen. Umweltfreundlicher ist es aber, Geräte möglichst lange zu nutzen. Denken Sie vor dem Kauf gründlich nach.

- **Kaufen Sie** ein generalüberholtes Gerät, um den Verbrauch von neuen Rohstoffen zu verringern.
- **Desktop-Computer bevorzugen.** Sie lassen sich leichter reparieren und aufrüsten als ein Laptop.

- **Wenn Sie ein neues Gerät** kaufen, informieren Sie sich, welche Hersteller in Bezug auf Menschenrechte, faire Löhne und Arbeitsbedingungen klare Richtlinien verfolgen. Erkundigen Sie sich auch, wie das Unternehmen zu Rohstoffen aus Konfliktgebieten steht. Finden Sie heraus, ob der

FÜR DIE HERSTELLUNG EINES **GÄNGIGEN LAPTOPS** WIRD DAS **10**-FACHE SEINES GEWICHTS AN **TOXISCHEN CHEMIKALIEN** BENÖTIGT.

Hersteller TCO-zertifiziert ist. Dieser internationale Standard für die Kostenrechnung soll gewährleisten, dass Unternehmen alle anfallenden Kosten von Investitionsgütern berücksichtigen, etwa auch den Energiebedarf.

- **Versuchen Sie herauszufinden,** ob bei der Herstellung des Geräts giftige Chemikalien eingesetzt werden. Immer mehr Hersteller bemühen sich, auf die Verwendung solcher schädlichen Stoffe zu verzichten.

Lässt sich Elektroschrott vermeiden?

Durch den Wunsch, technisch immer auf dem neuesten Stand zu sein, entstehen riesige Mengen Elektroschrott. Wir sollten nicht nur unser Verhältnis zu Smartphones dringend überdenken.

Technische Trends und Neuerungen folgen heute so schnell aufeinander, dass bei der Herstellung elektronischer Geräte auf Langlebigkeit wenig Wert gelegt wird. Die Industrie möchte vielmehr, dass wir ältere Modelle regelmäßig durch neue ersetzen und beschädigte wegwerfen, selbst wenn beim Toaster nur ein Schalter klemmt oder das Display unseres Handys einen Sprung hat.

JEDES JAHR ENTSTEHEN WELTWEIT MEHR ALS
50 MILLIONEN TONNEN ELEKTROSCHROTT.

Der Umsatz mit Haushaltsgeräten ist in den letzten Jahren explodiert. 2018 gaben Haushalte in Großbritannien 11 Milliarden Pfund für Elektrogeräte aus, 1 Milliarde mehr als im Vorjahr. Dadurch wächst der Berg an Elektroschrott immer schneller, und in manchen Ländern werden nur etwa 20 % recycelt.

Recycling ist zweifellos ein wichtiger Lösungsansatz für das weltweite Elektroschrott-Problem. Wir sollten aber auch unser Kauf- und Nutzungsverhalten kritisch unter die Lupe nehmen. Die entscheidenden Stichworte dafür sind nicht neu:

- **Vermeiden.** Schon beim Kauf können Sie Maßnahmen ergreifen, indem Sie etwas mehr Geld für ein hochwertiges Produkt ausgeben. Geräte, die sich leicht reparieren lassen (oft von kleineren Herstellern) oder die durch ihre Bauart länger – im Idealfall ein Leben lang – halten, sorgen dafür, dass Sie weniger wegwerfen.
- **Reparieren.** Dafür braucht man nicht immer einen Profi. In einem Reparaturcafé können Sie Menschen treffen, die sich in zwanglosem Rahmen gegenseitig beim Reparieren von Geräten helfen – vom Neuverkabeln eines Steckers bis zum Ersetzen von Hardware-Komponenten eines Computers.
- **Recyceln.** In vielen Ländern wird Elektroschrott recycelt, und es gibt Sammelstellen für Elektrokleingeräte. In speziellen Betrieben werden die Geräte dann zerlegt, um möglichst alle verbauten Wertstoffe zurückzugewinnen. Wenn Sie Ihren alten Computer zum Wertstoffhof bringen, denken Sie unbedingt daran, vorher alle persönlichen Daten von der Festplatte zu löschen.

Ist mein Handy eine Umweltsünde?

Schätzungen zufolge gibt es auf der Erde mehr Smartphones als Menschen. Herstellung und Entsorgung der Geräte sind in Bezug auf die Umwelt nicht unproblematisch.

Allein in den USA warten mehr als eine Viertelmilliarde Smartphones darauf, recycelt zu werden, und die Zahl steigt monatlich um 11 Millionen. Tatsächlich recycelt werden Schätzungen zufolge aber weniger als 20 %.

In die Herstellung von Mobiltelefonen fließen wertvolle Metalle wie Wolfram ein, die oft unter prekären Arbeitsbedingungen gefördert werden, nicht selten auch in Konfliktgebieten.

Werden Smartphones nicht recycelt, muss für die Produktion neuer Geräte immer mehr von diesen Metallen gefördert werden. Wenn ein Smartphone nicht sachgerecht entsorgt wird, können giftige Elemente wie Quecksilber in den Boden und ins Grundwasser gelangen.

Und so können Sie umweltbewusster mit Ihrem Smartphone umgehen:

- **Nicht automatisch** jedes neue Modell bestellen
- **Alte Smartphones** an einer Recyclingstelle abgeben, damit Metalle wie Gold, Platin und Kupfer zurückgewonnen werden können. Nicht einfach in die Tonne werfen! Manche Hersteller nehmen ihre Geräte kostenlos zurück und führen sie dem sachgerechten Recycling zu.
- **Wenn Sie ein Smartphone** kaufen, könnten Sie anstelle eines neuen Geräts ein gebrauchtes generalüberholtes wählen. Muss es ein neues sein, sollten Sie nach einem Hersteller Ausschau halten, der über seine gesamte Lieferkette die Einhaltung von guten Standards garantiert.

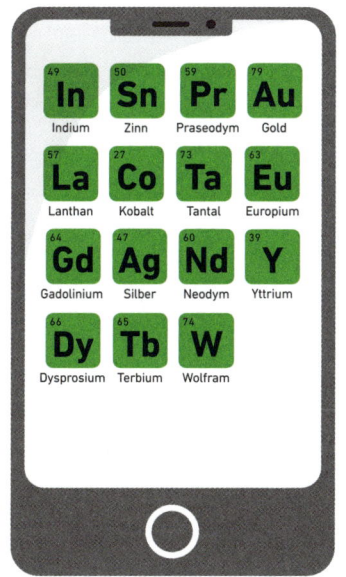

▲ Die meisten Smartphones enthalten »seltene Erden« und andere Rohstoffe, deren Gewinnung äußerst problematisch ist.

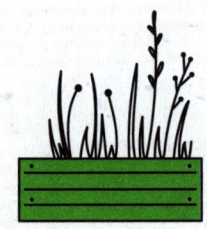

GÄRTNERN FÜR DIE UMWELT

Wie gestaltet man einen Garten möglichst umweltfreundlich?

Nicht alle Gärten sind so grün, wie sie aussehen. Wenn Sie einen Garten neu anlegen oder umgestalten, können Sie viel für die Umwelt und die nützlichen Lebewesen tun.

Ein Garten kann ein privater Erholungsort sein, der frisches Obst, Gemüse und Blumen liefert. Er kann aber auch übermäßig Ressourcen verbrauchen und den Boden belasten.

Gepflasterte Flächen nehmen kein Regenwasser auf und Pflanzen können darauf nicht wachsen. Pflanzen sind wichtig für einen gesunden Boden. Sie reichern ihn mit Kohlenstoff aus der Luft an, den die Mikroorganismen brauchen. Diese wiederum verbessern die Struktur des Bodens und erhalten den Nährstoff-

kreislauf aufrecht. Nackter Boden ist anfällig für Erosion und laugt leicht aus. Gut gepflegter Gartenboden dagegen bietet vielen Organismen einen Lebensraum und bindet CO_2 (siehe Seite 208).

Welche Pflanzen?

Gartenpflanzen, die aus anderen Teilen der Welt stammen, können Probleme aufwerfen. So müssen Arten, die viel Feuchtigkeit brauchen, in trockenen Regionen häufig gegossen werden, damit sie gesund bleiben.

▼ Ein umweltfreundlicher Garten muss weder viel kosten noch viel Arbeit machen.

EINHEIMISCHE BÄUME UND PFLANZEN

PFLANZLICHE BODENDECKER, KEIN BETON

Am besten entwickelt sich ein umweltbewusster Garten, wenn seine Gestaltung an die örtlichen Gegebenheiten angepasst ist. Ein »grüner« Garten sieht deshalb in Kalifornien ganz anders aus als in Deutschland.

Klimawandel

Ein geschickt gestalteter Garten kann sogar die Auswirkungen von Klimawandel und Wetterextremen abmildern. Bäume spenden Schatten. Stehen sie nahe genug am Haus, brauchen Sie im Hochsommer keine Klimaanlage (siehe Seite 137). Auch höhere Sträucher oder Spaliere mit Kletterpflanzen kühlen die Luft an den Außenmauern von Gebäuden ab.

Ein »Regengarten«, eine mit Sträuchern bepflanzte Senke, kann bei Starkregen Überschwemmungen verhindern. Auch begrünte Dächer

nehmen überschüssiges Regenwasser auf. Zu einem klugen Wassermanagement im Garten gehört nicht zuletzt eine Regentonne, damit zur Bewässerung kein Leitungswasser verwendet werden muss.

IN **STÄDTEN** MACHEN PARKS UND GÄRTEN ETWA
22–36% DER GESAMT-
FLÄCHE AUS.

Nützlinge

Die Bestände an Insekten, Vögeln und anderen Nützlingen sind im Lauf der letzten 100 Jahre zurückgegangen. In Großbritannien sind seit den 1940er-Jahren 97 % der Brachflächen (Flächen, die nicht als Gärten oder für die Landwirtschaft genutzt werden) verschwunden. Umso wichtiger ist es, dass wir in unseren Gärten den Nützlingen einen Lebensraum bieten.

Möglichkeiten dafür lassen sich auch auf dem kleinsten Grundstück finden:

- **Möglichst viele** heimische Gewächse pflanzen, die Vögeln und anderen Tieren Nahrung und Unterschlupf bieten
- **Gepflasterte Flächen** auf ein Minimum beschränken, keinen Kunstrasen verlegen
- **Einen Komposthaufen** anlegen, um Garten- und Küchenabfälle zu recyceln und dem Boden Nährstoffe zuführen zu können (siehe Seite 160)

NÜTZLICHE INSEKTEN EINLADEN

Welche Insekten sollte ich in meinen Garten einladen?

Wir brauchen viel mehr Insekten. Wenn Sie Ihren Garten so gestalten, dass sich Insekten dort wohlfühlen, leisten Sie einen wichtigen Beitrag zur Artenvielfalt in Ihrer Wohngegend.

Insekten sind zur Bestäubung von Pflanzen – auch von Obst und Gemüse – unerlässlich. Sie dienen größeren Tieren als Nahrung und führen dem Boden Nährstoffe zu, indem sie organische Substanz zerkleinern. Weltweit sind aber mehr als 40 % der Insektenarten bedroht. Einer Studie zufolge hat sich die Insektenpopulation in Deutschland seit den 1990er-Jahren um 74 % verringert. Höchste Zeit, dass wir etwas für die überlebenden Arten tun.

IN EUROPA SIND FAST
10 % DER **BIENEN-ARTEN** VOM **AUSSTERBEN** BEDROHT.

Welche Insektenarten in Ihrer Region leben, können Sie im Internet herausfinden. Einige sind weniger willkommen, wenn Sie Gemüse anpflanzen, manche stechen oder beißen, aber viele sind sehr nützlich.

- **Schmetterlinge und Nachtfalter** mögen nektarreiche Blüten, etwa Buddleja oder Verbene. Hohe Blumen und Gräser geben ihnen Deckung. Bäume wie Eiche,

Weide und Birke bieten vielen Faltern einen Lebensraum.

- **Käfer und Spinnen** bevorzugen dunkle, schattige Plätze mit Bewuchs und verrottenden Ästen.
- **Bienen** fliegen auf verschiedene Blüten. Manche Arten bevorzugen röhrenförmige Blüten wie Fingerhut, andere flach-offene wie Margeriten. Ideal ist eine Mischung verschiedener Blütenfarben an einem sonnigen Platz. Sie sollten zu unterschiedlichen Zeiten blühen, damit die Bienen möglichst lange mit Nektar versorgt sind. Blühende Bäume wie die Weide liefern früh im Jahr Nektar.
- **Eine Wildblumenwiese** bietet vielen Insektenarten Lebensraum und Nahrung. Man kann sie sogar im Kübel auf dem Balkon säen. Im Garten zuerst Unkraut beseitigen. Der Boden darf nicht zu nährstoffreich sein. Gesät wird im Frühjahr oder Herbst.
- **Keine Pestizide,** denn sie töten auch Nützlinge. Schädlinge lassen sich mit dem richtigen Pflanzenmix vertreiben. Mücken mögen keine stark duftenden Pflanzen, Fliegen haben eine Aversion gegen Basilikum, und Rosmarin vertreibt Kohlweißlinge.

Wie lege ich einen Garten für Nützlinge an?

Vielleicht sieht Ihr Garten schön aus, aber fühlen sich auch Nützlinge darin wohl? Oft genügen kleine Maßnahmen, damit sich Frösche, Vögel und andere Gäste einfinden.

Nützlinge sind dankbar, wenn ein Garten nicht allzu ordentlich ist. Lassen Sie Gras hoch werden, schneiden Sie Hecken nicht zu oft (auch der Bereich unter Hecken sollte ungestört bleiben). Wenn Sie Insekten einladen, werden ihre natürlichen Fressfeinde von selbst folgen: Frösche, Fledermäuse und Vögel.

Finden Sie heraus, welche Insekten in Ihrer Region heimisch sind (siehe links). Wenn Sie in einer Stadt oder Siedlung wohnen, denken Sie daran, in Gartenzäunen Öffnungen zu schaffen. Das ist wichtig, damit Igel durchschlüpfen können, um in benachbarten Gärten nach Wasser und Nahrung zu suchen.

DAS BRAUCHEN NÜTZLINGE, UM SICH WOHLZUFÜHLEN

Unterschlupf

Bäume, belaubte Sträucher und hohes Gras geben vielen Tieren Deckung. Auch in dichter bodennaher Bepflanzung und Holzhaufen verstecken sich Nützlinge gern. Aus Rindenstreifen, Stroh, Moos, angebohrtem Holz, Tannenzapfen und Pappröhren können Sie ein Insektenhotel bauen.

Nahrung

Futterplätze für Vögel sollten immer so angebracht werden, dass Katzen und Marder sie nicht erreichen können. Sonnenblumen liefern im Herbst vielen Vogelarten Nahrung.

Wasser

Ein kleiner, flacher Teich mit Steinen oder Ästen, auf denen Tiere landen können, lockt viele Gartenbewohner an. Auch Bienen trinken gern aus einem Teich. Wichtig ist eine »Rampe«, über die hineingefallene Tiere wieder aus dem Wasser klettern können.

Nistplätze

Hängen Sie Nistkästen auf. Ideal ist ein Platz, der Morgensonne bekommt, mittags aber leicht beschattet ist. Das Einflugloch sollte von der Hauptwindrichtung abgewandt sein. Sorgen Sie dafür, dass Katzen und andere Räuber den Nistkasten nicht erreichen können.

Ist ein Zierrasen vertretbar?

Ein Rasen sieht schön aus und die Kinder können darauf spielen, aber für die Umwelt ist er kein großer Gewinn. Manchmal kann ein Rasen sogar schädlich sein.

Ein Rasen ist besser als Asphalt oder Beton. Er ist grün und sieht schön aus – aber für die Umwelt kann man noch viel mehr tun.

Wenn auf Ihrem Grundstück Rasen schlecht wächst, sollten Sie darauf verzichten. Wer versucht, gegen die natürlichen Gegebenheiten zu arbeiten, muss immer wieder eingreifen, und das ist auf lange Sicht schädlich für die heimische Tier- und Pflanzenwelt.

In trockenen Gegenden ist auch die Bewässerung problematisch, denn Rasenflächen sind sehr durstig. Ersetzt man heimische Pflanzen durch Gras, kann der Boden seine Fähigkeit verlieren, bei Starkregen große Wassermassen aufzunehmen, denn unter Rasenflächen ist er stärker verdichtet als in Beeten.

Rasenflächen neutralisieren zwar Kohlendioxid (siehe Seite 208), aber weitaus weniger als Bäume und andere Pflanzen. Werden im Rasen Herbizide eingesetzt, dringen diese in Boden und Grundwasser ein, können Ökosysteme schädigen und zur Überdüngung von Gewässern beitragen.

Wer auf einen Rasen nicht verzichten will, hat dennoch einige Möglichkeiten, der Umwelt etwas Gutes zu

▼ Die Vegetation nimmt unterschiedlich viel Kohlendioxid aus der Luft auf. Eine Wildblumenwiese ist wesentlich effektiver als ein manikürter Rasen.

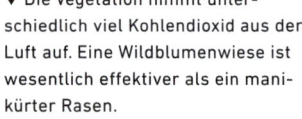
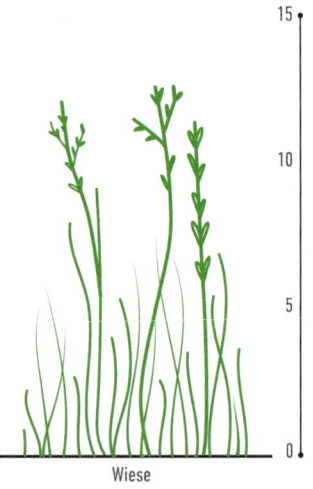

Rasen   Ackerland   Wiese

Durchschnittliche CO_2-Aufnahme pro Hektar im Jahr (Tonnen)

15
10
5
0

tun. Es empfiehlt sich, immer im Einklang mit der Natur zu arbeiten und sie zu unterstützen, statt sie sich wöchentlich mit dem Mäher unterwerfen zu wollen. Schauen Sie sich also Ihren Rasen einmal genau an und überlegen Sie, ob es vielleicht auch besser geht:

- **Ersetzen Sie den Zierrasen** durch Klee, Wildblumen oder heimische Gräser. Mähen Sie seltener, damit die Pflanzen Samen bilden können. Ideal ist es, nur ein- bis zweimal jährlich zu mähen. Dann können Wildblumen sich durch Selbstaussaat vermehren.

IN DEN USA NEHMEN
RASENFLÄCHEN MEHR ALS
16 Millionen
HEKTAR LAND EIN.

- **Wer Rasen mäht,** sollte das in größeren Zeitabständen tun und das Schnittgut liegen lassen, damit es sich auf der Fläche zersetzt. Dadurch werden dem Rasen Nährstoffe zugeführt und er kann mehr CO_2 absorbieren.
- **Wandeln Sie** einen Teil der Rasenfläche in einen Gemüsegarten um.
- **Verzichten Sie** auf Pestizide, Unkrautvernichter und andere schädliche Chemikalien.
- **Fangen Sie Regenwasser auf,** um es für die Bewässerung zu nutzen (siehe Seite 153).

Umweltsünde Rasenmäher?

Niemand verlangt, dass Sie zur Handschere greifen, aber manche Mäher sind besser als andere.

Wenn Sie einen Rasen besitzen, den Sie regelmäßig mähen, sollten Sie auf einen Rasenmäher mit Benzinmotor möglichst verzichten. Der Treibstoff ist nicht nachhaltig, und die Auspuffgase enthalten schädliche Stoffe wie Kohlenmonoxid und Stickoxide. Einer Studie zufolge liegen die Emissionen eines Benzin-Rasenmähers pro Betriebsstunde elfmal so hoch wie bei einem neuen PKW mit Verbrennungsmotor.

Also bleibt die Wahl zwischen einem altmodischen Handmäher und einem elektrischen Gerät. Der Handmäher ist die umweltfreundlichste Option, denn er arbeitet emissionsfrei und verschafft Ihnen obendrein ein Work-out. Wenn Sie sich für einen Elektromäher entscheiden, sollten Sie ihn mit Ökostrom betreiben.

Wenn Sie den Rasen mähen, um seinen Zustand zu verbessern und unregelmäßig wachsende Stellen anzugleichen, sollten Sie einmal über kleinblättrigen Klee nachdenken. Er bindet Stickstoff im Boden und sorgt so für gleichmäßigeres Wachstum der Gräser. Außerdem ist es ratsam, abgestorbene Wurzeln und anderen »Rasenfilz« mit einer feinzinkigen Harke zu entfernen.

»Sorgen Sie dafür, dass Ihr Garten wirklich grün ist.«

Wie kann ich meinen Garten nachhaltig bewässern?

Trinkwasser ist eine kostbare Ressource. Wer umweltbewusst gärtnert, spart Wasser durch sinnvolle Bewässerungsmethoden und nutzt Regenwasser.

Ein Garten mit heimischen Pflanzen muss selten bewässert werden, weil diese Arten an die typischen Niederschlagsverhältnisse der Region angepasst sind. Pflanzen aus anderen Klimazonen brauchen vielleicht mehr Wasser und Fürsorge.

In manchen Regionen ist das Bewässern von Gärten und Rasenflächen mit Trinkwasser verboten. Wo das nicht der Fall ist, sollten Sie trotzdem mit Augenmaß bewässern. Rasensprenger verschwenden Wasser, weil sie oft zu lange laufen. Mit dem Schlauch gießt man nicht gezielt genug und oft zu großzügig, was Pflanzen übel nehmen, die keinen staunassen Boden vertragen. Ein Brausevorsatz mit regulierbarem Durchfluss kann Abhilfe schaffen.

- **Den Boden mit Kompost** oder Mulch verbessern. So speichert er mehr Wasser, und Sie müssen seltener gießen.
- **Früh morgens gießen,** damit wenig Wasser verdunstet, bevor es im Boden versickern kann
- **Direkt auf den Wurzelbereich** gießen, nicht großflächig
- **Wenn Sie Gemüse waschen,** können Sie das Wasser auffangen und für den Garten verwenden. Wasser mit Seifen- oder Wasch-

mittelrückständen ist aber nicht geeignet.

- **Eine Tropfbewässerung** bringt Wasser genau dahin, wo es gebraucht wird. Praktisch für große Gärten und begrünte Wände.
- **Eine abdeckbare Tonne** aufstellen und Regenwasser zur Bewässerung sammeln. Denkbar ist auch ein unterirdischer Regenwassertank.

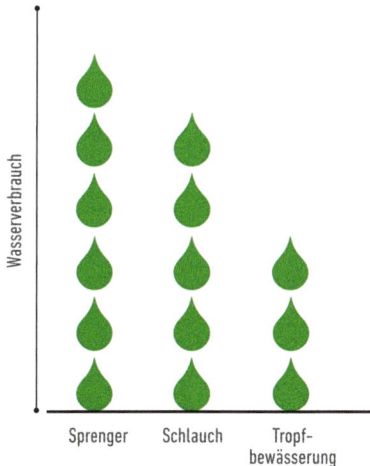

Wasserverbrauch

| Sprenger | Schlauch | Tropf-bewässerung |

▲ Die Tropfbewässerung ist besonders sparsam, weil das Wasser gezielt dorthin gelangt, wo es benötigt wird. So kann nichts abfließen oder verdunsten.

Umweltgerechte Flächengestaltung im Garten

Versiegelte Flächen im Garten sind keine gute Idee. Bei der Wahl von Materialien für Terrassen und Wege sollten Sie genau hinschauen, wenn es umweltfreundlich zugehen soll.

Viel zu lange haben wir Flächen mit undurchlässigen Materialien wie Beton oder Asphalt versiegelt, sodass der Boden kein Wasser mehr aufnehmen kann. Durch die vielen gepflasterten Einfahrten und Terrassen vor unseren Häusern ist die Gefahr für Überschwemmungen erheblich gestiegen, weil zu wenig Wasser versickern kann.

Materialien wie Stein und Beton heizen sich tagsüber auf und geben die Wärme nachts wieder ab. Dadurch entstehen in den Städten Wärmeinseln, und die höheren Temperaturen lassen viele Stadtbewohner schlechter schlafen. Vor allem Beton ist ein ökologischer Albtraum. Die Produktion verschlingt weltweit enorme Energiemengen. Wäre die Zementindustrie ein Land, nähme es auf der Weltrangliste der CO_2-Produzenten den dritten Platz ein.

Wer Flächen auf seinem Grundstück befestigen möchte, ohne der Umwelt zu schaden, sollte zunächst einmal überlegen, welche Auswirkungen das vorgesehene Material auf den Boden hat, etwa indem es Regenwasser aufnimmt oder die Temperatur reguliert. Überlegen Sie auch, woher das Material kommt, wie lange es hält, ob es am Ende seiner Lebensdauer recycelt werden kann und ob zu seiner Pflege möglicherweise Chemikalien notwendig sind, die Nützlingen und Ökosystemen schaden können.

- **Durchlässige Materialien** wählen, wie Kies oder ein Holzdeck, damit Regenwasser im Boden versickern kann. Denkbar sind auch Gittersteine, in deren Zwischenräume man Sand oder Kies füllen oder Rasen säen kann. Sie befestigen den Boden, ohne ihn zu versiegeln.
- **Nicht den ganzen Garten bedecken!** Die Vegetation in den Vorgärten und an den Straßenrändern reguliert im Sommer die Temperatur und hilft, Wärmeinseln zu vermeiden. Ein grüner Vorgarten bildet eine Schutzbarriere zwischen dem Haus und der Straße, denn die Pflanzen filtern Schadstoffe und Staubpartikel aus der Luft.

5,2 Millionen

GRUNDSTÜCKE IN ENGLAND SIND DURCH ÜBERSCHWEMMUNGEN GEFÄHRDET.

BODENBELÄGE FÜR DEN GARTEN

Rasen

Ein Rasen ist die beste Lösung, denn er nimmt Regenwasser auf und setzt Kohlenstoff um, allerdings nur in geringem Umfang (siehe Seite 150).

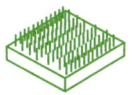

Kunstrasen

Ungeeignet. Er besteht aus Plastik und tut nichts für Boden und Nützlinge. Es gibt durchlässige Arten, aber der Boden darunter ist meist verdichtet und nimmt kein Wasser auf.

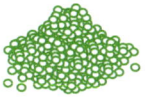

Kies

Gut geeignet für Wege und Einfahrten. Lässt Wasser durch und ist preiswerter als Pflastersteine oder Platten

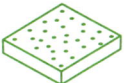

Beton

Ungeeignet. Hat eine negative CO_2-Bilanz und ist undurchlässig, sodass Oberflächenwasser abfließt – womöglich in den Keller

Pflastersteine oder Ziegel

Je nachdem, womit die Fugen gefüllt sind, kann eine gewisse Menge Wasser versickern. Beton vermeiden. In Sand- und Erdfugen können Pflanzen wachsen.

Kunststoffplatten

Neuer Kunststoff ist nicht umweltfreundlich. Platten aus Recyclingkunststoff mit Löchern, durch die Wasser abfließen kann, können dagegen eine gute Lösung sein.

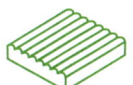

Terrassendielen aus Holz

Gebrauchtes Holz oder Holz aus nachhaltiger Forstwirtschaft verwenden. Wasser fließt durch die Fugen ab. Zur Versiegelung und Pflege nur Produkte ohne schädliche Inhaltsstoffe verwenden

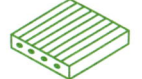

Terrassendielen aus Kunststoff

Ungeeignet. Die Dielen brauchen zwar keine Pflege, bestehen aber aus PVC und können deshalb am Ende ihrer Lebensdauer schlecht recycelt oder wiederverwendet werden.

Terrassendielen aus Kompositmaterial

Die Dielen bestehen aus einer Mischung aus Recyclingkunststoff und Holzspänen. Sie sind langlebig, und durch die Fugen kann Wasser abfließen.

Obst und Gemüse
aus dem eigenen Garten?

Ein Garten, in dem Essbares angebaut wird, ist besonders umweltfreundlich. Dafür brauchen Sie kein großes Grundstück. Selbst auf dem Balkon oder der Fensterbank kann man ernten.

Jeder kann dazu beitragen, die Umweltprobleme zu lindern, die sich aus der globalisierten Produktion und dem Transport von Lebensmitteln ergeben. Bauen Sie einfach Lebensmittel selbst an. Für die eigene Ernte fallen weder Transport (siehe Seite 48) noch Verpackung (siehe Seite 52) an, und wer auf Chemikalien verzichtet, erntet Bioprodukte. Und wenn Sie sich Mühe gegeben haben, um ernten zu können, ist auch die Wahrscheinlichkeit geringer, dass Sie etwas umkommen lassen oder wegwerfen.

Ein Nutzgarten lohnt sich vor allem, wenn Sie öfter auf Fleisch verzichten wollen. Wer sich selbst

▼ Ein Beet von nur 4 Quadratmetern Größe kann im Lauf eines halben Jahres beachtliche Erträge abwerfen.

MEHR ALS 25 KG ERNTEERTRAG IN 6 Monaten

versorgt, hat immer frisches Obst und Gemüse zur Hand, und obendrein spart man noch Geld dabei. Was nicht sofort verzehrt wird, lässt sich zu Konfitüre und Chutneys verarbeiten oder einfrieren, und Sie müssen noch seltener in den Supermarkt.

Studien haben gezeigt, dass der Anbau im eigenen Garten auch die Gemeinschaft stärkt. Wer zu viel hat, gibt den Nachbarn etwas ab oder tauscht. So können wertvolle Kontakte entstehen. Der Anbau im eigenen Garten wirkt sich in vielerlei Hinsicht positiv auf die direkte Umgebung aus. Emissionen, Abfälle und Verpackungsmüll werden reduziert, die Bodengesundheit wird verbessert.

Hinzu kommt, dass Gartenarbeit guttut. Die Bewegung an der frischen Luft ist bekanntlich gesund für den Körper, aber auch die Psyche profitiert, denn Gartenarbeit hilft, Stress abzubauen, macht zufrieden und auch ein bisschen stolz.

Vielleicht wird Ihr Garten auch Teil einer nachbarschaftlichen Anbaugemeinschaft, nach dem Motto »Radieschen statt Rasen«.

- **Nehmen Sie sich** nicht zu viel vor. Gartenneulinge sollten klein anfangen, etwa mit Kräutern und ein bis zwei Lieblingsgemüsesorten. (Warum reihenweise Gemüse säen, dass Sie gar nicht mögen?)
- **Realistisch bleiben.** Pflanzen oder säen Sie nur so viel, wie Sie

tatsächlich pflegen können. Schon wenige Pflanzen können beachtliche Erträge liefern.

- **Informieren Sie sich** im Internet, in Büchern oder Zeitschriften, was wann gesät und gepflanzt werden muss, damit Sie rund ums Jahr ernten können.
- **Kein Garten?** Tomaten, Kräuter oder Erdbeeren kann man auch auf dem Balkon oder der Küchenfensterbank ziehen.
- **Pachten Sie** einen Schrebergarten oder nutzen Sie einen Gemeinschaftsgarten. Dort finden Sie Gartenfans, mit denen Sie sich aus-

---

WER EIN FÜNFTEL SEINER NAHRUNG **SELBST ANBAUT,** SPART IM JAHR ETWA

30 kg CO_2 EIN.

---

tauschen können. Wenn Sie genug Gleichgesinnte kennen, können Sie vielleicht sogar selbst einen Gemeinschaftsgarten gründen.

- **Wenn Sie Pflanzerde kaufen,** achten Sie darauf, dass sie keinen Torf enthält. Torf besteht aus Pflanzenteilen, die sich im Lauf von Jahrtausenden langsam zersetzt haben. Torfmoore sind artenreiche Lebensräume, wichtige Wasserspeicher und Kohlenstoffsenken.

Was ist Permakultur?

Lassen Sie sich von dem kompliziert klingenden Fachausdruck nicht abschrecken. Permakultur ist eine gute Möglichkeit, den Garten nachhaltiger zu bewirtschaften.

Der Begriff »Permakultur« entstand in den 1970er-Jahren, aber die Idee ist viel älter. Es geht darum, von der Natur zu lernen und die Pflanzen in ihrem Gedeihen zu unterstützen. Insofern ist Permakultur das Gegenteil der industriellen Monokulturen (siehe Seite 46). Permakultur arbeitet mit der Natur, nicht gegen sie.

Ganze vier Nahrungspflanzen (Sojabohnen, Weizen, Reis und Mais) machen 50 % der weltweiten Ernte aus. Solche Monokulturen sind das genaue Gegenteil der Vielfalt, für die Permakultur steht. Weil der Genpool kommerziell angebauter Sorten begrenzt ist, sind sie anfälliger für Schädlinge, und Krankheiten können ganz Ernten vernichten. Permakultur setzt auf Vielfalt und langfristige, nicht nur saisonale Nachhaltigkeit. Bodengesundheit, biologischer Anbau und naturnahe Kombinationen stehen im Mittelpunkt, denn alle Elemente eines Ökosystems stehen miteinander in Beziehung. Wer naturnah gärtnert, hat die Natur als Verbündete. So könnten Sie vorgehen:

- **Mischkultur.** Zwiebelgewächse und Karotten sind gute Nachbarn, weil jede Art Schädlinge der anderen vertreibt.
- **Wildblumen** in der Nähe von Gemüse locken Insekten an. Diese bestäuben die Pflanzen, und die Erträge fallen besser aus.

▶ Permakultur zielt darauf ab, die Ressourcen der Erde zu schonen und Abfall und Verschwendung zu vermeiden.

Wie kann ich Plastik im Garten vermeiden?

Sie haben Plastikmüll in Küche und Bad reduziert. Nun kommt auch der Garten an die Reihe.

Ob Werkzeugstiele oder Pflanzenetiketten: Auch im Garten hat sich Plastik breitgemacht. Blumentöpfe sind notwendig, und Töpfe aus Plastik lassen sich besonders billig in großen Mengen produzieren. Sie erzeugen aber einen gewaltigen Müllberg.

IN ENGLAND WERDEN
JÄHRLICH ETWA

500 Millionen

BLUMENTÖPFE UND SCHALEN
AUS PLASTIK VERKAUFT.

Es gibt aber auch sinnvolles Gartenzubehör aus Plastik. So verlängert ein Folientunnel die Anbausaison und ermöglicht es, eine größere Vielfalt von Nutz- und Zierpflanzen zu kultivieren. Mit einem kleinen Folientunnel können Sie Ihren CO_2-Fußabdruck verringern, wenn Sie darunter Obst und Gemüse anpflanzen. Am Ende seines Lebens kann der Tunnel recycelt werden, beispielsweise für Müllsäcke.

Für das Plastik, das keinen guten Zweck im Garten erfüllt, lassen sich leicht grünere Alternativen finden.

- **Wenn Sie neue** Werkzeuge oder Utensilien anschaffen müssen, bevorzugen Sie Metall oder Holz.
- **Biologisch abbaubare Töpfe** aus Materialien wie Reiskleie oder Bambus können in die Erde gesetzt werden und verrotten langsam im Beet. Kleine kompostierbare Anzuchttöpfe können Sie aus Zeitungspapier selbst machen.
- **Verwenden Sie Pflanzgefäße** aus Naturmaterialien wie Holz oder Ton oder zweckentfremden Sie Vorhandenes (Badewannen, Gummistiefel, Metallkanister). Sogar eine alte Jeans kann bepflanzt und aufgehängt werden. Alles ist besser, als neues Plastik zu kaufen.
- **Plastik aus der Küche** kann sich im Garten nützlich machen. Leere Joghurtbecher, Milchkartons oder Getränkeflaschen eignen sich gut, um darin Sämlinge vorzuziehen.
- **Fragen Sie im Gartencenter,** ob Sie dort Plastiktöpfe zum Recycling abgeben können.
- **In einem Gemeinschaftsgarten** lassen sich größere Geräte, die nur selten benutzt werden, zusammen mit anderen anschaffen. Um einen Neukauf zu vermeiden, können Sie Geräte mieten und sich die Kosten teilen.

Ist ein Komposthaufen immer eine gute Idee?

Wer genug Platz hat, kann im Garten wertvollen Kompost selbst herstellen und damit den Gartenboden verbessern.

Wer Lebensmittelabfälle kompostiert, tut der Umwelt einen Gefallen. Der Müllberg verringert sich, und der fertige Kompost kann verwendet werden, um den Gartenboden mit Nährstoffen anzureichern, um darauf wieder Nutzpflanzen zu ziehen. So wird der Garten zu einem Lebensraum, in dem sich Nützlinge wohlfühlen (siehe Seite 156 und 149). Die Kompostierung ist einfach. Organische Substanz, etwa Gemüse- und Gartenabfälle, werden von Mikroben und Würmern verdaut. Dabei entsteht eine kohlenstoffreiche Substanz. Sie brauchen dafür einen Behälter oder eine Gartenecke, in der Sie den

---

EIN KOMPOSTHAUFEN
NIMMT JÄHRLICH ETWA

150 kg LEBENSMITTEL-ABFÄLLE AUF.

Komposthaufen aufsetzen. Komposter aus Kunststoff kann man fertig kaufen. Umweltfreundlicher ist es, sie aus Holzresten selbst zu bauen. Gefüllt wird der Komposter abwechselnd mit grünen Abfällen (z. B. Rasenschnitt, Obst- und Gemüseschalen) und braunen Abfällen (z. B. trockenen Zweigen, Heckenschnitt oder

sogar Pappe). Das Verhältnis muss ausgewogen sein, damit die Mikroben die Stoffe zuverlässig abbauen können.

Der Kompost soll feucht, aber nicht zu nass sein. Luft muss im Inneren zirkulieren, und Regenwasser muss nach unten versickern können. Eine Abdeckung verhindert, dass Wärme und Feuchtigkeit entweichen. Dadurch verläuft die Verrottung schneller. Ab und zu muss der Kompost gewendet werden, um ihn zu durchlüften. Nach etwa sechs Monaten ist er dunkelbraun und krümelig und kann auf den Gartenbeeten verteilt werden.

- **Das darf auf den Kompost:** Pflanzenreste, zerdrückte Eierschalen, Eierkartons, Teebeutel ohne Plastik, Kaffeesatz. Fleisch und Milchprodukte sind ungeeignet, weil der Geruch Ratten anlocken kann. Unkraut, das Samen gebildet hat, sollten Sie nicht kompostieren. Die Samen verrotten nicht und können ungewollt mit dem Kompost im Garten verteilt werden.
- **Wenn Sie keinen** Platz für einen Komposthaufen im Garten haben, können Sie vielleicht den Kompost eines Gemeinschaftsgartens in der Nähe nutzen.

Lohnt sich ein Wurmkomposter?

Kein Platz für einen Komposthaufen? Kein Problem! Auch mit einem Wurmkomposter können Sie Ihre Obst- und Gemüseabfälle selbst recyceln.

Wer wenig Platz hat, sollte über einen Wurmkomposter nachdenken. Die Würmer ernähren sich von Lebensmittelresten und verwandeln sie in Kompost und Flüssigkeit, die als Dünger verwendet werden kann. Wurmkomposter kann man zusammen mit den Würmern fertig kaufen. Anleitungen zum Selbstbauen finden Sie im Internet. Die roten Kompostwürmer muss man im Fachhandel bestellen, normale Regenwürmer sind nicht geeignet.

Ein einfacher Wurmkomposter hat zwei Etagen. Die Würmer leben in der oberen Etage, in die abwechselnd Lebensmittelreste und Sägemehl oder feuchtes Zeitungspapier gefüllt werden. Darunter liegt ein Auffangbehälter für die Flüssigkeit. Die obere Kammer sollte etwa zwei Drittel des Gesamtraums einnehmen und kann mit stapelbaren Tabletts unterteilt werden. Die Würmer fressen Küchenabfälle, jedoch nicht Fleisch, Fisch, Knochen, Milchprodukte sowie alles, was scharfe Gewürze, Salz oder Essig enthält. Stellen Sie den Komposter bei 10–30 °C auf, etwa im Schuppen oder auf einem geschützten Balkon.

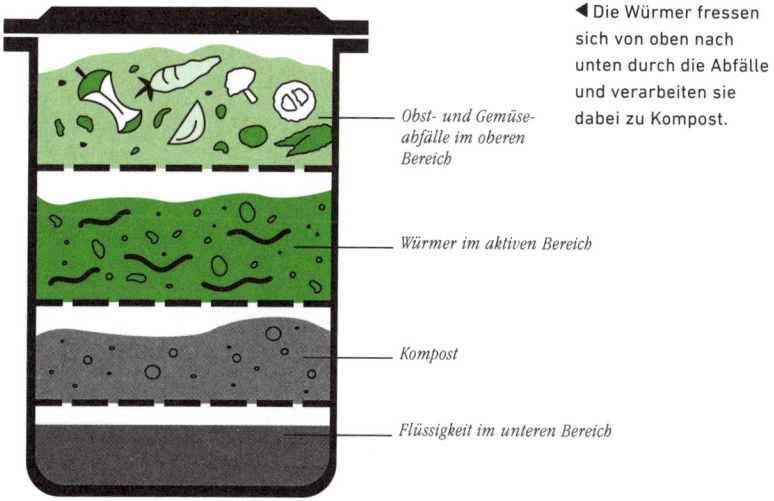

◀ Die Würmer fressen sich von oben nach unten durch die Abfälle und verarbeiten sie dabei zu Kompost.

— Obst- und Gemüseabfälle im oberen Bereich

— Würmer im aktiven Bereich

— Kompost

— Flüssigkeit im unteren Bereich

Welche Zimmerpflanzen reinigen die Raumluft am besten?

Zimmerpflanzen sehen nicht nur attraktiv aus, sie wirken sich auch positiv auf Umwelt und Gesundheit aus. Gute Gründe also, sich ein bisschen grüner einzurichten.

Zimmerpflanzen verbessern die Raumluft, indem sie Kohlendioxid aufnehmen, Sauerstoff abgeben und Schadstoffe und flüchtige organische Verbindungen (siehe Seite 122) aus der Luft filtern.

Nachgewiesen wurde diese Tatsache in einer Studie der amerikanischen Weltraumagentur NASA, für die in den 1980er-Jahren die Schadstoffwerte in einer Kammer mit einer Pflanze gemessen wurden. Auch wenn die Bedingungen der Studie nicht den realen Verhältnissen in einer Wohnung oder einem Büro entsprechen, kann man davon ausgehen, dass Zimmerpflanzen die Luft verbessern, und das ist vor allem von Vorteil, wenn Sie in einer Großstadt leben. Außerdem sollen sie beruhigend wirken und den Stressabbau erleichtern.

▼ Untersuchungen belegen, dass viele gängige Zimmerpflanzen die hier genannten Schadstoffe aus der Luft abbauen.

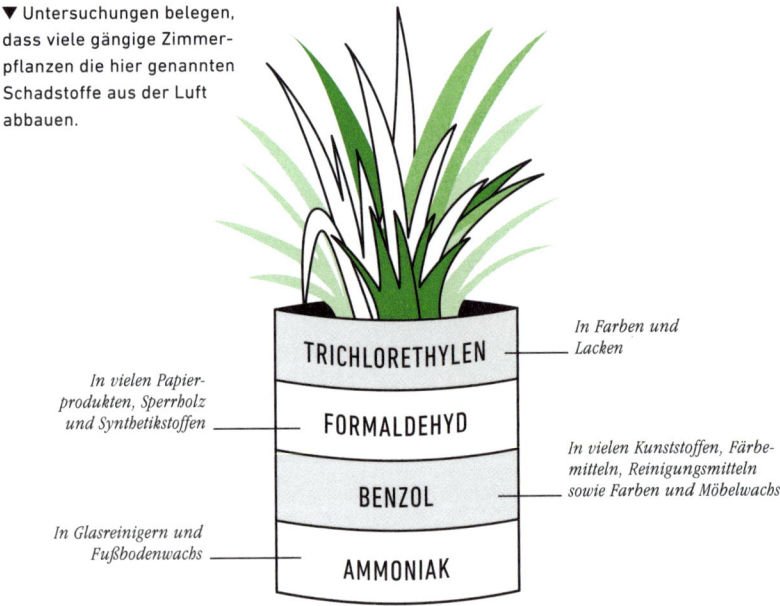

In Farben und Lacken

TRICHLORETHYLEN

In vielen Papierprodukten, Sperrholz und Synthetikstoffen

FORMALDEHYD

In vielen Kunststoffen, Färbemitteln, Reinigungsmitteln sowie Farben und Möbelwachs

BENZOL

In Glasreinigern und Fußbodenwachs

AMMONIAK

Einige durchaus wirkungsvolle Pflanzen sind für wenig Geld überall zu bekommen. Hier finden Sie Tipps fürs grünere Wohnen.

- **Besonders gute Filterwirkung** für Schadstoffe wie Benzol und Formaldehyd besitzt das Einblatt (*Spathiphyllum wallisii*). Auch Efeu (*Hedera helix*), der sich gut als Ampelpflanze eignet, ist empfehlenswert. Die Steckenpalme (*Rhapis excelsa*) und der Drachenbaum (*Dracaena marginata*) wachsen langsam und tun viele Jahre ihre Arbeit.
- **Wer eine schnell wachsende** Pflanze sucht, sollte die Grünlilie (*Chlorophytum comosum*) wählen.
- **Für Menschen ohne grünen Daumen** empfiehlt sich die unverwüstliche Efeutute (*Epipremnum aureum*).

80% DER BRITEN ZWISCHEN 16 UND 24 JAHREN BESITZEN MINDESTENS EINE ZIMMERPFLANZE.

- **Nicht nur Pflanzen** verbessern die Luftqualität. Dasselbe leisten auch Schnittblumen, beispielsweise Chrysanthemen und Gerbera.
- **Kaufen Sie möglichst** Pflanzen und Schnittblumen aus regionalem ökologischem Anbau, um unnötige Emissionen durch lange Transporte zu vermeiden.

Ist es wichtig, woher Pflanzen kommen?

Wer die Herkunft von Pflanzen kennt, kann bewusst grüne Entscheidungen fällen.

Die Pflanzen, die wir im Gartencenter kaufen, haben oft einen langen Transportweg hinter sich – produziert wird, wo die Bedingungen günstig sind. Schon der gewerbliche Anbau unter künstlichem Licht in beheizten Gewächshäusern ist problematisch, der internationale Transport sorgt für weitere CO_2-Emissionen.

Wenn Sie also Pflanzen kaufen, fragen Sie immer nach der Herkunft. Wählen Sie möglichst einheimische Sorten, für deren Anbau in der Regel weniger Energie aufgewendet werden muss.

Gut zu wissen: Viele Pflanzen lassen sich auch aus Saatgut selber ziehen (in torffreiem Kultursubstrat, siehe Seite 157), das ist eine besonders umweltfreundliche Lösung. Es gibt spezialisierte Anbieter für Biosaatgut, die über das Internet leicht zu finden sind. Sie können aber auch mit Freunden und Nachbarn Samen tauschen oder eine der vielen Tauschbörsen besuchen, die meist im Frühjahr an vielen Orten stattfinden.

BERUF
UND FREIZEIT

63,5 TONNEN CO₂-EMISSIONEN PRO JAHR WERDEN EINGESPART, WENN 100 PERSONEN ZWEIMAL WÖCHENTLICH IM HOMEOFFICE ARBEITEN.

Wo ist der grünste Arbeitsplatz?

Millionen Menschen haben Erfahrungen im Homeoffice gesammelt, aber jeder Arbeitsplatz hat seine Vor- und Nachteile.

Wie grün ein konventioneller Arbeitsplatz ist, hängt von der Umweltpolitik der Unternehmensführung ab. Auch das tägliche Pendeln spielt eine Rolle.

Großraumbüros verbrauchen pro Person weniger Platz als Einzelbüros. Dadurch werden Heizkosten gespart. Wer an seinem Wohnort arbeitet, verursacht weniger Emissionen. In der Regel haben die Mitarbeiter auf die Arbeitsplatzgestaltung wenig Einfluss. In vielen Firmen gibt es beispielsweise noch übermäßige Neonbeleuchtung und andere Energiefresser.

Für Menschen im Homeoffice fällt naturgemäß kein Arbeitsweg an. Während des Lockdowns 2020 haben allein in Großbritannien 18 Millio-

nen Menschen zu Hause gearbeitet. Dadurch ist die Luftverschmutzung in einigen Großstädten um bis zu 50 % gesunken, die energiebezogenen Emissionen haben sich um 17 % reduziert. Hinzu kommt, dass jeder in der eigenen Wohnung den Energieversorger selbst wählen und für Beleuchtung, Heizung und Geräte erneuerbare Energien nutzen kann. Dafür sind andere Optionen wie das Recycling von Elektroschrott (siehe Seite 142) vielleicht schwieriger.

- **Den Arbeitsweg** wenn möglich zu Fuß oder mit dem Rad zurücklegen
- **Pendler** können vielleicht tageweise von zu Hause arbeiten.

Wie kann ich meinen Arbeitsplatz umweltgerecht gestalten?

Müll und Kohlendioxidemissionen lassen sich durch betriebliche Standards verringern, aber auch jeder einzelne Mitarbeiter kann durch bewusstes Handeln dazu beitragen.

Mülltrennung und Recycling haben sich in den meisten Unternehmen durchgesetzt. Firmen können aber noch mehr tun. Sinnvoll sind umweltfreundliche Heizungen, Klimaanlagen und Beleuchtungslösungen, die auf einen Sparmodus umschalten, wenn die Räume nicht genutzt werden. Neubauten sollten gut isoliert werden. Immer mehr Unternehmen investieren in energiesparende Geräte oder nutzen erneuerbare Energien. Auch in der Produktion gibt es Möglichkeiten, um die Kohlendioxidemissionen zu senken. Energieberater helfen dabei, Verbesserungsmöglichkeiten zu finden.

Wichtig ist auch, dass die Mitarbeiter am Umweltkonzept beteiligt sind, etwa durch Gründung eines Umweltteams. Erfolge lassen sich durch eine kritische Bestandsaufnahme und klare Zielformulierungen messen. Es gibt viele grüne Strategien, die sich leicht in den Arbeitsalltag integrieren lassen.

- **Weniger Plastik:** bei der nächsten Bestellung von Büromaterial Holzbleistifte statt Plastikkugelschreibern ordern. Für Konferenzen und Sitzungen keine Einwegkugelschreiber, Notizblöcke oder Werbeartikel bereitstellen

- **Auf energiesparende Beleuchtung** umsteigen. LEDs sind sparsamer als Leuchtstofflampen. Traditionelle Glühbirnen sind wahre Energiefresser.
- **Nur ausdrucken,** was unbedingt auf Papier benötigt wird. Papier beidseitig bedrucken, Farbdrucke vermeiden, Toner- und Tintenkartuschen recyceln
- **Zimmerpflanzen** aufstellen. Sie verbessern die Raumluft und die Stimmung.
- **Kantine:** Lebensmittelverschwendung vermeiden. Reste können gespendet werden.
- **Gebäudereinigung:** Ein Unternehmen beauftragen, das umweltfreundliche Methoden und Produkte einsetzt
- **Geschirr und Gläser** bereitstellen, damit weniger Einwegplastik verwendet wird. Ein durchschnittlicher Angestellter in den USA verbraucht pro Jahr 500 Einweg-Kaffeebecher.
- **Steht Obst bereit,** greifen die Mitarbeiter seltener zu Snacks in Plastikverpackung.
- **Werbegeschenke:** auf Nachhaltigkeit achten oder stattdessen einen bestimmten Betrag für einen guten Zweck spenden

Ist ein papierloses Büro wirklich umweltfreundlicher?

Ein papierloses Büro spart Energie und kostbare Ressourcen. Emissionen entstehen aber auch durch digitale Dokumente, Cloudspeicher, Streaming und ähnliche Angebote.

Wir verwenden Papier mit schlechtem Gewissen: Die Herstellung verschlingt nicht nur Bäume, sondern auch sehr viel Energie und Wasser, außerdem fallen durch den Transport Emissionen an. Deshalb ist es sinnvoll, am Arbeitsplatz sparsam mit Papier umzugehen, andererseits ist aber das papierlose Büro nicht CO_2-neutral.

Allzu leicht vergessen wir, dass auch die riesigen (und stetig wachsenden) Datenzentren, die wir für Online-Inhalte und Cloudspeicherung nutzen, enorme Mengen Energie verschlingen. Schätzungen zufolge wird der Energieverbrauch dieser Datenzentren im Jahr 2025

NACH EINEM BERICHT VON 2019 BESITZEN

43% DER RECHENZENTREN KEIN UMWELTKONZEPT.

---

etwa 3% der gesamten weltweiten Kohlendioxidemissionen verursachen, denn unser »digitales Leben« erfordert immer mehr Speicherplatz und Datenverarbeitungskapazität. Allein die Rechenzentren in Deutschland

verbrauchen so viel Strom, wie vier mittelgroße Kraftwerke liefern. Wenn sich dieser Trend fortsetzt, werden die durch den digitalen Datenverkehr verursachten Emissionen im Jahr 2040 bei etwa 14% liegen. Das entspricht dem heutigen Anteil der gesamten USA.

Nicht nur für die Umwelt ist es sinnvoll, am Arbeitsplatz einmal gründlich aufzuräumen.

- **Den Speicher** regelmäßig durchsehen und Dateien löschen, die nicht mehr benötigt werden
- **Das Internet** bewusster nutzen. Suchmaschinen wählen, die Ausgleichsleistungen für ihre CO_2-Emissionen erbringen (z. B. Bäume pflanzen). Musik und Videos abschalten, wenn Sie nicht zuhören oder hinschauen
- **Belanglose E-Mails** vermeiden (siehe Seite 171)
- **Papier** doppelseitig und schwarz bedrucken (Farbdruck vermeiden). Für handschriftliche Notizen und Listen gebrauchtes Papier benutzen und alle Papierprodukte recyceln

Welches Papier ist am umweltfreundlichsten?

Für Recyclingpapier müssen keine Bäume gefällt werden. Das ist aber nicht der einzige Aspekt, der in Bezug auf die Umweltfreundlichkeit von Papier zu Buche schlägt.

Um die Emissionen der Papierproduktion zu beurteilen, muss man den gesamten Prozess berücksichtigen, von der Herstellung der Zellulose aus Holzfasern über die Produktionsmethoden und den Energiebedarf bis zum Transport.

Recyclingpapier wird aus Altpapier hergestellt. Wer es benutzt, trägt zur Erhaltung von Wäldern bei, die vielen Arten als Lebensraum dienen. Obwohl es schwierig ist, den genauen CO_2-Fußabdruck eines Papierprodukts zu ermitteln, kann man durch bewusstes Einkaufen etwas bewirken.

- **Kaufen Sie** Papier mit einem möglichst hohen Recyclinganteil. Einen Standard gibt es nicht.
- **Informieren Sie sich,** welche Energie zur Herstellung eingesetzt wurde – fossile Brennstoffe oder erneuerbare Quellen?
- **Auf das FSC-Siegel achten.** Der *Forest Stewardship Council* setzt sich für verantwortungsvolle Forstwirtschaft ein. FSC-Papier stammt von Herstellern, die Holz aus nachhaltiger Forstwirtschaft verarbeiten. Dabei geht es nicht nur um die Wälder selbst, sondern auch um die indigenen Völker und die Menschen, die in den verschiedenen Schritten der Papierproduktion beschäftigt sind. Das Label *FSC recycled* garantiert, dass es sich um echte Recyclingware handelt.

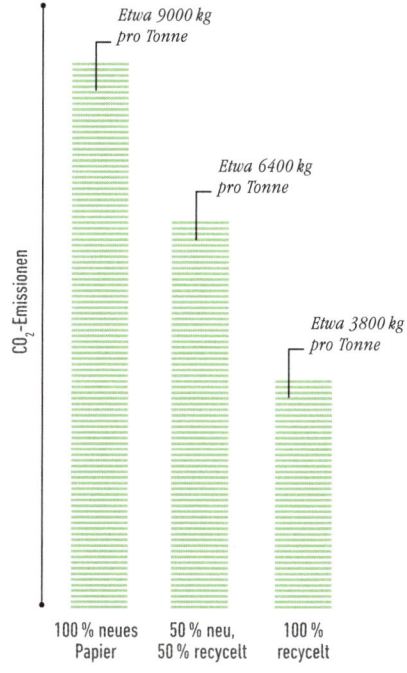

Etwa 9000 kg pro Tonne

Etwa 6400 kg pro Tonne

Etwa 3800 kg pro Tonne

CO_2–Emissionen

100 % neues Papier

50 % neu, 50 % recycelt

100 % recycelt

▲ Je kleiner der Anteil neuen Zellstoffs, desto weniger Treibhausgas fällt bei der Papierherstellung an.

»Fast 4% der weltweiten CO_2-Emissionen werden durch das Internet verursacht.«

Wie wirken sich E-Mails auf die Umwelt aus?

Täglich werden Milliarden von E-Mails verschickt. Über den Preis für die Umwelt denken wir dabei selten nach.

Jede E-Mail hat einen CO_2-Fußabdruck. Beim Schreiben, Versenden und Speichern im Posteingang, der sich auf einem riesigen Server befindet, wird Strom verbraucht.

Das Verschicken einer E-Mail mag belanglos erscheinen, aber das Gesamtvolumen der internationalen Kommunikation hat erhebliche Auswirkungen. 2019 wurden weltweit täglich sagenhafte 293,6 Milliarden E-Mails verschickt. Im Jahr kommen durch den E-Mail-Verkehr so viele CO_2-Emissionen zustande wie durch 7 Millionen zusätzliche Autos. Forscher haben berechnet, dass die CO_2-Emissionen in Großbritannien um mehr als 16 433 Tonnen sinken könnten, wenn jeder nur eine E-Mail weniger verschicken würde. Und das ist nur die Spitze des Eisbergs. Streaming, das 60 % der Internetnutzung ausmacht, und Datenspeicherung verursachen ebenfalls hohe Emissionen.

Denken Sie vor dem Klick auf »Senden« kurz nach. Vielleicht ist nicht jede Ein- oder Zwei-Wort-Mail wie »Prima, danke« oder »Okay« wirklich notwendig.

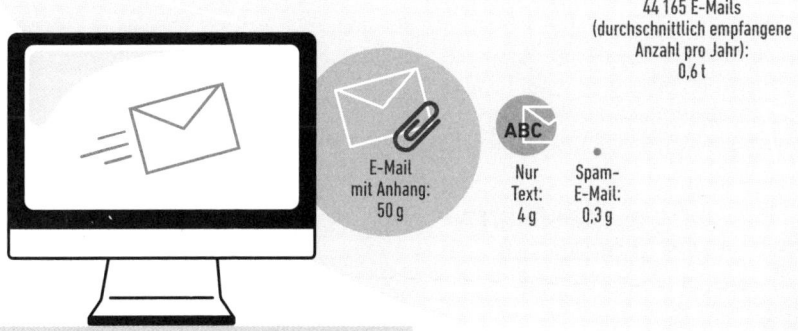

44 165 E-Mails
(durchschnittlich empfangene Anzahl pro Jahr):
0,6 t

E-Mail mit Anhang:
50 g

Nur Text:
4 g

Spam-E-Mail:
0,3 g

▲ Auch Ihr Posteingang hat einen CO_2-Fußabdruck. Die geringsten Emissionen verursachen Spam-Mails, die ungeöffnet gelöscht werden.

Was ist grüner: E-Books oder gedruckte Bücher aus Papier?

E-Reader sind zweifellos bequem, aber viele Menschen bevorzugen gedruckte Bücher aus Papier. Wie wirken sich unsere Lesegewohnheiten auf die Umwelt aus?

Gedruckte Bücher und E-Books haben Einfluss auf die Umwelt. Für die Herstellung von Akku und Display eines E-Readers müssen seltene Rohstoffe gefördert werden, außerdem schlagen Energie, Wasser und Transport zu Buche. Für ein gedrucktes Buch werden Papier, Druckfarbe und Wasser gebraucht – etwa 32 Liter Wasser für ein einziges Buch – sowie Energie für Herstellung und Transport. Allein in Großbritannien wurden 2018 etwa 191 Millionen gedruckte Bücher verkauft. Das geht mit einem enormen Verbrauch von Ressourcen einher.

Was grüner ist, hängt von der Anzahl der gelesenen Bücher ab. Erst wenn auf dem Reader mindestens 25 Bücher pro Jahr gelesen werden, liegen die bei seiner Herstellung anfallenden Emissionen unter denen, die bei der Produktion derselben Menge gedruckter Bücher anfielen.

Die meisten Menschen nutzen einen Reader etwa vier Jahre, bevor sie sich ein neueres Modell anschaffen. Wenn Sie also in vier Jahren weniger als 100 Titel lesen, sind gedruckte Bücher für Sie umweltfreundlicher. Für Vielleser sind andererseits digitale Bücher die grünere Wahl.

Auch die folgenden Punkte sollten Sie bedenken:

- **Ersetzen Sie** Ihren E-Book-Reader erst, wenn es unumgänglich ist. Es muss nicht immer das neueste Modell sein. Geben Sie das Altgerät zum Recycling oder verkaufen Sie es weiter.
- **Wenn Sie gedruckte Bücher** bevorzugen, werden Sie Mitglied in einer öffentlichen Bibliothek oder kaufen Sie Bücher gebraucht. Ausgelesene Bücher können Sie weiterverkaufen, in Second-Hand-Buchläden bringen oder spenden.
- **Tauschen Sie** Bücher mit Freunden oder organisieren Sie einen größeren Tauschring am Arbeitsplatz oder in der Nachbarschaft. So kann jeder neuen Lesestoff finden, ohne viel Geld auszugeben oder die Umwelt zu belasten. Das gilt natürlich auch für dieses Buch!

FÜR EIN **DURCHSCHNITT-LICHES GEDRUCKTES BUCH** FALLEN ETWA

7,5kg

CO_2-EMISSIONEN AN.

85% DES UMSATZES MIT NACHRICHTEN ENTFIELEN 2019 AUF PRINTMEDIEN.

▶ Digitale Nachrichtendienste sind im Kommen, aber gedruckte Medien sind weiterhin weltweit beliebt, vor allem in Regionen, in denen die Alphabetisierung zunimmt, die Internetanbindung aber schlecht ist.

Sind gedruckte Zeitungen und Zeitschriften noch vertretbar?

Für viele gehört es zum Wochenende, die Sonntagszeitung durchzublättern, aber die Herstellung belastet die Umwelt.

Obwohl die Printmedien rückläufig sind, verbrauchen sie noch große Mengen an Ressourcen. 2018 wurden in Großbritannien fast 374 Millionen Zeitschriften und viele Millionen Zeitungen verkauft. Sie alle verbrauchen Bäume, Energie und Druckfarbe und sie müssen transportiert werden. Beim Druck von Hochglanzmagazinen werden flüchtige organische Verbindungen frei, die toxisch sind, und das glänzende Papier ist schwieriger zu recyceln.

So bleiben Sie umweltfreundlich auf dem Laufenden:

- **Nutzen Sie** Nachrichten-Apps, Websites oder die digitale Ausgabe Ihrer Lieblingszeitung. Ihr CO_2-Fußabdruck ist kleiner als der von gedruckten Zeitungen.
- **Kostenlose Zeitungen** auf Reisen liegen lassen. Sie werden oft nur kurz durchgeblättert und dann weggeworfen.
- **Wenn Sie gedruckte** Zeitungen und Zeitschriften bevorzugen, sollten Sie sie nach dem Lesen verschenken, spenden, zum Basteln benutzen und zuletzt dem Recycling zuführen.

Wie kann man Geld umweltgerecht anlegen?

Staaten brauchen Geld, um zu funktionieren. Durch unser Konsum-, Spar- und Anlageverhalten können wir aber für oder auch gegen die Belange unseres Planeten arbeiten.

Jedes Mal, wenn Sie bar oder mit Karte bezahlen, treffen Sie eine Verbraucherentscheidung, die sich letztlich auch auf die Zukunft unseres Planeten auswirkt. Viele Unternehmen bemühen sich um internationale Zertifizierungen wie *B Corp*, um deutlich zu machen, dass sie mit ihrer Geschäftspolitik das Gemeinwohl und den privatwirtschaftlichen Nutzen besser in Einklang bringen wollen. Wer solche Zertifizierungen beachtet, kann beim Einkauf gezielt Entscheidungen für die Umwelt fällen.

Bank im Alltag

Lange haben die meisten Banken in jedes Unternehmen investiert, das maximalen Profit versprach – von fossilen Brennstoffen über Rüstung bis zu Bergbau. Heute bemühen sich mehr Banken um eine ethische Investitionspolitik. Sie legen Wert auf mehr Transparenz und vergeben häufiger Kredite an Organisa-

▼ Ökologisch und ethisch verantwortliche Geldanlagen wie ESG-Fonds haben in den letzten Jahren an Beliebtheit gewonnen (Zahlen für 2020 aus dem ersten Quartal).

ESG-Fonds Aktiva (in Millionen $)

25 000
20 000
15 000
10 000
5 000
0

2016 2017 2018 2019 2020

tionen, die sich für umweltfreundliche und soziale Ziele einsetzen, beispielsweise energieeffiziente Wohnungsbauprojekte.

Wählen Sie eine Bank mit Sitz in Ihrem Heimatland, die offenlegt, wo sie investiert und mit welchen gemeinnützigen Organisationen sie zusammenarbeitet. Ein transparentes Bankenwesen kann die Gesellschaft fairer machen.

Ethisch investieren

An den Börsen tummeln sich Unternehmen, die mit Öl, Waffen oder Geld handeln. Inzwischen gibt es aber immer mehr Investitionskon-

---

VON 2016 BIS 2019 STIEGEN
NACHHALTIGE INVESTITIONEN
WELTWEIT UM **34 %.**

---

zepte, die ausschließlich ethische Anlagen berücksichtigen. Schätzungen zufolge kann der Sektor bis 2027 um 173 % anwachsen.

So können Sie Ihr Geld grün anlegen:

* **Wenn Sie Geldanlagen** oder Aktien besitzen, prüfen Sie die Zusammensetzung des Portfolios. Überlegen Sie, welche Sektoren Sie unterstützen oder meiden möchten. Lassen Sie sich beraten, um Anlagen zu finden, die Ihren Wertvorstellungen entsprechen. Informationen über ESG-Fonds, deren Priorität auf ökologischen und sozialen Aspekten liegt, sind auch im Internet zu finden.

* **Wer größere Summen** investieren will, kann (allein oder in einer Gruppe) als »Business Angel« gezielt Unternehmen unterstützen, die sich auf soziale und nachhaltige Projekte konzentrieren.

* **Mikrokredite** sind kleine Darlehn an Kleinunternehmer (oft Frauen) in Entwicklungsländern. Nach der Rückzahlung des Kredits kann eine andere Person das Geld in Anspruch nehmen. So entsteht ein Kreislaufsystem.

Versicherungen

Bevorzugen Sie Versicherungsunternehmen, die sich um eine verantwortliche und transparente Investitionspolitik bemühen. Leider sind es noch wenige. Fragen Sie nach Unternehmen, die Mitglied von *ClimateWise* sind. Das ist eine freiwillige Initiative, die unter anderem Versicherungen hilft, strategisch im Sinne der Umwelt zu investieren, um dem Klimawandel zu begegnen.

Spenden

Angesichts der zahlreichen Probleme ist es nicht leicht zu entscheiden, wohin eine Spende fließen soll. Entscheiden Sie sich im Zweifelsfall für eine kleinere Organisation in Ihrer Region. Solchen Organisationen ist oft auch mit einer geringen Summe geholfen. Vielleicht finden Sie auch eine Organisation, die sich für Belange einsetzt, die Ihnen besonders am Herzen liegen.

Welche Freizeitaktivitäten sind besonders umweltschädlich?

Sport macht Spaß und ist gesund, aber er hat auch ökologische Konsequenzen. Je weniger Technik zum Einsatz kommt, desto besser ist es für unseren Planeten.

Manche Freizeitaktivitäten wirken sich negativ auf die Umwelt aus, vor allem, wenn viel Spezialausrüstung oder Reisen notwendig sind.

Skisport

In den Skiurlaub muss man reisen, und die Ausrüstung ist umfangreich. Vor allem aber wirkt sich der Sport sehr negativ auf die Berge aus: Der Boden wird verdichtet, die Vegetation leidet. Die Touristenorte verbrauchen durch Lifts und Seilbahnen viel Energie. Seit wegen des Klimawandels die Winter kürzer geworden sind, setzt man vielerorts auf Kunstschnee, für den Unmengen Wasser verbraucht werden.

Golf

Ein durchschnittlicher Golfplatz verbraucht für seine makellosen Rasenflächen 189 Millionen Liter Wasser im Jahr. Das entspricht dem Jahresbedarf

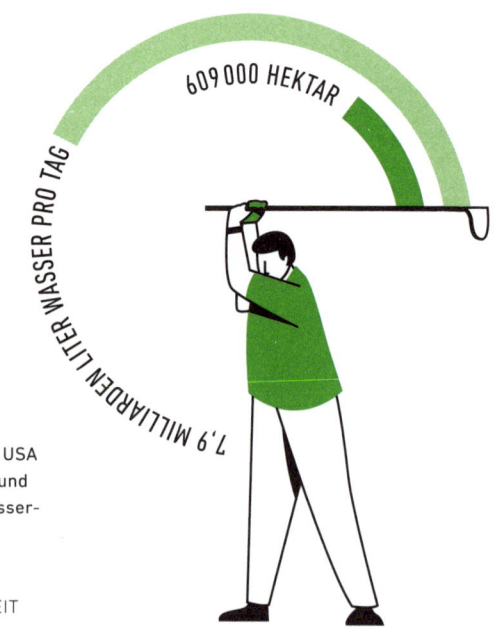

609 000 HEKTAR

1,9 MILLIARDEN LITER WASSER PRO TAG

▶ Golfplätze nehmen in den USA eine riesige Landfläche ein und verbrauchen ungeheure Wassermengen (Werte geschätzt).

eines Dorfs mit 1400 Einwohnern. Ob ein Golfrasen noch Lebensraum bietet und als Kohlenstoffsenke dient, ist umstritten.

Surfen

Die Achtung vor dem Meer mag durch das Surfen steigen, aber Boards und Surfanzüge sind schlecht zu recyceln. Billige Surfboards aus Styropor werden oft nur einen Urlaub lang benutzt und dann weggeworfen. Surfanzüge aus Neopren enthalten Stoffe, die aus Erdöl gewonnen oder im Bergbau gefördert werden.

Es empfiehlt sich, die eigenen Freizeitaktivitäten unter Umweltaspekten kritisch unter die Lupe zu nehmen.

- **In den Skiurlaub** lieber mit der Bahn reisen, statt zu fliegen
- **Golfer** sollten sich nach umweltfreundlichen Anlagen mit nachhaltigem Wassermanagement, Wildtierkorridoren und Solarfahrzeugen umsehen. Fragen Sie gezielt nach, was auf dem örtlichen Golfplatz für Nachhaltigkeit getan wird.
- **Bei der Ausrüstung** Plastik möglichst meiden. Besser sind Naturmaterialien, z. B. biologisch abbaubare Yogamatten, Yogablöcke aus Kork, Surfboards aus Holz.
- **Alte Ausrüstung** verschenken oder weiterverkaufen. Fast alles, von Skiern bis zum Zelt, kann man auch mieten, statt es neu zu kaufen.

Fitness und Umweltbewusstsein

Fitness und Umwelt können Hand in Hand gehen. Verlangen Sie Ihrem Studio ein bisschen mehr ab!

Fitnessstudios verbrauchen für die Geräte und die Klimatisierung der Räume eine Menge Energie. Hinzu kommt, dass in Automaten oder an der Bar oft Snacks und Getränke in Einwegverpackungen angeboten werden.

Wesentlich umweltfreundlicher als Work-out im Studio ist Sport im Freien oder zu Hause, z. B. Laufen, Radfahren oder Zirkeltraining.

- **Statt im Fitnessstudio** lieber im Freien oder zu Hause trainieren
- **Im Studio** vorzugsweise Kurse wählen, bei denen Sie mit dem eigenen Körpergewicht statt mit elektronisch gesteuerten Geräten arbeiten. Erkundigen Sie sich danach, ob das Studio erneuerbare Energien nutzt und ob es Anstrengungen unternimmt, um Verpackungsmüll zu vermeiden. Suchen Sie sich im Zweifelsfall ein umweltbewussteres Studio.
- **Eine wiederverwendbare Wasserflasche** benutzen und Snacks zu Hause vorbereiten
- **Helfen Sie** bei Strandsäuberungsaktionen oder sammeln Sie beim Joggen Müll ein.

FAMILIE UND BEZIEHUNGEN

Grüne Geburtenkontrolle: Wie geht das?

Wer konsequent nachhaltiger leben möchte, muss auch darüber nachdenken, welche Auswirkungen verschiedene Verhütungsmethoden auf Umwelt und Gesundheit haben.

Die am meisten verbreiteten Verhütungsmethoden können negative Auswirkungen für die Umwelt und auch für die Anwender haben.

Risiken und Nebenwirkungen

Handelsübliche Kondome bestehen meist aus chemisch aufbereitetem Latex. Latex selbst ist ein Naturprodukt (siehe Seite 131), aber Chemikalien wie Parabene (als Konservierungsmittel) oder Nonoxyl-9 (ein Spermizid) können unerwünschte Nebenwirkungen für Anwender und Umwelt haben. Werbeversprechen wie besondere Gefühlsechtheit oder gesteigerte Lust bedeuten oft, dass weitere Chemikalien im Spiel sind. Manche dieser Stoffe können den Hormonhaushalt oder die Vaginalflora stören. Werden Kondome nicht ordnungsgemäß entsorgt, können diese Stoffe ins Grundwasser gelangen. Viele Kondome enthalten das

---

565 **KONDOME** WURDEN 2018 IN NEW JERSEY BEI EINER **SÄUBERUNG DER STRÄNDE** EINGESAMMELT.

Milchprotein Kasein, sind also nicht vegan. Zudem handelt es sich um Einwegprodukte, die nicht biologisch abbaubar sind. Angesichts von 9 Milliarden jährlich verkauften Kondomen kommt da einiges zusammen.

Hormonelle orale Verhütungsmittel (die Pille) erzeugen Verpackungsmüll. Bedenklicher sind aber die Inhaltsstoffe, die mit den Ausscheidungen in die Gewässer gelangen. Studien haben gezeigt, dass sich synthetisches Östrogen in den Gewässern auf die Laichproduktion von Fischen auswirkt und dadurch langfristig Ökosysteme aus dem Gleichgewicht bringen kann.

Ähnliche Probleme treten bei anderen hormonellen Verhütungsmitteln auf. Hormonpflaster beispielsweise, die aus Plastik bestehen, geben Hormone ab und sind in Plastik verpackt. Sie müssen in kurzen Intervallen gewechselt werden. Ein Diaphragma hingegen kann etwa zwei Jahre lang genutzt werden, besteht aus Silikon und enthält keine Hormone. Insofern ist es weniger schädlich.

Grünere Methoden

Ein Intrauterinpessar (Spirale) wird in den Uterus eingesetzt und kann mehrere Jahre lang getragen werden.

Diese Langzeitverhütung erzeugt erheblich weniger Müll als andere Verhütungsmethoden. Zudem geben Spiralen keine Hormone ab, allenfalls geringe Mengen Progestin, sodass keine bedenklichen Substanzen in die Gewässer gelangen.

Apps zur Überwachung des Zyklus können Paaren mit Kinderwunsch helfen, einen günstigen Empfängnistermin zu finden. Sie schaden der Umwelt nicht, die Fehlerquote kann aber einigen Studien zufolge bei bis zu 27 % liegen.

Es gibt eine Reihe von zuverlässigen umweltfreundlichen Verhütungsmethoden. Wer unsicher ist, sollte sich an seinen Arzt wenden.

- **Verhütung ist sehr individuell,** darum gibt es keine universell gültigen Empfehlungen. Welche Kriterien in Bezug auf die Umwelt die Hauptrolle spielen, ist aus der Tabelle (unten) zu entnehmen.

- **Hormonfreie** Langzeitverhütungsmittel haben besonders wenig schädliche Nebeneffekte.

- **Kondome** sollten biologisch abbaubar sein. Achten Sie auf nachhaltig produziertes, fair gehandeltes Naturlatex und Gleitmittel aus pflanzlichen Rohstoffen. Falls das für Sie ein Thema ist: Die wenigsten Kondome sind vegan.

- **Nicht wegspülen!** Kondome können technische Störungen in Kläranlagen verursachen, in die Gewässer gelangen und von Vögeln oder Meerestieren verschluckt werden.

VERHÜTUNGSMETHODEN

Kondome

Erzeugen viel Müll – auch biologisch abbaubare zerfallen sehr langsam – und enthalten oft Chemikalien, die für Menschen und Tiere schädlich sein können.

Pille

Geringe Mengen Plastikmüll. Ausgeschiedene Hormone können in die Gewässer gelangen und schädliche Langzeitfolgen für Ökosysteme und Menschen haben.

Spirale

Wenig Müll und Chemikalien machen sie umweltfreundlich. Das Einsetzen und Entfernen kann für die Trägerin unangenehm sein.

*»Umwelt-
bewusstsein kann
ansteckend sein –
infizieren Sie
andere mit Ihrem
Handeln.«*

Wie wird das Liebesleben grüner?

Sie denken, im Schlafzimmer spielen Umweltfragen keine Rolle? Es gibt aber eine Menge nachhaltiger Ideen, die den Spaß am Sex nicht trüben müssen.

Für alle Requisiten, die wir beim Sex mit dem Partner oder allein verwenden, zahlt die Erde am Ende einen kleinen Preis. Die handelsüblichen Produkte bestehen selten aus Naturmaterialien, und Recycling ist meist nicht vorgesehen.

Viele Menschen verwenden Gleitmittel, um den Genuss am Sex oder der Masturbation zu steigern. Die meisten handelsüblichen Produkte enthalten dieselben Chemikalien, die auch in Kondomen zu finden sind (siehe Seite 180). Die Verpackung ist aus Plastik und kaum zu recyceln.

Auch Sex Toys sind für die Umwelt bedenklich. Viele bestehen aus Plastik und werden mit Batterien betrieben (siehe Seite 140). Manche Händler bieten Recyclingprogramme an, aber es ist schwierig, die Geräte in ihre Bestandteile zu zerlegen. Das gilt vor allem für Vibratoren mit Batteriebetrieb. Viel zu viele der Geräte enden letztlich als Mikroplastik (siehe Seite 96).

Einfacher zu recyceln sind Toys aus reinem Silikon. Zwar kommen bei der Herstellung Erdölprodukte und natürliche Gase zum Einsatz, aber Silikon zerbricht nicht und ist stabiler als Plastik.

Wer etwas für sein Gewissen und die Erde tun will, setzt auf einfache Produkte und natürliche Inhaltsstoffe.

- **Gleitmittel** sollten auf keinen Fall Erdölprodukte enthalten, ebensowenig chemische Verbindungen wie Parabene. Die beste Wahl sind Bioprodukte mit natürlichen Inhaltsstoffen, idealerweise sind sie sogar vegan.

EINER STUDIE ZUFOLGE VERWENDEN **MEHR ALS** **65%** DER FRAUEN IN DEN USA **GLEITMITTEL.**

- **Selbermachen** geht auch, zum Beispiel mit Kokosöl oder Aloe vera. Rezepte sind im Internet zu finden.
- **Beim Kauf von Sex Toys** hochwertige Produkte aus Glas oder Holz statt Silikon wählen. Sind solche Produkte nicht zu bekommen, ist Silikon umweltfreundlicher als Plastik.
- **Bitte ohne Batterie.** Es gibt auch Vibratoren mit Solarbetrieb. Ganz neu auf dem Markt sind biologisch abbaubare Vibratoren.
- **Investieren Sie in Qualität.** Hochwertige Produkte halten jahrelang, minderwertige können schon nach wenigen Benutzungen den Dienst versagen.

Kinder und Umwelt: Wie geht das heute zusammen?

Das Bevölkerungswachstum ist eins der drängendsten Probleme unserer Zeit. Manche machen sich Gedanken, ob es noch vertretbar ist, eine Familie zu gründen.

Zurzeit leben auf der Erde 7,8 Milliarden Menschen. Im Jahr 2100 werden es voraussichtlich 10,9 Milliarden sein. Das Bevölkerungswachstum belastet die Erde, und ein Kind zu bekommen, heißt auch, einen neuen, großen CO_2-Fußabdruck in die Welt zu setzen.

Um den Klimawandel zu stoppen, müssen wir das pro Kopf produzierte CO_2 bis 2050 auf 2 Tonnen pro Jahr senken. Zurzeit produzieren die Australier und Amerikaner gut 16 Tonnen pro Kopf und Jahr, die Deutschen gut 9 Tonnen. In den Entwicklungsländern liegen die Werte pro Kopf deutlich niedriger. Insofern sind die Bemühungen zur Eindämmung des Bevölkerungswachstums in diesen Ländern nur ein kleiner Teil der Lösung für das CO_2-Problem. Es ist der übermäßige Verbrauch von Ressourcen in der westlichen Welt, der die Ökosysteme überfordert. Wenn die Bevölkerung weiter wächst, drohen die nicht nachwachsenden Ressourcen schnell knapp zu werden.

Die wachsende Bevölkerung wirkt sich auch auf die Tierwelt aus. In den letzten hundert Jahren haben etwa die Hälfte aller Landsäugetiere 80 % ihrer Lebensräume verloren, weil eine stetig zunehmende Zahl von Menschen natürliche Ressourcen wie Wälder, Wasser und Nahrung für sich beansprucht.

Ist es vertretbar, unter diesen Umständen eine Familie zu gründen?

KIND IN EINEM
REICHEN LAND
BIS 16 TONNEN/JAHR

KIND IN EINEM
ENTWICKLUNGSLAND
0,07–0,1 TONNE/JAHR

◀ 2017 wurden durchschnittliche CO_2-Emissionen pro Kopf ermittelt. Das Ergebnis zeigt, wie groß der Unterschied zwischen reichen und armen Ländern ist.

Für verantwortungsbewusste Menschen eine schwierige Entscheidung. In Großbritannien haben Menschen, die sich aufgrund der Klimakrise gegen Kinder entschieden haben, 2019 die Initiative *BirthStrike* gegründet. Andere Paare wollen sich auf nur ein Kind beschränken. Forscher haben 2017 berechnet, dass eine Person 58,6 Tonnen CO_2 einspart, wenn sie ein Kind weniger hat (wobei auch die Nachkommen des Kindes mitberücksichtigt sind). Für die Umwelt ist diese Entscheidung also ein bedeutender Schritt. Aber auch, wer eine Familie gründen möchte, kann etwas tun:

- **Kindern von Anfang an** vermitteln, dass sie ihr ganzes Leben lang eine Mitverantwortung für die Erde tragen
- **Statt eines eigenen Kindes** könnten Sie eine Adoption erwägen. In Australien suchen beispielsweise jährlich 40 000 Kinder ein neues Zuhause, aber nur 0,5 % werden adoptiert. In Großbritannien werden für Kinder, die sich bereits in behördlicher Obhut befinden, mehr als 8000 zusätzliche Pflegefamilien benötigt.
- **Organisationen unterstützen,** die sich für die Bildung und Qualifizierung von Mädchen in Entwicklungsländern einsetzen. Gerade in ärmeren Ländern werden Mädchen dadurch in die Lage versetzt, einen Beruf zu ergreifen, nicht so früh zu heiraten und später und weniger Kinder zu bekommen.

Einwegwindeln oder selbst waschen?

Einwegwindeln verursachen Berge von Müll, Stoffwindeln kosten Wasser und Energie.

In Großbritannien werden pro Jahr rund 3 Milliarden Einwegwindeln verbraucht. Die meisten Kinder benötigen 4000–6000 Windeln, bis sie »trocken« sind. Weil benutzte Windeln schwierig zu recyceln sind, landen sie meist in der Müllverbrennung. Dabei werden Treibhausgase freigesetzt.

Stoffwindeln sind nicht unbedingt umweltfreundlicher. Einem Bericht zufolge kommen durch den Energieverbrauch durch das Waschen in zweieinhalb Jahren 570 Kilogramm CO_2 zusammen, für die Herstellung von Einwegwindeln für denselben Zeitraum aber nur 550 Kilogramm. Der Wert für Stoffwindeln sinkt, wenn sie umweltbewusst, z. B. mit erneuerbarer Energie, gewaschen und auf der Leine getrocknet werden.

- **Probieren Sie** verschiedene Windeltypen aus, bevor Sie sich entscheiden.
- **Denkbar wäre** eine Kombinationslösung: Einwegwindeln nur nachts und unterwegs.
- **Stoffwindeln** müssen nicht in die Kochwäsche.
- **Feuchte Reinigungstücher** möglichst vermeiden (siehe Seite 187)

Babynahrung fertig kaufen oder selber kochen?

Wenn ein Baby von Milch auf feste Nahrung umgewöhnt wird, stellen sich viele Eltern die Frage, wie man das Kind gesund und gleichzeitig nachhaltig ernähren kann.

Wie Fertiggerichte kann auch Babynahrung eine lange Lieferkette haben, es fallen also durch Herstellung und Transport Emissionen an. Auch Portionsbeutel aus Plastik sind bedenklich, weil sie den Berg aus Einwegmüll vergrößern.

Wer Babynahrung selbst zubereitet und dem Kind auch Obststücke oder Nudeln gibt, hat immerhin einen Teil der Nahrungsproduktion unter Kontrolle. Sie wissen genau, welche Zutaten Sie verwenden, und können Lebensmittel mit schlechter CO_2- oder Wasserbilanz meiden (siehe Seite 55).

Wer Fertignahrung verwendet, sollte Bioqualität kaufen. Das Angebot ist groß, und gerade bei Babynahrung entscheiden sich viele Eltern bewusst für Bio. In Großbritannien trägt etwas mehr als die Hälfte der fertigen Babynahrung ein Biosiegel.

Das können Sie noch für die gesunde und umweltgerechte Ernährung der Kleinen tun:

- **So viel wie möglich** selbst zubereiten. Obst und Gemüse der Saison sind nicht nur umweltfreundlicher, sondern enthalten auch mehr Nährstoffe.
- **Fertignahrung in Bioqualität** kaufen, möglichst von regionalen Herstellern
- **Einwegbeutel** nur kaufen, wenn sie aus recyclingfähigem Material bestehen. Es gibt auch wiederverwendbare Beutel, die man mit selbst gemachtem Püree füllen kann.

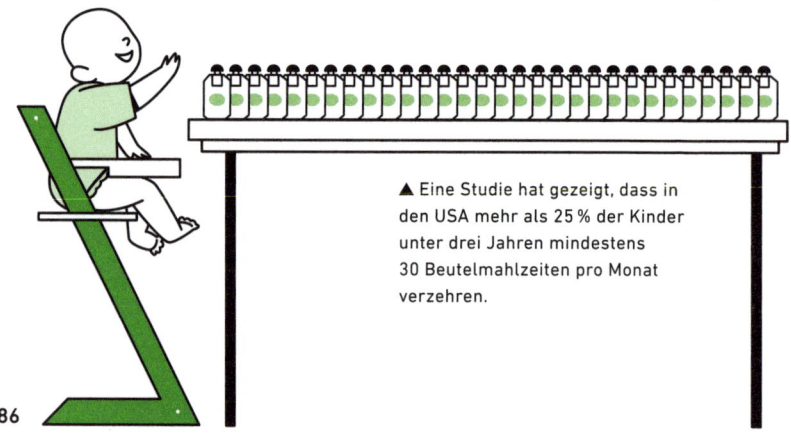

▲ Eine Studie hat gezeigt, dass in den USA mehr als 25 % der Kinder unter drei Jahren mindestens 30 Beutelmahlzeiten pro Monat verzehren.

Wie findet man umweltfreundliche Produkte für das Baby?

Wer umweltbewusst denkt, sollte auch beim Kauf von Spielzeug und Babyausstattung kritisch sein. Besser als Plastik sind traditionelle Materialien, kombiniert mit moderner Technik.

Wenn ein neues Familienmitglied da ist, braucht man plötzlich zahllose Dinge, und manche sind bedenklich für die Umwelt. Viele bestehen aus Plastik oder sind darin verpackt. Abgesehen von Problemen bei Herstellung und Entsorgung enthalten Kunststoffe oft Weichmacher wie Bisphenol A oder Phthalate, die als toxisch eingestuft werden.

Viele ökologische und gesundheitliche Bedenken, die bei alltäglichen Produkten bestehen, gelten auch für Babyartikel. Das Angebot an umweltfreundlichen Alternativen wächst aber.

- **Die meisten Babyartikel** gibt es auch ohne Plastik, von Schnullern aus Naturkautschuk über Fläschchen aus Glas oder Edelstahl bis zu unzerbrechlichem Geschirr aus Holz oder Silikon.
- **Bei Decken, Kleidung** und anderen Textilien Biobaumwolle oder andere Naturfasern wählen, Synthetikstoffe meiden (Windeln siehe Seite 185).
- **Hautpflegeprodukte** in Bioqualität und ohne synthetische Inhaltsstoffe verwenden. Schauen Sie sich auch in der Küche um. Im Internet finden Sie zahlreiche Rezepte für selbst gemachte

Hautpflegemittel aus alltäglichen Zutaten, also ganz ohne kritische Inhaltsstoffe (siehe auch Seite 81).

- **Statt Einweg-Feuchttüchern** lieber wiederverwendbare Tücher aus Bambus verwenden oder einen Waschlappen mit milder Tinktur oder Öl anfeuchten, um Hautreizungen zu vermeiden.

BIS ZU

85% DER BABYS BENUTZEN SCHNULLER, MEIST

AUS **PLASTIK**.

Wenn Sie für unterwegs Feuchttücher verwenden, wählen Sie ein biologisch abbaubares Produkt ohne Kunststoff. Die meisten handelsüblichen Feuchttücher zerfallen nach dem Wegwerfen in Mikroplastik.

- **Beim Kauf** auf Recyclingprodukte achten. Vom Buggy bis zur Wickeltasche aus Plastikflaschen – das Angebot wächst ständig.
- **Für das Kinderbett** eine Matratze in Bioqualität kaufen. Zum Spielen auf dem Boden sind Korkmatten besser als weiche Plastikmatten.

▼ So viele Spielsachen hat ein durchschnittliches zehnjähriges Kind in Großbritannien (Ergebnis einer Studie).

Plastikspielzeug ganz vermeiden?

Einwegplastik ist aus gutem Grund in Verruf geraten, aber auch das Plastikspielzeug unserer Kinder ist für Umwelt und Klima nicht unbedenklich.

Hersteller von kunterbuntem Plastikspielzeug setzen durch aggressive Werbung Eltern unter Druck, ihren Kleinen das neueste Must-have zu kaufen. So kommt weltweit ein Umsatz von 82 Milliarden Euro zustande. Die Menge an Spielzeug, die ein Kind im Durchschnitt besitzt, ist in den letzten Jahren stark gestiegen, aber die meisten Dinge werden nur kurze Zeit benutzt. Massenhaft billiges Plastikspielzeug ist schlecht für die Erde und für die Kinder.

Etwa 80 % der Spielzeug-Weltproduktion kommen aus China, wo häufig nicht umweltfreundlich

gefertigt wird. Der lange Transportweg verursacht Emissionen, und oft ist das Spielzeug großzügig in Plastik verpackt, das nur den Müllberg vergrößert.

Plastikspielzeug ist oft schwierig zu recyceln. Viele Spielsachen enthalten zudem Komponenten aus anderen Materialien wie Metall, die vor dem Recycling getrennt werden müssen. Es gibt allerdings Kennzeichnungssysteme für die Recyclingfähigkeit von Kunststoffen (siehe Seite 25).

Spielzeug aus PVC enthält häufig chemische Zusatzstoffe. Besonders bedenklich sind Phthalate und Bisphenol A, die hormonaktive Wirkung besitzen. In der EU ist ihr Einsatz in Spielzeug, das Kinder in den Mund nehmen könnten, inzwischen verboten. Manche Plastikspielsachen enthalten sogar Spuren von Schwermetallen.

Das sollten Sie bei der Anschaffung von Spielzeug bedenken:

- **Wählen Sie** Spielzeug aus Holz, Recyclingmaterial oder unschädlichem Material wie Pappe.
- **Vorsicht** bei gebrauchtem Plastikspielzeug. Es entspricht nicht immer heute gültigen Sicherheitsstandards.

90% ALLER KINDER-SPIELZEUGE BESTEHEN AUS PLASTIK.

- **Weniger anschaffen!** Kinder nutzen ihre Spielsachen länger, wenn sie weniger haben, und sie setzen ihre Fantasie stärker ein. Beschäftigen Sie die Kleinen öfter mit Büchern und Basteleien.
- **Es gibt Firmen,** bei denen man Spielzeug für einige Monate mieten und gegen anderes eintauschen kann, wenn sich die Bedürfnisse des Kindes verändern.
- **Gebrauchtes Spielzeug** nicht wegwerfen, sondern verschenken oder spenden
- **Wohlmeinenden Freunden** und Verwandten sollten Sie Alternativen zu Plastikspielzeug vorschlagen (siehe Seite 126).

Wohin mit abgelegten Kindersachen?

Wer dem Konsumwahnsinn etwas entgegensetzen will, sollte Möglichkeiten finden, abgelegte Kindersachen an andere weiterzugeben.

Von der Baby-Grundausstattung bis zu Kleidung und Spielzeug: Wenn man Kinder hat, fallen ständig Dinge an, denen das Kind entwachsen ist. Der Großteil wurde nur kurze Zeit benutzt, ist also gut erhalten und kann anderen Familien noch gute Dienste tun.

- **Auf Online-Plattformen** wie eBay oder Mamikreisel und anderen kann man Spielzeug, Kleidung und mehr verkaufen.
- **Tun Sie sich mit anderen Familien** zusammen, um Kleider, Bücher und Spielzeug zu tauschen, wenn die Kinder älter werden.
- **Spenden** Sie Kinderkleidung und Spielzeug an eine karitative oder gemeinnützige Organisation.
- **Nehmen Sie Kontakt** mit dem Kindergarten, der Grundschule oder einer Tagesmutter an Ihrem Wohnort auf. Viele sind dankbar, wenn sie gebrauchte gut erhaltene Spielsachen und Kinderbücher geschenkt bekommen.
- **Es gibt Firmen,** die Kinderkleidung vermieten; was nicht mehr passt, wird zurückgegeben.

Haustiere und Umwelt

Wer sein Haustier liebt, macht sich über dessen ökologischen Pfotenabdruck normalerweise keine Gedanken. Aber auch Tierhaltung ist für die Umwelt nicht immer unproblematisch.

Haustiere sind beliebt. In den USA lebt 2020 in etwa 67 % der Haushalte ein Tier, und die Haustierhaltung hat definitiv Vorteile. Ein Hund verschafft seinem Besitzer Bewegung, ein Tier kann Gefährte sein, Trost spenden und die psychische Gesundheit stärken. Andererseits fallen in den USA etwa 64 Millionen Tonnen CO_2- und Methan-Emissionen durch die Haustierhaltung an. Das entspricht etwa den Emissionen von 13,6 Millionen zusätzlicher Autos.

Was Tiere brauchen

Tiere brauchen Futter (siehe Seite 192), Schutz und Wärme. All das kostet Ressourcen. Viele Haustiere benötigen eine fleischlastige Ernährung, und gleichzeitig verringern viele Menschen ihren Fleischkonsum, um unabhängig von der Massentierhaltung zu werden (siehe Seite 34–37). Das Fleisch im Futter unserer Katzen und Hunde macht etwa ein Viertel der Treibhausgas-

emissionen aus, die durch die Fleischproduktion entstehen. Auch die Entsorgung der Hinterlassenschaften – Kotbeutel und Katzenstreu – hat ihren Preis (siehe Seite 193).

Besorgte Stimmen meinen, dass Hauskatzen auch einen Anteil am Rückgang der Singvogelpopulationen haben. Schätzungen zufolge fallen den kleinen Räubern in Großbritannien jährlich 275 Millionen Tiere zum Opfer, davon 27 Millionen Vögel.

Auch ein Aquarium verbraucht Energie. Aquarien werden immer größer, und da exotische Fische hoch im Kurs stehen, muss das Wasser wärmer sein. Folglich steigt der Energiebedarf. Umstritten ist auch, ob es akzeptabel ist, diese Fische aus ihren natürlichen Lebensräumen zu entnehmen.

Exotische Tiere

Bedenklich ist die steigende Zahl von exotischen Tieren, etwa Reptilien und tropischen Vögeln, die als Haustiere gehalten werden. Die Importe sind in vielen Fällen illegal, die Tiere werden aus ihrer natürlichen Umgebung gerissen, und die Fang- und Transportmethoden kommen oft Tierquälerei gleich. Als es in Asien in Mode kam, Fischotter als Haustiere zu halten, haben Wilderer Elterntiere

14 MILLIONEN HAUSKATZEN
WERDEN IN **DEUTSCH-LAND** GEHALTEN.

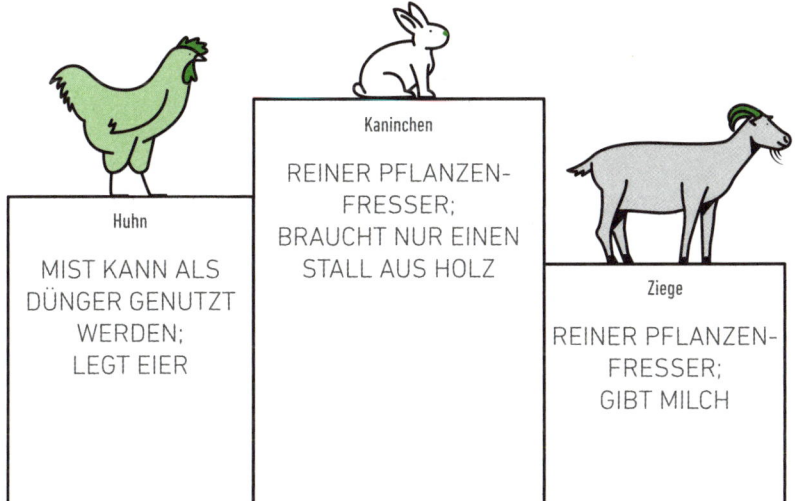

Huhn

MIST KANN ALS
DÜNGER GENUTZT
WERDEN;
LEGT EIER

Kaninchen

REINER PFLANZEN-
FRESSER;
BRAUCHT NUR EINEN
STALL AUS HOLZ

Ziege

REINER PFLANZEN-
FRESSER;
GIBT MILCH

▲ Wer ein umweltfreundliches Haustier
sucht, sollte diese drei in Erwägung ziehen.

in freier Natur getötet, um die nied-
lichen Jungen verkaufen zu können.
Viele exotische Tiere werden vor
dem Versand in Gefangenschaft
gehalten, ein großer Teil überlebt die
Reise nicht.

Die umweltfreundlichste Entscheidung wäre, gar kein Tier zu halten,
denn dann gäbe es keinen Grund,
Haustiere zu züchten. Aber auch
für Tierhalter gibt es Möglichkeiten,
etwas für den Planeten zu tun.

- **Wenn Sie sich** einen Hund oder
  eine Katze anschaffen möchten,
  gehen Sie nicht zu einem Züchter
  oder Händler, sondern in ein
  Tierheim. Dort warten Zehn-
  tausende von Hunden, Katzen
  und Kleintieren auf einen neuen
  Besitzer.

- **Kompostierbares** Katzenstreu
  verwenden. Gute Alternativen sind
  Sägespäne oder gehäckseltes Holz
  (siehe Seite 193).

- **Versuchen Sie,** Ihr Tier so
  umweltgerecht wie möglich zu
  ernähren (siehe Seite 192).

- **Vermeiden Sie Shampoos**
  und andere Tierpflegeprodukte
  mit bedenklichen chemischen
  Inhaltsstoffen.

- **Bitte kein Tierspielzeug** aus
  Plastik. Körbchen, Näpfe, Leinen
  und anderes Zubehör kann man
  auch gebraucht kaufen.

- **Die Haltung exotischer Tiere**
  ist in den allermeisten Fällen
  nicht mit dem Umwelt-, Tier-
  und Artenschutz in Einklang zu
  bringen.

Umweltgerechtes Futter für Haustiere

Futter für Hund und Katze erhöht die Umweltbelastung, die durch die Fleischproduktion entsteht. Es ist aber möglich, beim Einkauf die Nachhaltigkeit im Blick zu behalten.

Von den Ressourcen – Land, Tiere und Energie –, die für die Fleischproduktion anfallen, macht Haustierfutter immerhin 25 % aus. Dabei spielt eine Rolle, woher das Futter kommt und wie es produziert wird. Fleisch aus Massentierhaltung (siehe Seite 36–37) steckt insbesondere in billigen Produkten. Ihre Umweltbilanz ist ebenso negativ wie die von billigen, hoch verarbeiteten Lebensmitteln für Menschen. Premiummarken andererseits enthalten oft Fleisch, das auch für den menschlichen Verzehr geeignet wäre, jedoch keine Innereien oder andere weniger appetitliche Teile. Bei der Produktion fällt also erheblich mehr Fleischabfall an.

Vegetarisches Futter für Hunde und Katzen?

Hunde produzieren das Enzym Amylase, das zur Verdauung von Stärke benötigt wird. Sie können Nahrung aus Getreide verwerten und könnten theoretisch eine vegetarische Ernährung vertragen. Es gibt vegetarisches und veganes Hundefutter, allerdings brauchen Hunde bestimmte Proteine und Vitamine, um gesund zu bleiben. Einer Studie zufolge enthalten 25 % der vegetarischen Hundefutter nicht ausreichend lebenswichtige Nährstoffe.

Katzen sind von Natur aus Fleischfresser und vertragen keine vegetarische oder vegane Ernährung.

SCHÄTZUNGEN ZUFOLGE SIND **52 %** DER **KATZEN**

UND BIS ZU **59 %** **DER HUNDE** ÜBERFÜTTERT.

So können Sie Ihr Haustier umweltgerecht füttern:
- **Hunde** mit einer Mischung aus
  Fleisch und pflanzlichen Produkten versorgen
- **Vorsicht** vor innovativem Tierfut-
  ter aus Insekten oder Laborfleisch
  (siehe Seite 37). Diese neuen

20% DER BODEN-
RESSOURCEN
IN DEN USA WERDEN FÜR
KATZEN- UND HUNDEFUTTER
BENÖTIGT.

Produkte und ihre Umweltwirkung sind noch wenig erforscht.
Langfristig könnten sie aber Alternativen darstellen.
- **Für Katzen** am besten Biofutter
  oder Produkte mit klarer Deklaration des verarbeiteten Fleischs
  verwenden
- **Kaufen Sie** Futter in Dosen, die
  sich gut recyceln lassen, oder
  Trockenfutter in recyclingfähiger
  Verpackung.

Wohin mit Hundekotbeuteln und Katzenstreu?

Tausende Hundekotbeutel und Berge von Katzenstreu belasten die Umwelt. Es geht aber auch anders.

Ein durchschnittlicher Hundebesitzer
verbraucht im Jahr etwa 1000 Kotbeutel. Besser als Standardplastik sind
Beutel aus biologisch abbaubarem
Kunststoff, aber nicht alle halten, was
sie versprechen. Selbst in kommerziellen Kompostierungsanlagen lassen
sich manche nicht verwerten.

Für Katzenstreu aus Tonkugeln
wird der Rohstoff gewöhnlich im
Tagebau gewonnen. So werden Landschaften zerstört und Lebensräume
vernichtet. Katzenstreu aus Silikat-
kristallen kann krebserregende Stoffe
enthalten.

- **Im Wald** kann man Hundekot mit
  einem Stock ins Unterholz befördern – bitte nicht in Gewässer
  oder auf Wege.
- **Kotbeutel aus Maisstärke** belasten die Umwelt weniger.
- **Im Garten** kann Hundekot unter
  Zierpflanzen (nicht im Nutzbeet!)
  vergraben werden. Nicht auf den
  Komposthaufen geben
- **Die Katzentoilette** möglichst
  nicht im Haus aufstellen oder
  Katzenstreu aus natürlichen Rohstoffen wie Holz oder Altpapier
  verwenden

Grün über den Tod hinaus

Immer mehr Menschen machen sich aus Umweltgründen Gedanken über neue Bestattungsformen. Es gibt innovative Ansätze, aber die Genehmigungsverfahren sind langsam.

In vielen Ländern sind die Friedhöfe überfüllt und es gibt keinen Platz, um neue anzulegen. Vielleicht entscheiden sich darum immer mehr Menschen – in Deutschland zuletzt fast zwei Drittel – für eine Feuerbestattung. Bei jeder einzelnen Verbrennung werden aber 400 Kilogramm CO_2 frei, was die Treibhausgas-Belastung der Erde erhöht.

Eine Erdbestattung verursacht keine Emissionen, bringt aber neben dem Platzbedarf andere Probleme mit sich. So können etwa Chemikalien von Chemotherapien und anderen medizinischen Behandlungen mit der Zeit in den Boden eindringen, in manchen Ländern wird der Leichnam auch mit Formaldehyd konserviert.

NACH EINER **KOMPOST-BESTATTUNG** ZERFÄLLT DER KÖRPER BINNEN

30 TAGEN ZU **ERDE.**

Zunehmend setzen sich aber im Bestattungswesen neue Tendenzen durch. So wurden 2017 bereits 10 % der Verstorbenen in Großbritannien nach alternativen Methoden beigesetzt, und die Zahl steigt, weil sich die Menschen über den Umweltaspekt der eigenen Bestattung Gedanken machen. Wer sich ein grünes Lebensende wünscht, sollte rechtzeitig mit seinen Angehörigen darüber sprechen.

Öko-Särge und Naturbestattungen

Naturbestattungen werden immer beliebter. Dabei werden Särge aus nachhaltigem, biologisch abbaubarem Material verwendet, etwa Pappe oder Korbgeflecht. So vollzieht sich die natürliche Zersetzung des Körpers schneller.

Solche Beisetzungen finden oft in Friedwäldern statt. Falls gewünscht, kann an einem anderen Ort eine Totenmesse oder Gedenkfeier mit einem Geistlichen oder einem weltlichen Redner stattfinden. Statt traditioneller Grabsteine aus Marmor oder Granit, die in Steinbrüchen geschlagen werden, markieren Bäume oder kleine Schieferplatten die Grabstätte. Viele Menschen finden diese Art der Beisetzung natürlicher als die Bestattung auf einem Friedhof. Die Hinterbliebenen haben einen Ort, an dem sie trauern können, und in manchen Fällen fließt ein Teil der Bestattungskosten in den Schutz und die Erhaltung des Geländes.

▼ Mit den Toten werden enorme Mengen von Materialien und Chemikalien begraben. Dies sind die jährlichen Mengen in den USA.

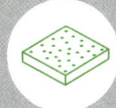

73 000 KM	53 000 TONNEN	1,4 MILLIONEN	3,1 MILLIONEN
HARTHOLZ-BRETTER	STAHL	TONNEN BETON	LITER FORMALDEHYD

Alternative Bestattungsformen

In den USA, Australien und einigen anderen Ländern sind Kompostbestattungen erlaubt. Dabei wird der Verstorbene mit einem biologisch abbaubaren Leichentuch und einer Mischung aus Holzstückchen und lebendem Pflanzenmaterial in die Erde gebettet, wo der Körper innerhalb etwa eines Monats zu Kompost zerfällt. In Großbritannien und den USA ist auch die flüssige Kremation zulässig. Bei dieser Methode wird der Körper binnen weniger Stunden emissionsfrei in einer alkalischen Flüssigkeit aufgelöst. Zurück bleibt Knochenmehl, das den Hinterbliebenen übergeben wird. Die Flüssigkeit wird als Abwasser entsorgt.

Umweltfreundlicher Abschied

Einige Bestatter bieten Urnen aus biologisch abbaubarem Material wie Bambus an. Nach der Feuerbestattung wird die Asche des Toten in die Urne gegeben. Dann wird Substrat in die Urne gefüllt und ein kleiner Baum gepflanzt. Die Urne wird in der Erde vergraben, wo sie sich zersetzt. Der Baum wächst weiter.

Viele Familien bitten darum, auf Blumen (siehe Seite 123) zu verzichten und stattdessen an eine gemeinnützige Organisation zu spenden. Man könnte die Trauergäste auch um einen finanziellen Ausgleich für Emissionen durch Leichenwagen, Anreise etc. bitten. Ein qualifizierter Bestatter kann in solchen Fragen beraten.

NACHHALTIG UNTERWEGS

Welches Verkehrsmittel gibt am wenigsten CO_2 ab?

Fahrten zur Schule, zum Einkaufen und zur Arbeit – da kommt täglich einiges zusammen. Zwei Räder sind besser als vier, und für lange Strecken ist die Bahn die umweltfreundlichste Wahl.

Einer der größten Verursacher von CO_2-Emissionen ist der Transport, verantwortlich für etwa 14% des gesamten Ausstoßes weltweit. Kurze Strecken kann man zu Fuß gehen, denn umweltfreundlicher geht es nicht. Auch das Fahrrad ist ein umweltfreundliches Verkehrsmittel, insbesondere, wenn Sie ein Rad gekauft haben, das im Inland hergestellt und nicht aus Übersee importiert wurde. Selbst E-Bikes und E-Scooter sind verglichen mit dem Auto emissionsarme Alternativen – mehr dazu auf der rechten Seite.

Öffentliche oder Auto

Busse produzieren durchschnittlich 1,3 kg CO_2 pro gefahrenem Kilometer. Ihre Effizienz hängt aber davon ab, wie viele Menschen mitfahren. Ein Bus ist besser als ein mit nur einer Person besetztes Auto. Bei vier Personen in einem Auto liegt der CO_2-Ausstoß pro Kopf dann aber unter dem eines Busses.

▼ Der Anteil verschiedener Verkehrsmittel am gesamten durch den Verkehr verursachten CO_2-Ausstoß in der EU (2016)

SCHIENENVERKEHR 0,01%

LASTWAGEN 30%

PKW UND BUSSE 44%

Ein Zug mit Elektroantrieb verursacht pro Kilometer 80 % weniger CO_2 als ein Auto. Es gibt auch Züge mit Dieselantrieb, aber deren Zahl nimmt ab. In Deutschland sollen bis 2025 etwa 70 % des Schienennetzes elektrifiziert sein. Die Schweiz hat bereits 100 % erreicht.

Welches Verkehrsmittel am umweltfreundlichsten ist, hängt davon ab, welche Entfernung Sie zurücklegen und wen oder was Sie transportieren möchten. Für lange Strecken ist der Zug mit Elektroantrieb die beste Wahl, gefolgt vom

---

DIE DEUTSCHEN
KAMEN **2019** AUF

158 Millionen

REISEN.

Fernbus. Für kurze Strecken steht wiederum der Zug an erster Stelle, dahinter das voll besetzte Auto, dann der Bus. Eine Person allein in einem Auto ist die zweitschlechteste Option, die allerschlechteste ist die Flugreise.

Das können Sie tun:
- **Gehen Sie zu Fuß** oder nehmen Sie das Rad, so oft es geht.
- **Fahren Sie Zug,** wann immer es möglich ist.
- **Im Auto** sollten Sie Mitfahrer an Bord nehmen (oder nutzen Sie selbst eine Mitfahrgelegenheit).

Sind E-Bikes und E-Scooter umweltfreundlich?

E-Bikes und E-Scooter setzen sich immer mehr durch. CO_2-neutral sind sie nicht.

Viele Pendler meinen, mit einem E-Scooter ihren CO_2-Fußabdruck verkleinern zu können. Auch E-Bikes werden immer beliebter. In Deutschland hat sich ihre Zahl von 2017 bis 2020 nahezu verdoppelt. Ein E-Bike kann mit einer Akkuladung etwa 80 Kilometer weit fahren, manche E-Scooter haben eine Reichweite von bis zu 128 Kilometer.

Berücksichtigt man Rohstoffverbrauch, Herstellung und Transportwege, wird das Bild komplexer. Eine neue Studie aus den USA hat gezeigt, dass E-Bikes und E-Scooter hinter Bussen und dem Fahrrad ohne Elektroantrieb liegen, wenn man ihren ganzen Lebenszyklus einbezieht. Für die Produktion der Akkus werden, wie bei Elektroautos (siehe Seite 202), viel Energie und Ressourcen verbraucht, die Entsorgung ist problematisch. Nicht zuletzt kommt die Energie zum Laden zu selten aus erneuerbaren Quellen.

Wer zwischen E-Bike, E-Scooter und Auto wählen muss, sollte den Scooter nehmen. Ansonsten sind aber ein Fußmarsch oder ein Fahrrad ohne Elektroantrieb umweltfreundlicher.

Welche Verkehrsmittel verschmutzen Stadtluft am wenigsten?

Beim öffentlichen Personennahverkehr spielen Politik und behördliche Entscheidungen eine Rolle, aber auch jeder Fahrgast kann zur Emissionsvermeidung beitragen.

Die Luftqualität in den Städten ist ein Dauerproblem. Die CO_2-Emissionen tragen zur weltweiten Klimakrise bei, Feinstaub bedroht die Gesundheit der Stadtbewohner, die verschmutzte Luft einatmen. Insbesondere für Kinder und Senioren ist das Risiko von Atemwegserkrankungen hoch.

Immer mehr Studien deuten aber darauf hin, dass verschmutzte Luft sich zudem negativ auf unsere kogni-

tiven Fähigkeiten auswirken kann, und es wird befürchtet, dass auch das Immunsystem darunter leidet. Pandemien wie COVID-19 stellen dadurch ein noch größeres Risiko dar. Eine drastische Reduzierung der Luftverschmutzung in den Städten ist also notwendig, um dem Klimawandel entgegenzuwirken und die Gesundheit der Menschen langfristig zu schützen.

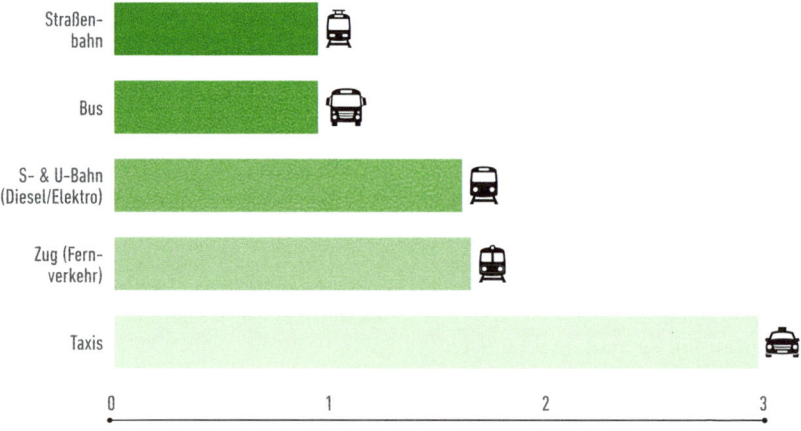

Energie in Megajoule pro Fahrgast und gefahrenem Kilometer

▲ Die Übersicht zeigt die Energieeffizienz verschiedener Verkehrmittel bei Vollauslastung. Effizientere Verkehrsmittel erzeugen – vor allem bei Nutzung nachhaltiger Energiequellen – weniger Emissionen.

Grünere Städte

Zukunftsorientierte Städte investieren in elektrische oder CO_2-neutrale öffentliche Verkehrsmittel und bauen das Radwegenetz aus. Anderenorts gibt es autofreie Tage, mehr Fußgängerzonen werden geschaffen oder Emissionsschutzzonen eingerichtet, um den emissionsfreien oder emissionsarmen Verkehr zu fördern. Jeder Bürger kann öfter zu Fuß gehen, das Rad nehmen oder sich informieren, welche Vor- und Nachteile öffentliche Verkehrsmittel für die Umwelt haben.

- **Gehen und Radfahren** erzeugen auf der Straße keine Emissionen.
- **Straßenbahnen** sind besonders umweltfreundlich, allerdings spielen Fahrtlänge und Auslastung eine Rolle. Elektro-Straßenbahnen produzieren keine Auspuffgase und können mit erneuerbarer Energie betrieben werden.
- **Busse** rangieren bei effizientem Betrieb dicht hinter Straßenbahnen. Wichtig sind gut erreichbare Haltestellen und gefragte Routen, eine gute Auslastung und, soweit möglich, die Verwendung erneuerbarer Energien. In London wurden 2006 die ersten Hybridbusse in Betrieb genommen, später folgten Busse mit Elektro- und Wasserstoffantrieb. Auch in anderen europäischen Ländern wächst die Zahl der Busse mit Wasserstoffantrieb.
- **U-Bahnen** liegen nur knapp hinter den Bussen. Gerade in Großstädten befördern sie sehr viele Menschen schnell an ihr Ziel. In London nutzten vor der COVID-19-Pandemie täglich 3–4 Millionen Fahrgäste die U-Bahn. Bahnbetreiber beschäftigen sich mit nachhaltigen Techniken wie der Rückgewinnung von Energie aus dem Bremsvorgang.
- **Grüne Taxis,** die keine oder sehr geringe Emissionen erzeugen, werden in einigen Städten eingesetzt. Umstritten sind On-Demand-Taxis, die per App gerufen werden können. Sie konkurrieren mit dem öffentlichen Personennahverkehr um Fahrgäste und können die Bürger davon abhalten, zu Fuß zu gehen oder das Rad zu benutzen (das bestätigten 60% der Teilnehmer in einer US-Studie 2018). Durch Taxi-Apps gibt es mehr Fahrzeuge auf den Straßen, also häufigere Staus, in denen Autos mit Verbrennungsmotor mehr Emissionen verursachen. Weniger problematisch sind Sammeltaxis.
- **Fähren** können kurze Verbindungen über Flüsse bieten. Ob sie umweltfreundlich sind, hängt von der Energiequelle und den örtlichen Bestimmungen ab. Werden fossile Brennstoffe eingesetzt, können die Emissionen 100-mal höher als bei Autos liegen. In Europa kommen immer mehr Pendlerfähren mit Elektroantrieb zum Einsatz, und die Streckenführung wird so konzipiert, dass die Fähre eine echte Alternative zum Auto darstellt.

Wie grün sind Elektroautos?

Elektroautos werden als Mobilitätsrevolution gepriesen. Wie gut ist ihre Umweltbilanz wirklich? Das hängt davon ab, wie sie produziert werden und woher ihre Betriebsenergie kommt.

Obwohl der Marktanteil von Elektroautos noch gering ist – in Deutschland lag er 2020 bei 9% – gelten sie als Lösungsansatz für die Klimakrise. Untersuchungen zufolge können die Emissionen durch Elektrofahrzeuge aber stark variieren, abhängig von verschiedenen Faktoren. Nach einer Schätzung dürften die Emissionen eines Elektroautos, gerechnet auf seine gesamte Lebensdauer, um zwei Drittel geringer sein als die eines Fahrzeugs mit Verbrennungsmotor.

Die Herstellung von Autos verursacht grundsätzlich hohe CO_2-Emissionen. Bei Elektrofahrzeugen entfällt ein Großteil auf den Akku. Gerade

---

DIE CO_2-EMISSIONEN DURCH E-AUTOS SINKEN IN EUROPA BIS 2050 VORAUS-SICHTLICH UM **73%.**

---

die Herstellung von Traktionsakkus für den Antrieb von Elektromotoren erzeugt enorme Emissionen. Bei der Produktion eines Elektroautos fallen durchschnittlich 8,8 Tonnen CO_2 an, bei einem Auto mit Benzinmotor sind es 5,6 Tonnen. Im Gebrauch produziert ein Elektroauto zwar keine Auspuffgase, aber Abrieb von Bremsen und Reifen verschmutzt die Luft. Beim Laden gilt, dass die Autos nur so grün sind wie die verwendete Energie. Wenn erneuerbare Energien breiter verfügbar sind (siehe Seite 134–135), werden Elektroautos grüner.

Bei der Beurteilung von Elektroautos muss zwischen den verschiedenen Typen unterschieden werden:

- **Reines Elektroauto:** Der Akku wird mit Netzstrom geladen. Bei Strom aus erneuerbaren Quellen fallen beim Fahren keine Emissionen an.

- **Reichweitenverlängerer:** Ein kleiner Verbrennungsmotor setzt ein, wenn der Akku schwach wird, um bis zum Laden weiterfahren zu können. Die Akkus sind etwas kleiner, also umweltfreundlicher. Der Verbrennungsmotor wird aber mit fossilen Brennstoffen betrieben.

- **Hybrid:** Besitzt einen Verbrennungsmotor und einen Elektromotor mit Akku, der beim Bremsen und bei höheren Geschwindigkeiten geladen wird. Manche Modelle können auch über Netzstrom geladen werden. Das Gewicht der zwei Motoren geht zu Lasten der Effizienz und der Akkuleistung.

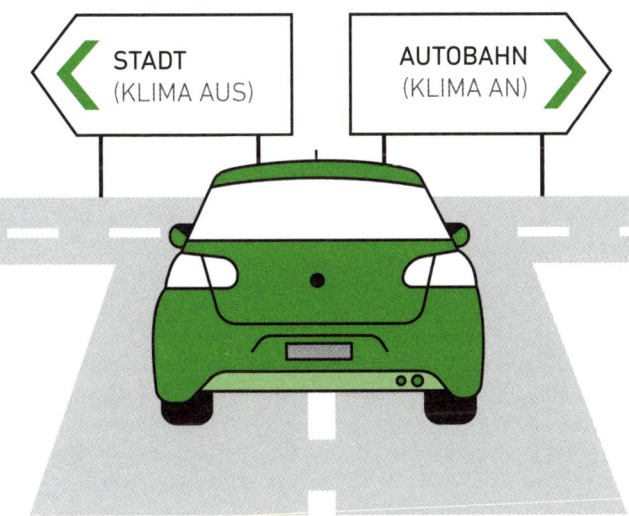

Was ist grüner: Klimaanlage oder offenes Fenster?

Es kommt auf die Situation an, ob es sinnvoll ist, im Auto die Klimaanlage einzuschalten.

Die Klimaanlage im Auto bezieht Energie von der Batterie, die wiederum bei Benzin- oder Dieselfahrzeugen durch den Motor geladen wird. Die Nutzung der Klimaanlage erhöht den Treibstoffverbrauch (oder bei Elektrofahrzeugen den Stromverbrauch).

Beim Fahren mit offenem Fenster entsteht bei höherer Geschwindigkeit ein Luftzug, der den Wagen bremsen kann. Er verbraucht dann mehr Treibstoff, um die Geschwindigkeit zu halten. In beiden Fällen wird also die Treibstoffeffizienz gemindert. Bei schneller Fahrt bestimmt die Aerodynamik des Fahrzeugs die Treibstoffeffizienz, also ist die Klimaanlage sinnvoller. In der Stadt öffnen Sie besser die Fenster. Auf kurzen Strecken bei hohen Temperaturen kann die Klimaanlage die Treibstoffeffizienz um bis zu 25 % mindern.

- **Unter 90 km/h** das Fenster öffnen, über 90 km/h die Klimaanlage einschalten
- **Vor dem Einsteigen** Türen und Fenster öffnen, damit aufgeheizte Luft entweichen kann
- **Im Stau** die Klimaanlage abschalten, um Energie zu sparen
- **Im Schatten** parken

Umweltbewusst denken beim Neuwagenkauf

Die umweltfreundlichste Lösung ist, ganz auf das Auto zu verzichten. Wenn das keine Option ist, könnten Sie über ein Elektroauto nachdenken.

Bei der Herstellung eines Elektroautos fallen hohe CO_2-Emissionen an (siehe Seite 202), die sich aber durch die im Betrieb eingesparten Emissionen binnen zwei Jahren aufheben.

Eine gute Wahl kann auch ein gebrauchtes Hybrid- oder Elektrofahrzeug sein. Die Lebensdauer der Akkus ist zwar begrenzt, aber die meisten Hersteller garantieren eine Laufzeit von 5–8 Jahren. Neuwagen mit Verbrennungsmotor sind zwar treibstoffeffizienter als ältere, aber die Nutzung fossiler Brennstoffe ist in Bezug auf die Umwelt die schlechteste Alternative. Wir sollten uns von diesen Fahrzeugen verabschieden, zumal einige Länder planen, sie mittelfristig zu verbieten.

Ein Auto mieten

Statt sich ein eigenes Auto anzuschaffen, wäre es auch denkbar, nur dann eins zu mieten, wenn es

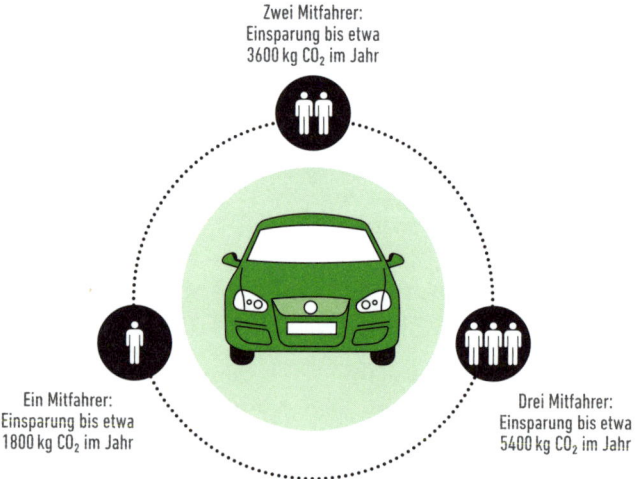

Zwei Mitfahrer:
Einsparung bis etwa
3600 kg CO_2 im Jahr

Ein Mitfahrer:
Einsparung bis etwa
1800 kg CO_2 im Jahr

Drei Mitfahrer:
Einsparung bis etwa
5400 kg CO_2 im Jahr

▲ Je mehr Personen sich ein Auto teilen, desto weniger CO_2-Emissionen pro Kopf fallen an.

wirklich benötigt wird. In diesem Fall werden Sie häufiger zu Fuß gehen, das Rad oder öffentliche Verkehrsmittel nutzen. Vor allem in größeren Städten gibt es auch Carsharing-Angebote, die man nach Bedarf nutzen kann.

Fahrgemeinschaften

Das Konzept ist nicht neu. In manchen Ländern gibt es erfolgreiche Projekte, in anderen hat es sich nicht durchgesetzt. Der Ansatz ist in jedem Fall sinnvoll, weil er das Fahrzeugaufkommen auf den Straßen reduziert und die Menschen veranlasst, auch andere Formen von Mobilität zu nutzen. Wer Fahrgemeinschaften bildet, kann die Treibhausgas-Emissionen noch weiter verringern.

Es gibt bereits Apps, um Mitfahrer zu finden und die Kosten zu teilen. So lassen sich bequeme Fahrten mit geringen Emissionen organisieren.

Im Interesse der Umwelt sollten wir das Auto häufiger stehen lassen:

- **Müssen Sie Ihr Auto** wirklich so oft benutzen, wie Sie es tun? Könnten sie auch ohne Auto auskommen?
- **Wenn Sie für eine längere** Reise ein Auto mieten, wählen Sie ein Elektro- oder Hybridmodell, ersatzweise einen sparsamen Verbrenner, aber bitte kein durstiges SUV.
- **Beim Neuwagenkauf** sollten Sie die umweltfreundlichste Variante wählen, die Sie sich leisten können – im Idealfall ein neues Elektroauto.

Im Stau: Motor abschalten oder laufen lassen?

Einen Benzin- oder Dieselmotor im Stand laufen zu lassen, ist alles andere als grün.

Die Luftverschmutzung ist eins der größten Umweltprobleme, und da unsere Städte immer weiter wachsen, wird sie sich in den nächsten Jahren wahrscheinlich noch verschlimmern. Wer im stehenden Fahrzeug den Verbrennungsmotor laufen lässt, trägt zu dieser gesundheitsschädlichen Verschmutzung bei. Auspuffgase sind nicht nur toxisch, sie bestehen größtenteils aus Treibhausgasen.

Lässt man den Motor länger als 10 Sekunden im Stand laufen, verbraucht er mehr Energie und setzt mehr Treibhausgase frei, als wenn man ihn abschaltet und wieder startet, sobald der Verkehr wieder rollt. Die Sekunden summieren sich schnell. Schon mit 10 Minuten, die Sie den Motor ausschalten, statt nur den Leerlauf einzulegen, sparen Sie ein halbes Kilogramm CO_2. Grund genug, seine Gewohnheiten zu verändern!

- **Im Stand** den Motor ausschalten. Bei vielen neueren Modellen geschieht das mit einem Stopp-Start-System automatisch.
- **Auf ein Elektroauto** umsteigen, um schädliche Auspuffgase ganz zu vermeiden (siehe Seite 202)

Sind Flugreisen noch vertretbar?

Fliegen ist sicher nicht die grünste Form des Reisens. Wer dennoch nicht darauf verzichten kann, hat Möglichkeiten, seinen persönlichen CO_2-Fußabdruck zu verkleinern.

2019 war der weltweite Luftverkehr für 2% der Treibhausgasemissionen verantwortlich. Das ist weniger als beispielsweise die Automobilindustrie. Andererseits nimmt infolge der Globalisierung die Zahl der Flugreisen stetig zu. Eine Person verursacht mit einem einzigen Flug von London nach New York mehr CO_2-Emissionen als ein durchschnittlicher Bewohner eines Entwicklungslands im ganzen Jahr. Manche Fluggesellschaften suchen nach Alternativen zu

---

250 kg CO₂-EMISSIONEN

FALLEN IN EINER EINZIGEN **FLUGSTUNDE** AN.

---

fossilen Brennstoffen, und für Kurzstrecken könnten Elektroflugzeuge eine Lösung sein. Bis der Luftverkehr CO_2-neutral wird, ist aber noch ein langer Weg zu bewältigen.

Trendwende

Der persönliche CO_2-Fußabdruck lässt sich beträchtlich verringern, wenn man sich für langsame Reiseformen – idealerweise im eigenen Land – entscheidet. In Ländern, in

denen es üblich ist, mehrmals im Jahr zu fliegen, zeichnet sich eine deutliche Wende ab. 23% der Schweden haben die Anzahl ihrer jährlichen Flüge verringert. Die Klimaaktivistin Greta Thunberg hat den Begriff *flygskam* (Flugscham) geprägt und vor allen Dingen junge Leute angeregt, das langsame Reisen neu zu entdecken. Viele Menschen werden aber weiterhin fliegen, schon allein aus beruflichen Gründen oder weil Familienmitglieder im Ausland leben.

Während des Lockdowns 2020 hat sich die Zahl der Flugreisen um 90% verringert. Das hätten Klimaaktivisten wenige Monate früher für unmöglich gehalten. Die Luftverschmutzung in Großstädten ging deutlich zurück, Vogelbestände erholten sich und viele Menschen hinterfragten ihr Reiseverhalten, vor allem in Bezug auf Geschäftsreisen. Und wenn die Erweiterung von Flughäfen zurückgestellt wird, ist das für die Umgebung und für die weltweiten CO_2-Emissionen ein Gewinn. Werden diese Veränderungen von Dauer sein?

- **Ermutigen Sie andere**, z. B. in den sozialen Medien, ihr Reiseverhalten zu verändern.
- **Entdecken Sie Urlaubsziele** in der Nähe, statt Fernreisen zu planen. Machen Sie sich mit dem

2019 FANDEN FAST
39 Millionen
FLÜGE STATT.

25 % DER EMISSIONEN ENTSTEHEN BEIM **Start.**

2014 WAREN **15 %** DER BRITEN
AUF **70%** DER INLANDSFLÜGE
UNTERWEGS.

Fahrrad auf den Weg, per Bahn, Fähre, Bus oder Auto.

- **Seltener, aber länger** verreisen. Statt langer Wochenenden lieber eine oder zwei ganze Wochen wegfahren und die Bahn nutzen

Wenn Sie Flüge nicht vermeiden können:

- **Emissionen ausgleichen.** Manche Fluggesellschaften bieten diese Möglichkeit beim Ticketkauf, Sie können aber auch anders aktiv werden, etwa durch die Pflanzung von Bäumen. Es gibt verbraucherfreundliche Apps, mit denen sich die Aktivitäten in Echtzeit verfolgen lassen. Informieren Sie sich gründlich, bevor Sie tätig werden (siehe Seite 208–209).
- **Grüne Fluggesellschaften bevorzugen.** Bestimmt werden die Emissionen beispielsweise durch die Passagierkapazität und die eingesetzten Flugzeugtypen. Online-Rechner helfen, Fluggesellschaften zu vergleichen. Je größer die Nachfrage nach grünen Flügen, desto schneller muss die gesamte Branche reagieren.

- **Direktflüge wählen.** Bei Start und Landung fallen deutlich mehr Emissionen an als auf Reisehöhe. Langstreckenflüge sollten möglichst wenige Zwischenstopps haben.
- **Leichtes Gepäck.** Je schwerer das Flugzeug, desto mehr Emissionen entstehen. Nehmen Sie vor allem auf Kurzreisen wenig Kleidung und Kosmetika mit. Ein E-Reader wiegt weniger als mehrere Bücher.
- **Economy-Klasse** fliegen. Je mehr Menschen im Flugzeug sitzen, desto besser ist die Raumausnutzung und desto weniger Flugzeuge müssen abheben.

Funktioniert der CO₂-Ausgleich?

Klimakompensation klingt kompliziert, das Verfahren wird aber zunehmend einfacher. Sinnvoll sind solche Maßnahmen jedoch nur als Ergänzung zu umweltbewusstem Verhalten.

Die Klimakompensation – der Ausgleich von CO_2-Emissionen durch die Finanzierung von Klimaschutzprojekten – scheint eine gute Idee zu sein, ist aber schwierig umzusetzen. Oft denkt man zuerst an umweltschädliche Unternehmen, die sich durch hohe Ausgleichszahlungen »grün waschen« wollen, um dann ungehindert weiter expandieren zu können.

Die CO_2-Kompensation ist aber kein Freifahrtschein, um weiter die Ökosysteme zu überlasten. Wirksam ist sie nur, wenn unser gesamtes Leben nachhaltiger wird.

Das Ziel sollte eigentlich die Vermeidung von Emissionen sein. Aber solange die Realität noch anders aussieht, sind ausgleichende Maßnahmen notwendig.

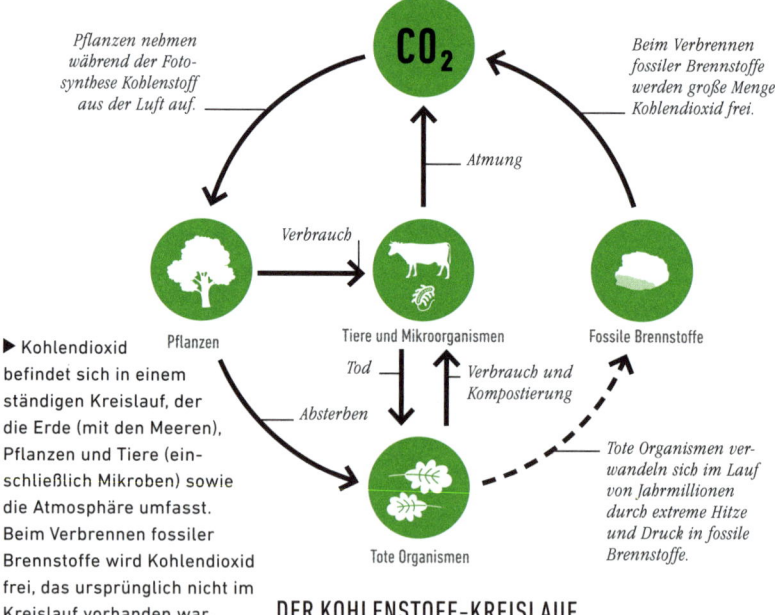

Pflanzen nehmen während der Fotosynthese Kohlenstoff aus der Luft auf.

Beim Verbrennen fossiler Brennstoffe werden große Mengen Kohlendioxid frei.

Atmung

Verbrauch

Pflanzen

Tiere und Mikroorganismen

Fossile Brennstoffe

Tod

Verbrauch und Kompostierung

Absterben

Tote Organismen verwandeln sich im Lauf von Jahrmillionen durch extreme Hitze und Druck in fossile Brennstoffe.

Tote Organismen

▶ Kohlendioxid befindet sich in einem ständigen Kreislauf, der die Erde (mit den Meeren), Pflanzen und Tiere (einschließlich Mikroben) sowie die Atmosphäre umfasst. Beim Verbrennen fossiler Brennstoffe wird Kohlendioxid frei, das ursprünglich nicht im Kreislauf vorhanden war.

DER KOHLENSTOFF-KREISLAUF

Die Zahl der Privatpersonen, die Ausgleichszahlungen leistet, ist noch klein, wächst aber. 2019 hat nur 1 % der Flugreisenden Ausgleichszahlungen geleistet. Aber diese Zahl ist seit 2008 um das 140-fache gestiegen, sicher auch, weil das Verfahren einfacher geworden ist.

Wie funktioniert es?

Der Ausgleich kann die Emissionen, die beispielsweise durch eine private Flugreise entstehen, nicht direkt neutralisieren. Er trägt aber dazu bei, die Menge der weltweiten Emissionen zu verringern.

Wie man Emissionen am besten ausgleicht, wie viel und in welche Klimaschutzprojekte man investieren sollte, ist noch Gegenstand von Diskussionen. Man kann sich an den Kosten für Aufforstungen beteiligen, in erneuerbare Energien wie Windkraft oder Sonnenenergie investieren, Projekte zur Verringerung von Rodungen, zur Bereitstellung effizienter Herde oder Solarkocher oder Trinkwasserprojekte unterstützen.

Aufforstungen sind eine besonders gute Maßnahme, denn Bäume dienen jahrzehntelang als Kohlenstoffsenke und können auch steigenden Kohlendioxid-Emissionen entgegenwirken.

Das können Sie tun, wenn Sie selbst aktiv werden wollen:

- **Mit einer App** können Sie einen Überblick über die verschiedenen Ausgleichsoptionen gewinnen, nicht nur für Flugreisen, sondern auch für andere Bereiche Ihres Lebens.

- **Wählen Sie Organisationen,** die über eine unabhängige Zertifizierung verfügen und Auskunft über die Wirkung ihrer Ausgleichsleistungen in den Vorjahren vorlegen.
- **Achten Sie darauf,** dass die gewählte Organisation auf Transparenz Wert legt. Sie sollten genau wissen, welches Klimaschutzprojekt Sie unterstützen, wo es sich befindet und welches Ziel es verfolgt. Außerdem sollten Sie

---

EINE KLIMASCHUTZ-AGENTUR VERZEICHNETE ZWISCHEN **2018 UND 2019** EINEN ANSTIEG DER **PRIVATEN AUSGLEICHS-ZAHLUNGEN** UM **300 %.**

---

regelmäßig über das Fortschreiten des Projekts informiert werden, entweder persönlich oder über die Website der Organisation. Bevorzugen Sie Organisationen, die in den Projektgebieten einheimische Mitarbeiter beschäftigen. Wenn Sie in Bäume investieren, wählen Sie Arten, die als Kohlenstoffsenke besonders wirksam sind. Achten Sie außerdem darauf, dass durch das Aufforstungsprojekt keine indigenen Völker verdrängt werden.

- **Wer ein Aktiendepot besitzt,** kann als Privatanleger CO_2-Zertifikate kaufen. Sie werden meist zur Finanzierung von Wind- und Sonnenenergie-Projekten genutzt.

»Um den Klimawandel zu stoppen, müssen wir unser Reiseverhalten ändern.«

Wohin kann man mit gutem Gewissen verreisen?

Ob Sie umweltfreundlich Urlaub machen, hängt davon ab, wie weit Sie reisen, welche Ziele Sie ansteuern und zu welcher Zeit Sie Ihre Ferien planen.

2019 sind insgesamt 1,4 Milliarden Menschen im Urlaub verreist. Manche Ziele sind beliebter als andere. Von Overtourism oder Übertourismus spricht man, wenn ein Gebiet dermaßen überlaufen ist, dass der Besucherandrang gravierende negative Folgen für die Umwelt und die einheimische Bevölkerung hat. Beispiele sind Venedig oder Machu Picchu. Es kann zu Wohnungsknappheit, Störungen der Infrastruktur, Müllproblemen und Überlastung der Wasserversorgung kommen.

Undertourism beschreibt das genaue Gegenteil. Indem Sie Gebiete aufsuchen, die weniger frequentiert sind, können Sie zur Entlastung der beliebtesten Reiseziele beitragen.

- **Weniger bekannte Ziele** besuchen statt die üblichen Sehenswürdigkeiten oder Ihr Heimatland besser kennenlernen
- **Außerhalb der Saison** verreisen und die Schulferien möglichst meiden
- **Rücksicht** auf die Einheimischen und ihre Lebensweise nehmen

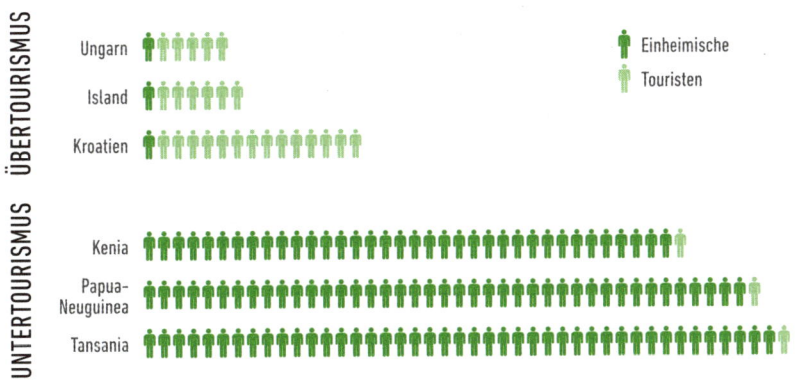

▲ Die Grafik zeigt das Verhältnis von Einheimischen zu Touristen in der Hauptsaison. Die genannten Länder stellen die Extreme der jeweiligen Skala dar.

Was ist Ökotourismus und warum ist er wichtig?

Wir müssen nicht aufs Reisen verzichten, aber im Interesse unseres Planeten sollten wir auch im Urlaub das Umweltbewusstsein nicht zu Hause lassen.

Der Tourismus ist ein bedeutender Wirtschaftsfaktor. 2019 war weltweit jeder zehnte Beschäftigte in dieser Branche tätig. Tourismus verursacht aber 8% der Treibhausgas-Emissionen, die durch menschliche Aktivitäten entstehen.

Es gibt durchaus Möglichkeiten, nachhaltig zu reisen. Verantwortungsbewusste Touristen sorgen dafür, dass ihr Urlaub oder Abenteuer die Umwelt nicht mehr als unvermeidbar schädigt. Der Ökotourismus geht noch einen Schritt weiter: Er strebt an, am Reiseziel etwas Positives zu bewirken. Es geht darum, den Einheimischen und der Umwelt zu helfen.

Es gibt verschiedene Möglichkeiten, den nächsten Urlaub grüner zu gestalten.

- **Mehr Zeit in der Natur** verbringen. Sie könnten zelten, eine Radtour unternehmen oder einen Wanderurlaub planen.
- **Bewusst langsam** reisen, beispielsweise mit dem Rad oder im Ausland mit öffentlichen Verkehrsmitteln
- **Nichts in der Natur zurücklassen.** Abfälle in vorgesehene Behälter werfen oder mit nach Hause nehmen. Ihr Besuch soll keine Spuren hinterlassen.

87% **DER TOURISTEN**
WÜRDEN EINER STUDIE ZUFOLGE GERN **NACHHALTIGER REISEN.**

- **An Aktivitäten teilnehmen,** mit denen Initiativen am Urlaubsort unterstützt werden, z. B. einer Radtour zur Finanzierung eines Naturschutzprojekts
- **Eine Unterkunft wählen,** die auf Plastik möglichst verzichtet (siehe rechts) und die örtliche Wirtschaft unterstützt. Statt großer Hotelketten lieber Öko-Hotels buchen.
- **Im Urlaub etwas »Grünes«** lernen, z. B. einen Permakulturkurs besuchen
- **Vorsicht vor Freiwilligenprogrammen,** selbst wenn Sie beste Absichten haben. Viele Programme sind nicht zertifiziert, und Urlauber, die beim Bau einer Schule helfen, könnten Einheimischen den Job wegnehmen. Knappe Ressourcen werden oft nicht optimal genutzt, und bei einem Unfall besteht möglicherweise kein Versicherungsschutz.

Wie kann ich im Urlaub mit weniger Plastik auskommen?

Selbst wenn Sie im Alltag Plastik vermeiden – im Urlaub kann es schwieriger sein. Mit etwas Planung lässt sich diese Klippe aber leicht umschiffen.

Auf Reisen kann es leicht vorkommen, dass wir unsere guten Vorsätze vergessen und mehr Einwegprodukte aus Plastik benutzen. Das muss aber nicht so sein.

- **Packen Sie** eine Einkaufstasche, eine Trinkflasche und einen Kaffeebecher in den Koffer. Kaufen Sie kein Wasser in Flaschen, sondern bitten Sie ausdrücklich um Leitungswasser (sofern es trinkbar ist). Im Zweifelsfall Tabletten für die Sterilisation von Trinkwasser oder einen SteriPen mitnehmen

- **Wiederverwendbares Besteck,** etwa aus nachhaltig produziertem Bambus, ist praktisch zum Essen auf der Reise.

- **Die Mini-Päckchen im Hotelbad** liegen lassen. Zahncreme-Tabs und Wattestäbchen mit Bambusstiel mitnehmen. Seifenstück und festes Shampoo in Wachstuch oder eine Dose packen

- **Hören Sie sich um.** Es gibt immer mehr Anbieter von Safaris und geführten Touren, die bewusst auf Plastik verzichten. Unabhängige Hotels sind in Bezug auf ihre Umweltkonzepte oft verantwortungsbewusster als große Ketten.

- **Proviant für die Reise** sollten Sie von Zuhause mitnehmen. Dann brauchen Sie unterwegs keine Snacks in Plastikverpackung zu kaufen.

☑ SEIFENSTÜCK + FESTES SHAMPOO
☑ MEHRWEGBESTECK
☑ MEHRWEG-TRINKFLASCHE
☑ EINKAUFSTASCHE AUS STOFF

▲ Mit ein paar Kleinigkeiten im Gepäck lässt sich eine Menge Abfall vermeiden.

Glossar

Artenvielfalt Die Vielfalt der Lebensformen in einem Gebiet und ihre komplexen Wechselbeziehungen

Biolandwirtschaft Landwirtschaft, die auf synthetische Düngemittel, Herbizide, Pestizide und genetisch verändertes Saatgut verzichtet

Biologisch abbaubar Material aus natürlichen Bestandteilen, das durch Mikroorganismen vollständig zersetzt werden kann

Biomasse Biologische Substanz pflanzlichen und tierischen Ursprungs (auch Lebensmittelabfälle), aus der Brennstoff erzeugt wird

CO_2-Äquivalent Messwert für Treibhausgas-Emissionen, für den alle Emissionen in die entsprechende Menge Kohlendioxid umgerechnet werden

Dioxine Toxische Chemikalien, die in der Umwelt nicht abgebaut werden und in die Nahrungskette gelangen können

Erneuerbare Energien Energien aus nachwachsenden oder unerschöpflichen Quellen

Eutrophierung Überdüngung von Gewässern, meist durch landwirtschaftliche Düngemittel. Bewirkt übermäßiges Algenwachstum und Verschlechterung der Wasserqualität

FCKW (Fluorchlorkohlenwasserstoffe) Synthetische Chemikalien, die in Kühlgeräten eingesetzt wurden. Starke Treibhausgase

Flüchtige organische Verbindungen Chemikalien, die bei Zimmertemperatur gasförmig werden. Z. B. in Farben und Lacken, Klebstoffen, Reinigungsprodukten und Baustoffen

Fossile Brennstoffe Naturprodukte, die vor Millionen Jahren aus verrotteter organischer Substanz entstanden sind und heute als Energiequelle genutzt werden, z. B. Rohöl, Kohle, Erdgas

Fracking Umstrittene Methode zur Förderung von Rohöl oder Erdgas, bei der Flüssigkeit unter hohem Druck in unterirdische Gesteinsformationen gepresst wird

Genetische Modifikation (GM) Eingriff in die Gene eines Lebewesens, um erwünschte Merkmale hinzuzufügen

Greenwashing Praxis mancher Unternehmen, umweltfreundliche Aktivitäten hervorzuheben, um schädliche Handlungen zu verschleiern

Klimawandel Langfristige Veränderung des Weltklimas durch einen Temperaturanstieg, der durch menschliches Handeln verursacht wird, vor allem durch die Nutzung fossiler Brennstoffe

Kohlendioxid (CO_2) Eins der wichtigsten Treibhausgase, die durch menschliche Aktivitäten (z. B. Waldrodung, Verbrennung fossiler Brennstoffe) in die Atmosphäre gelangen

Kohlendioxidausgleich Aktivitäten zur Verringerung der CO_2-Menge in der Atmosphäre, indem Emissionen eine ausgleichende Handlung entgegengestellt wird

Kohlendioxid-Fußabdruck Die CO_2-Emissionen, die direkt oder indirekt durch eine Aktivität, ein Produkt, eine Person, eine Organisation oder eine Leistung entstehen

Kohlenstoffkreislauf Der ständige Kreislauf von CO_2 zwischen Atmosphäre, Ozeanen und lebenden Organismen (siehe Seite 208)

Kohlenstoffsenke Ein System, das mehr CO_2 aus der Atmosphäre aufnimmt, als es abgibt, z. B. Pflanzen, Ozeane und der gesunde Erdboden

Kompostierbar Material, das durch Mikroorganismen in seine natürlichen Bestandteile zersetzt werden kann

Methan (CH_4) Ein Treibhausgas, das von natürlichen Feuchtgebieten, schmelzendem Permafrostboden, grasendem Vieh, verrottenden organischen Materialien und durch Nutzung fossiler Brennstoffe abgegeben wird. Es wirkt 25-mal stärker als Kohlendioxid.

Mikroplastik Plastikstücke von weniger als 5 Millimeter Länge, die sich in Wasser und Boden anreichern und von Tieren aufgenommen werden

Monokultur Anbau einer einzigen Pflanzenart oder Haltung einer einzigen Viehart auf einer bestimmten Fläche

Ökosystem Die Gemeinschaft von Lebewesen in ihrer Umgebung, die durch Nahrungskreisläufe und Energie miteinander verbunden sind

Ozon (O_3) Ein Gas, das sich in der oberen Atmosphäre bildet und die Erde vor schädlichen UV-Strahlen der Sonne schützt. In der unteren Atmosphäre entsteht es durch menschliche Aktivitäten und verstärkt den Treibhauseffekt.

Parabene Synthetische Chemikalien, die oft in Kosmetika und Körperpflegeprodukten zur Konservierung eingesetzt werden. Sie stehen im Verdacht, den Hormonhaushalt negativ zu beeinflussen.

Recycelbar Material, das aufbereitet und als Rohstoff für neue Produkte genutzt werden kann

Rodung Abholzung größerer Baumbestände, um freie Fläche zu schaffen, meist für die kommerzielle Landwirtschaft

Treibhausgase Gase, die sich in der Atmosphäre anreichern und die Erderwärmung fördern: Wasserdampf, Kohlendioxid, Methan, Stickoxid, Fluorgase und Ozon
Versauerung der Meere Wenn das Meerwasser CO_2 aus der Atmosphäre aufnimmt,

sinkt sein pH-Wert, die Lebensbedingungen verschlechtern sich.
Versteppung Allmähliche Austrocknung und Verkargung des Bodens, bis keine Pflanzen mehr darauf wachsen können

Bibliografie

10 Noch elf Jahre: © UN: www.un.org/press/en/2019/ga12131.doc.htm. Eisschmelze: NASA sealevel.nasa.gov. Zunahme weltweiter CO_2-Emissionen: Ritchie, H. und Roser, M., Our World in Data, ourworldindata.org/co2-emissions. **13** Luftverschmutzung: © 2019 Health Effects Institute www.stateofglobalair.org/sites/default/files/soga_2019_report.pdf. LKW-Ladungen Plastik: Fela, J. © Greenpeace International 2020 www.greenpeace.org. **14** 90% Plastik nicht recycelt: Beeson, L. © University of Georgia, Athens news.uga.edu/royal-statistic-of-2018-90-5-of-plastic-not-recycled/. **15** 93% Extra-Hitze: How fast are the oceans warming? Cheng, L. et al., Science 11 Jan 2019: Bd. 363, Ausg. 6423: 128–129, doi:10.1126/science. aav7619 © 2019, American Association for the Advancement of Science. Species under threat of extinction: © UN www. un.org/sustainabledevelopment/blog/2019/05/nature-decline-unprecedented-report/. **21** Kühlgeräte: Deutsche Umwelthilfe: www.duh.de/kuehlgerate/. **22** Joghurtbecher: www.umweltbundesamt.de/dokument/poster-muelltrennung. **23** Spülmaschinen: © 2011, 2019 Alliance for Water Efficiency, NFP www.home-water-works.org/indoor-use/dishwasher. **24** Recycling-Zahlen Papier und Pappe: EPA, United States Environmental Protection Agency: www.epa.gov/facts-and-figures-about-materials-waste-and-recycling/paper-and-paperboard-material-specific-data. Recycling-Zahlen Glas: United States Environmental Protection Agency: www.epa.gov/facts-and-figures-about-materials-waste-and-recycling/glass-material-specific-data. Recycling-Zahlen Plastikflaschen: APR: © 2020 The Association of Plastic Recyclers: plasticsrecycling.org/news-and-media/866-december-17-2018-apr-press-release. Recycling-Zahlen Aluminiumdosen: © 2020 The Aluminum Association www.aluminum.org/aluminum-can-advantage. USA 2 kg pro Tag: United States Environmental Protection Agency: www.epa.gov/facts-and-figures-about-materials-waste-and-recycling/national-overview-facts-and-figures-materials. **25** Kunststoffrecycling: National Geographic Partners, LLC www.nationalgeographic.com/news/2017/07/plastic-produced-recycling-waste-ocean-trash-debris-environment/. Verbrannter Plastikmüll: FAZ vom 6. September 2020, S. 57. **26** Lebensmittelverschwendung Grafik: Department of Communications, Climate Action and Environment: www.dccae.gov.ie/en-ie/environment/topics/sustainable-development/waste-prevention-programme/Pages/Stop-Food-Waste0531-7331.aspx. **27** 4,5 Mio. Tonnen Lebensmittel: © WRAP 2020: wrap.org.uk/sites/files/wrap/Food_%20surplus_and_waste_in_the_UK_key_facts_Jan_2020.pdf.; WWF. **29** Baumwolle Kompostierung Down2Earth Materials: www.down2earthmaterials.ie/2013/02/14/decompose/. **31** Tonnen Küchenpapier: © 2017 The Energy Co-op web.archive.org/web/20170430185100/www.theenergy.coop/community/blog/banish-paper-towel. **34** 37% der Treibhausgas-Emissionen: IPCC, 2019: Summary for Policymakers, In: Climate Change and Land: an IPCC special report on climate change, desertification, land degradation, sustainable land management, food security, and greenhouse gas fluxes in terrestrial ecosystems [P.R. Shukla, et al. (eds.)], www.ipcc.ch/srccl/chapter/chapter-5/. Daten Grafik: ERS/USDA http://shrinkthatfootprint,com/food-carbon-footprint-diet. **35** Menge Eier: www.egginfo.co.uk/egg-facts-and-figures/industry-information/data. **36** CO_2-Fußabdruck von Nutztieren: Ritchie, H., Our World in Data: ourworldindata.org/less-meat-or-sustainable-meat. **37** Hühner: albert-schweitzer-Stiftung. de/massentierhaltung/masthuehner/2. **38** Jeder Fünfte unter den Millennials: © 2018 YouGov PLC: today.yougov.com/topics/food/articles-reports/2020/01/23/millennials-diet-climate-change-environment-poll. **41** Senkung des Sojaverbrauchs um 75%: Food choices, health and environment, Westhoek, H. et al., Global Environmental Change © 2014 The Authors. Published by Elsevier Ltd. doi:10.1016/j.gloenvcha.2014.02.004. **44** 85% Palmöl / 50% der Produkte: WWF UK www.wwf.org.uk/updates/8-things-know-about-palm-oil?gclsrc=aw. **47** Energieeffizienz: NCBI, Muller, A. et al. Strategies for feeding the world more sustainably with organic agriculture. Nat Commun, 2017;8(1):1290, doi:10.1038/s41467-017-01410-w. EU-Zielsetzung: © Europäische Union, 2020 ec.europa.eu/food/sites/food/files/safety/docs/f2f_action-plan_2020_strategy-info_en.pdf. Vorlage für Grafik: Reganold, J. und Wachter, J., Organic agriculture in the 21st century, fig.4. Nature Plants. 2, 15221 (2016). doi:10.1038/nplants.2015.221. **48** Daten Tomaten: Theurl, M.C. et al. Contrasted GHG emissions from local versus long-range tomato production. Agron. Sustain. Dev. 34, 593–602 (2014) doi:10.1007/s13593-013-0171-8. **54** 75% der Nahrung von 12 Pflanzen- und 5 Tierarten: © FAO: www.fao.org/3/x0171e/x0171e03. htm. **56** Fertigprodukte: NCBI, Rauber, F. et al., Ultra-Processed Food Consumption and Chronic Non-Communicable Diseases-Related Dietary Nutrient Profile in the UK (2008–2014). Nutrients. 2018;10(5):587. doi:10.3390/nu10050587. 58% der Lebensmittelverschwendung: ©2016 ReFED www.refed.com/downloads/ReFED_Report_2016.pdf. **57** Grünste Form von Zucker: Hashem, K. et al. (2015) Does sugar pass the environmental and social test: www.researchgate.net. Fläche für Maisanbau in den USA: NASS, U.S. Department of Agriculture downloads.usda.library.cornell.edu/usda-esmis/files/j098zb09zvx022244t/8910kf38j/acrg0620.pdf. **59** 40% der US-Haushalte: Bedford, E. © Statista 2020 www.statista.com/statistics/316217/us-ownership-of-single-cup-brewing-systems/. **60** 2,8 Milliarden Einweg-Kaffeebecher: Deutsche Umwelthilfe www.duh.de/uploads/tx_duhdownloads/DUH_Coffee-to-go_Hintergrund_01.pdf. Daten Grafik: © CIRAIG ciraig.org/wp-content/uploads/2020/05/CIRAIG_RapportACVtassesetgobelets_public.pdf. **61** Zugang zu sauberem Trinkwasser: UN, WHO/UNICEF Joint Monitoring Program (JMP) for Water Supply, Sanitation and Hygiene: www.unwater.org/publications/whounicef-joint-monitoring-program-for-water-supply-sanitation-and-hygiene-jmp-progress-on-household-drinking-watersanitation-and-hygiene-2000-2017/. **34** Milliarden Plastikflaschen: Oceana, Inc. oceana.org/press-center/press-releases/oceana-report-soft-drink-industry-can-stop-billions-plastic-bottles. 170 Liter Wasser: Soda Politics: Taking on Big Soda (And Winning), Nestle, M. **62** Weinbaufläche in Frankreich: HAL, Aubertot, J-N. et al. Pesticides, agriculture et environnement. Réduire l'utilisation des pesticides et en limiter les impacts environnementaux. 2005. ffhal-02832492f, hal.inrae.fr/hal-02832492/document. **64** 1 Mio. Einweggrills : Hall, M.,BusinessWaste.co.uk, www.businesswaste.co.uk/disposable-bbqs-should-be-banned-to-prevent-further-devastating-wildfires/. **66** Lebensmittelabfälle in britischen Restaurants: WRAP, wrap.org.uk/sites/files/wrap/Restaurants.pdf. **68** 75 Burger pro Sekunde: Guenette R., The Motley Fool © 2020 USA Today, a division of Gannett Satellite Information Network, LLC.www.usatoday.com/story/money/markets/2013/11/19/five-things-about-mcdonalds/3643557/. **72** Wasserverbrauch Wannenbad/Dusche: USGS water.usgs.gov/edu/activity-percapita.php. Duschdauer: Hubbub-Trewin Restorick: www.hubbub.org.uk/blog/how-long-do-you-spend-in-the-shower-hubbub-launches-tapchat. **74** Seife: Comparing the Environmental Footprints of Home-Care and Personal-Hygiene Products, Koehler, A. et al., Environ. Sci. Technol. 2009, 43 (22) 8643-8651, doi:10.1021/es901236f © 2009 American Chemical Society. **76** Toilettenpapier pro Kopf: Armstrong, M., Statista Consumer Market Outlook www.statista.com/chart/15676/cmo-toilet-paper-consumption/. Bidets in Venezuela: Thomas, J., Treehugger www.treehugger.com/bidets-eliminate-toilet-paper-increase-your-hygiene-4855234. **77** Wasserverbrauch Toilettenspülung: © 2019 Waterwise Ltd: waterwise.org.uk/save-water/. **78** Tampons: www.stern.de/vergleich/menstruationstasse/. **79** Menstruationsslips: © 2020 City to Sea www.citytosea.org.uk/campaign/plastic-free-periods/faqs/. **82** Palmöl in 70% der Kosmetika: Rai, V., Mint: © HT Digital Streams Limited www.livemint.com/mint-lounge/features/unseen-2019-the-ugly-side-of-beauty-waste-11577446070730.html. **85** 45 Mio. Amerikaner: Centers for Disease Control and Prevention, CDC www.cdc.gov/contactlenses/fast-facts.html. Daten für die Grafik: ASU BioDesign Institute, Arizona State University: biodesign.asu.edu/news/first-nationwide-study-shows-environmental-costs-contact-lenses. 39% der Kontaktlinsenträger: Johnson & Johnson Vision Care,Inc.: www.jjvision.com/press-release/johnson-johnson-vision-launches-uks-first-free-nationwide-recycling-programme-all. **87** 1,8 Mrd. Wattestäbchen: © FIDRA www.cottonbudproject.org.uk/plastic-cotton-bud-sticks-in-marine-litter.html. **91** 400 Mrd. m² Verschnitt: Chung, S-W. © Greenpeace International 2020: www.greenpeace.org/international/story/7539/fast-fashion-is-drowning-the-world-we-need-a-fashion-revolution/. 90% Schrumpfung Aralsee: The Aral Sea Disaster, Micklin, P., Annual Review of Earth and Planetary Sciences Bd. 35:47–72 (30. Mai 2007) doi:10.1146/annurev.earth.35.031306.140120. **93** 9 Monate längere Nutzung: © WRAP 2020 www.wrap.org.uk/content/extending-life-clothes. **96** Faserabrieb: Animashaun, C., Vox © 2020 Vox Media, LLC www.vox.com/the-goods/2018/9/19/17800654/clothes-plastic-pollution-polyester-washing-machine. **98** Wäsche: Energy Star www.energystar.gov/index.cfm?c=clotheswash.clothes_washers_save_money. Wascheter: © ecoegg www.ecoegg.com/product/laundry-egg/. **99** Anzahl Wäschetrockner: https://de.statista.com/statistik/daten/studie/516868/umfrage/private-haushalte-in-Deutschland-mit-waeschetrockner/. **104** Brillenträger: VisionWatch Eyewear US Study www.thevisioncouncil.org. **105** Gold für Schmuckverarbeitung: Garside, M., © Statista 2020 www.statista.com/statistics/299609/gold-demand-by-industry-sector-share/. Schmuckproduktion Recycling: Pandora Ethics Report pandoragroup.com//media/files/pdf/sustainability-reports/pandora_ethics_report_2016.pdf. **110** Werte-Pyramide: © Sustainable Table sustainabletable.org.au/all-things-ethical-eating/ethical-shopping-pyramid/. **111** 800000 Tonnen Plastikmüll: Eunomia Research & Consulting Ltd 2014 www.eunomia.co.uk/informing-the-plastics-debate/. Lebensmittelverschwendung: www.bmel.de/SharedDocs/Pressemitteilungen/DE/2020/139-gutachten.html. **112** Wiederverwendung Taschen: © Environment Agency: assets.publishing.service.gov.uk/government/uploads/system/uploads/attachment_data/file/291023/scho0711buan-e-e.pdf. Produktion Plastiktaschen: © 2013-2020 studylib.net studylib.net/doc/18206586/plastic-bags---worldwatch-institute. Recyclingrate: © 2020 TheWorldCounts www.theworldcounts.com/challenges/planet-earth/waste/plastic-bags-used-per-year/story. **113** 40% vergessen Einkaufstasche: Clemson University TigerPrints Kimmel, Sc.D. and Robert, M., »Life Cycle Assessment of Grocery Bags in Common Use in the United States« (2014), Environmental Studies. 6, tigerprints.clemson.edu/cudp_environment/6- tigerprints.clemson.edu/cgi/viewcontent.cgi?article=1006&context=cudp_environment. **116** Online-Shopping, Daten für Grafik: Lipsman, A., eMarkter: © 2020 eMarketer inc. www.emarketer.com/content/global-ecommerce-2019. **117** Retouren im Onlinehandel: www1.wdr.de/nachrichten/retouren-muell-online-handel-100.html. **118** 40% der Lebensmittel verderben: Food and Agriculture Organization of the UN www.fao.org/3/a-bt300e.pdf. **123** Schnittblumen: https://de.wikipedia.org/wiki/Schnittblume. **126** 10 Mio. un-willkommene Geschenke: ING © Copyright 2018 ING newsroom.ing.com/au/australians-dreaming-of-a-green-christmas/. **127** 365000 km Geschenkpaiper: Browning, N., © 2020 Reuters: uk.reuters.com. **128** Kartenversand Emissionen: © Copyright 2020 International Maritime Organization (IMO) www.imo.org/en/OurWork/Environment/PollutionPrevention/AirPollution/Pages/Greenhouse-Gas-Studies-2014.aspx. **129** Durchschnittliche CO_2-Emissionen: © 2020 Carbon Trust: www.carbontrust.com/news-and-events/news/carbon-trust-christmas-tree-disposal-advice. Wachstumsdauer Weihnachtsbäume: The Conversation © 2010–2020, The Conversation Media Group Ltd: theconversation.com/new-recycling-process-could-help-your-christmas-tree-lead-a-surprising-second-life-107984. **130** Feuerwerk: www.umweltbundesamt.de/publikationen/jahreswechsel-wenn-die-luft-zum-schneiden-ist. **131** Luftballonfetzen tödlich für Vögel: Roman, L. et al. A quantitative analysis linking seabird mortality and marine debris ingestion, Sci Rep 7, 3202 (2019) doi:10.1038/s41598-018-36585-9. Daten Ballons: EPBC © Copyright 2020 European Balloon and Party Council- ebpcouncil.eu/about/balloon-industry. **134** Daten erneuerbare Energien: Evans, S., Carbon Brief Ltd © 2015 www.carbonbrief.org. www.umweltbundesamt.de/themen/klima-energie/erneuerbare-energien/erneuerbare-energien-in-zahlen'statist.statusquo. **135** Daten für Grafik: BP PLC www.bp.com/en/global/corporate/energy-economics/statistical-review-of-world-energy/renewable-energy.html. **136** Energieverbrauch im Haushalt: © Crown copyright 2012 Department of Energy & Climate Change: assets.publishing.service.gov.uk/government/uploads/system/uploads/attachment_data/file/128720/6923-how-much-energy-could-be-saved-by-making-small-cha.pdf. **142** UK Ausgaben für Haushaltsgeräte: Sabanoglu, T., © Statista 2020 www.statista.com/statistics/301025/annual-expenditure-on-household-appliances-in-the-united-kingdom-uk/. 50 Mio. Tonnen Elektroschrott: UN environment programme © UNEP-www.unenvironment.org/news-and-stories/press-release/un-report-time-seize-opportunity-tackle-challenge-e-waste. **143** Metalle in Smartphones: © Compound Interest 2014 i1.wp.com/www.compoundchem.com/wp-content/uploads/2014/02/The-Chemical-Elements-of-a-Smartphone-v2.ng?ssl=1. **147** Gartenfläche: The domestic garden: its contribution to urban green infrastructure, Cameron, R. et al. doi:10.1016/j.ufug.2012.01.002. **148** 10% der Bienenarten: © Friends of the Earth Limited friendsoftheearth.uk/bees/what-are-causes-bee-decline. Über 40% der Insektenarten bedroht: © 2019 Elsevier Ltd. Sánchez-Bayo, F. and Wyckhuys, K.A.G. doi:10.1016/j.biocon.2019.01.020. Rückgang Insektenpopulation in Deutschland: © 2017 Hallmann et al. (2017) More than 75% decline over 27 years in total flying insect biomass in protected areas, PLoS ONE 12(10): e0185809, doi:10.1371/journal.pone.0185809. **151** Kohlenstoffabsorption: © United States Forest Service 2008 www.nrs.fs.fed.us/pubs/jrnl/2009/nrs_2009_pouyat_001.pdf. **154** Überschwemmungsgefahr Grundstücke UK: © Environment Agency 2009 assets.publishing.service.gov.uk/government/uploads/system/uploads/attachment_data/file/292928/geho0609bqds-e-e.pdf. Betonindustrie: Timperley, J., Carbon Brief Ltd © 2015 www.carbonbrief.org/qa-why-cement-emissions-matter-for-climate-change. **160** 150 kg Lebensmittelabfälle: © WRAP 2020 www.wrap.org.uk/content/home-composting. **162** Schädliche Substanzen in de Luft: NASA Technical Reports Server ntrs.nasa.gov/citations/19930073077. **166** Rückgang energiebedingter Emissionen im Lockdown: Darby, M., © 2020 Climate Home News Ltd.-www.climatechangenews.com/2020/05/19/coronavirus-lockdown-cut-energy-related-co2-emissions-17-study-finds/. **167** Einweg-Kaffeebecher: Bell, S. © 2019 RoadRunner Recycling Inc: www.roadrunnerwm.com/blog/office-worker-waste-generation. **168** Rechenzentren: © 2018 Super Micro Computer, Inc. www.supermicro.com/wekeepitgreen/Data_Centers_and_the_Environment_Dec2018_Final.pdf. Energieverbrauch von Rechenzentren: Vidal, J. © 2020 Climate Home News Ltd: www.climatechangenews.com/2017/12/11/tsunami-data-consume-one-fifth-global-electricity-2025/. Sachstandsbericht des deutschen Bundestags WD-8-041-19-pdf-data. **169** CO_2-Emissionen, Daten für Grafik: © Copyright 2018 Environmental Paper Network: environmentalpaper.org/wp-content/uploads/2018/04StateOfTheGlobalPaperIndustry2018_FullReport-Final.pdf. **170** 4 % der weltweiten Kohlenstoffemissions: The Think Tank The Shift Project theshiftproject.org/wp-contentuploads/2019/03Lean-ICT-Report_The-Shift-Project_2019.pdf. **171** E.Mails weltweit: Clement, J. © Statista 2020 www.statista.com. Daten für Grafik: Berners-Lee, M., How Bad are Bananas?: The Carbon Footprint of Everything, 2010. 7 Mio. zusätzliche Autos: © Immediate Media Company Ltd 2020 www.sciencefocus.com/planet-earth/. Täglich eine E-Mail weniger: OVO Energy www.ovoenergy.com/ovo-newsroom/press-releases/2019/november/think-before-you-thank-if-every-brit-sent-one-less-thank-you-email-a-day-we-would-save-16433-tonnes-of-carbon-a-year-the-same-as-81152-flights-to-madrid.html. 60 % der Internetnutzung: © 2020 Sandvine www.sandvine.com/hubfs/Sandvine_Redesign_2019/Downloads/2020/Phenomena/COVID%20Internet%20Phenomena%20Report%2020200507.pdf. **172** Daten durchschnittliches Buch und E-Book: © 2002–2009 Cleantech Group LLC. gato-docs.its.txstate.edu/jcr:4646e321-9a29-41e5-880d-4c5ffe69e03e/thoughts_ereaders.pdf. **173** 374 Mio. Zeitschriften: Johnson, J. © Statista 2020 www.statista.com/statistics/322476/magazine-print-sales-volume-uk/. **175** Nachhaltige Geldanlagen: Triodos Bank UK Ltd www.triodos.co.uk/press-releases/2018/socially-responsible-investing-market-on-cusp-of-momentus-growth. Investitionsanstieg um 34 %: The Global Sustainable Investment Alliance www.gsi-alliance.org/wp-content/uploads/2019/03/GSIR_Review2018.3.28.pdf. **180** 565 Kondome: The Associated Press apnews.com/article/23c459322ab24a86b458e71615784e42. **183** Über 65 % der Amerikanerinnen verwenden Gleitmittel: © 2014 International Society for Sexual Medicine, Women's Use and Perceptions of Commercial Lubricants, Herbenick, D. et al., doi:10.1111/jsm.1242. **184** CO_2 Generationsdaten: Ritchie, H., Our World in Data: ourworldindata.org/per-capita-co2. Land mammals lost habitat: © 2020 National Academy of Sciences, Population losses and the 6th mass extinction, Ceballos, G. et al. PNAS 25 July 2017 114 (30) E6089-E6096; doi:10.1073/pnas.1704949114. **185** 58,6 Tonnen CO_2: © 2017 IOP Publishing Ltd, The climate mitigation gap, Wynes, S. and Nicholas, K.A. 2017 Environ. Res. Lett. 12 074024, doi:10.1088/1748-9326/aa7541. 40 000 Kinder suchen ein neues Zuhause: © Copyright 2020 Adopt Change www.adoptchange.org.au/page/38/the-issue. Verbrauchte Windeln: © WRAP 2020 www.wrap.org.uk/content/real-nappies-overview. Einweg-/Stoffwindeln: © Environment Agency assets.publishing.service.gov.uk/government/system/uploads/attachment_data/file/291130/scho0808boir-e-e.pdf. **187** 85 % der Babys: © 2020 Advameg, Inc. www.healthofchildren.com/P/Pacifier-Use.html. **190** Daten Hauskatzen: Trouwborst, A. and Somsen, H., Domestic Cats (Felis catus) and European Nature Conservation Law, Journal of Environ. Law, eqz035 doi:10.1093/jel/eqz035. 64 Mio. Tonnen CO_2 durch Haustiere: © 2017 Okin, G.S. (2017). Umwelteinfluss von Hunde- und Katzenfutter, PLoS ONE 12(8):doi: 10.1371/journal.pone.0181301. Katzen gefährden Singvögel: © The Royal Society for the Protection of Birds (RSPB) www.rspb.org.uk. 67 % der US-Haushalte: ©1998–2020 American Pet Products Association, Inc. www.americanpetproducts.org/pubs_survey.asp. **192** 25 % der Ressourcen: © 2017 Okin, G.S. Graphic stat: © Mars 2019 www.royalcanin.com/au/about-us/news/new-survey-weighs-up-potential-reasons-behind-the-pet-obesity-crisis. Hauskatzen in Deutschland: www.nabu.de/tiere-und-pflanzen/voegel/gefaehrdungen/katzen/04868.html. **194** Americans choosing cremation: ©2020 by National Funeral Directors Association nfda.org/news/statistics. **195** Daten für Grafik: Coutts, C. et al., Natural burial as a land conservation tool in the US, doi:10.1016/j.landurbplan.2018.05.022. **198** 14 % der Gesamtemissionen: © Intergovernmental Panel on Climate Change 2014 www.ipcc.ch/site/assets/uploads/2018/02/ipcc_wg3_ar5_full.pdf. Busse und CO_2: Carbon Independent, www.carbonindependent.org/20.html. Daten für Grafik: ©IEA 2020 web.archive.org/web/20200103091659if_/https://www.iea.org/reports/tracking-transport-2019. **199** E-Bikes in Deutschland: https://de.statista.com/statistik/dten/studie/152721/umfrage/absatz-von-e-bikes-in-deutschland. **201** 60 % der Teilnehmer der Studie: Schaller Consulting www.schallerconsult.com/rideservices/automobility.htm. **202** E-Autos in Deutschland: FAZ vom 19. September 2020; Senkung der Emissionen durch E-Autos um 73 %: European Environment Agency www.eea.europa.eu/highlights/eea-report-confirms-electric-cars. 10 % der Briten: Wagner, I., Statista Inc www.statista.com/topics/2298/the-uk-electric-vehicle-industry/. Emissionen E-Autos: © 2020 International Council on Clean Transportation.theicct.org/publications/EV-battery-manufacturing-emissions. E-Autos/Verbrenner, CO_2: © Copyright 2020 Ricardo ricardo.com/news-and-media/news-and-press/ricardo-study-demonstrates-importance-of-whole-lif. Idling: © 2020 Environmental Defense Fund www.edf.org. **203** Geschwindigkeiten unter 90 km/h: © Copyright 2018 Norcom Insurance www.norcominsurance.com/windows-down-vs-ac-which-is-more-fuel-efficient/. 250 kg CO_2 Daten: Carbon Independent.org www.carbonindependent.org/22.html. Treibstoffeffizienz: Huff, S. et al., »Effects of Air Conditioner Use on Real-World Fuel Economy«, SAE Technical Paper, 2013, doi:10.4271/2013-01-0551. **207** Flüge 2019: Mazareanu, E., Statista Inc: www.statista.com/statistics/564769/airline-industry-number-of-flights/#statisticContainer. Emissionen beim Start: Jung, Y., NASA Ames Research Center: flight.nasa.gov/pdf/18_jung_green_aviation_summit.pdf. 15 % der Briten/70 % der Inlandsflüge: Department of Transport assets.publishing.service.gov.uk/government/uploads/system/uploads/attachment_data/file/336702/experiences-of-attitudes-towards-air-travel.pdf. **209** 140-facher Anstieg: Forest Trends, Voluntary Carbon Markets Insights www.forest-trends.org/wp-content/uploads/2019/04/VCM-Q1-Report-Final.pdf. **211** 1,4 Mrd. Urlauber: World Tourism Organization (2019), International Tourism Highlights, 2019 Edition, UNWTO, Madrid, doi:10.18111/9789284421152. **212** Interesse am Ökotourismus: © 1996–2020 Booking.com B.V. globalnews.booking.com/where-sustainable-travel-is-headed-in-2018/

Weitere Quellen (in Englisch) unter **www.dk.com/iirg-biblio**

Register

Die Autorin

Georgina **Wilson-Powell** ist Journalistin, Gründerin und Herausgeberin von *Pebble,* einem Online-Magazin für nachhaltiges Leben, das sich mit fairer Mode, ökologischem Reisen, Alternativen zu Plastik und vielen anderen aktuellen umweltbezogenen Themen beschäftigt (www.pebblemag.com). *Pebble* hat eine Online-Community und organisiert online und offline nachhaltige Festivals.

Georgina ist außerdem als Beraterin für Nachhaltigkeitsfragen und Öffentlichkeitsarbeit für Unternehmen und gemeinnützige Organisationen tätig. Sie hat 17 Jahre lang als Redakteurin für verschiedene Zeitschriften gearbeitet und lebt heute mit Partner und Hund in der britischen Küstenstadt Margate.

Dank

Die Autorin dankt Beth für ihre unerschöpfliche Unterstützung. Danke an meine Mutter, die mich überzeugt hat, dass der Journalismus der richtige Weg für mich ist. Danke an Martin, ohne den es *Pebble* nicht gäbe und ohne den ich nicht so viel über Umweltfragen und den Handlungsbedarf wüsste.

Danke an das Team bei DK, das sich auf dieses in jeder Hinsicht nachhaltige Buch eingelassen hat und dazu beitragen will, Verbraucherverhalten zu verändern.

Danke an alle, die sich in irgendeiner Weise aktiv für die Umwelt einsetzen, und an alle besorgten Eltern. Gemeinsam können wir etwas bewegen. Fangen wir an!

Der Verlag dankt allen, die an der Entstehung dieses Buchs mitgewirkt haben:
Kiron Gill für die Lektoratsassistenz; Alethea Doran für das Korrektorat; Marie Lorimer für das Register; Nicola Torode, Lindsey Scott und Luca Bazzoli, die dazu beigetragen haben, dass die Herstellung des Buchs so grün wie irgend möglich erfolgen konnte.

Alle Abbildungen © Dorling Kindersley
Weitere Informationen unter
www.dk.com